RÉPONSE D'UN CAMPAGNARD A UN PARISIEN

OU

RÉFUTATION DU LIVRE DE M. VEUILLOT

SUR

LE DROIT DU SEIGNEUR

Bordeaux. — Imprimerie générale de Mme Crugy, rue et hôtel Saint-Siméon, 16.

RÉPONSE

D'UN CAMPAGNARD A UN PARISIEN

OU

RÉFUTATION DU LIVRE DE M. VEUILLOT

SUR

LE DROIT DU SEIGNEUR

PAR

JULES DELPIT

> Il y a moins d'impudeur dans les mots, quels qu'ils soient, que dans le mensonge.

PARIS
J.-B. DUMOULIN, LIBRAIRE,
Quai des Augustins, 13.

1857

INTRODUCTION.

Une discussion s'est élevée entre M. Louis Veuillot, rédacteur en chef du journal *l'Univers*, et les principaux rédacteurs du journal *le Siècle* et autres, à propos d'un compte-rendu fait à l'Académie des sciences morales et politiques par M. Dupin aîné. Dans ce rapport, il était question d'un ouvrage publié par M. Bouthors : *les Coutumes locales du bailliage d'Amiens*. M. Dupin, parlant d'un droit sur les mariages, qu'on désigne sous le nom de *droit du seigneur* pour éviter de répéter les noms trop crus sous lesquels ce privilége est désigné dans les anciens textes, s'était exprimé ainsi : « S'il est permis de contester certains récits qui ne se » trouvent que dans des chroniqueurs crédules ou dans quel- » ques écrivains passionnés, le rôle officieux de la dénégation » devient impossible quand les faits sont écrits dans le texte » authentique des lois et y sont qualifiés de droits. » M. Veuillot entreprit de réfuter les assertions de M. Dupin ; mais, écrivant à la hâte et en journaliste, il commit quelques erreurs et omit plusieurs textes importants. La discussion terminée dans les journaux, M. Veuillot *a été invité* à reproduire l'ensemble de son argumentation. Son premier travail a donc été revu, mis en meilleur ordre, rectifié, développé, et publié sous ce titre : *Le Droit du Seigneur au moyen âge, par Louis Veuillot, rédacteur en chef du journal* L'UNIVERS [1]. C'est à ce livre que j'ai entrepris de répondre.

[1] Paris, 1854, Louis Vivès, in-12 de 467 pages.

Je n'ai aucun titre pour me charger de cette tâche; mais mon obscurité et mon indépendance absolues me donnent peut-être un avantage précieux. M. Veuillot est un rude jouteur; il secoue ses adversaires avec tant de ténacité et de violence, que beaucoup d'érudits, obligés par leur position de compter avec les puissances du jour, ont dû être effrayés de s'attaquer à lui. En effet, depuis trois ans, aucun des maîtres de la science n'a osé ou n'a voulu réfuter les assertions et les raisonnements si outrecuidants et si faux de M. le rédacteur en chef de l'*Univers*, et le mensonge triomphe de ce silence momentané[1].

M. Veuillot traite avec un si superbe dédain les érudits de province, que beaucoup de lecteurs trouveront, je l'espère, une certaine saveur à voir réfuter complètement l'orgueilleux travail de M. le rédacteur en chef de l'*Univers*, par un de ces obscurs et pauvres provinciaux pour lesquels M. Veuillot professe tant de mépris.

Un autre motif m'a déterminé à me charger de ce travail.

[1] M. de Barthélemy, l'un des collaborateurs de M. Veuillot, annonce, dans l'*Univers* du 19 avril 1856, qu'il prépare la publication de longues recherches faites dans le même but, et arrivant au même résultat. M. Didron (*Annales archéologiques*, 1855, p. 283), parlant du livre de M. Veuillot, dit : « Ouvrage admirable de bon sens, de science et » de style; j'adopte entièrement et absolument les idées de l'auteur. » Mais voilà mieux que ces hommages plus ou moins désintéressés. En 1844, on publia les *Mémoires de Fléchier sur les grands jours d'Auvergne;* à propos d'un passage où Fléchier parle du *droit du seigneur,* l'éditeur, M. Gonod, avait mis une note (p. 73) où il déplorait que des prêtres même eussent réclamé ce droit. Une autre édition de cet ouvrage a paru en 1856, et le nouvel éditeur, M. Chéruel, au lieu et place de la note de M. Gonod, en a mis une (p. 157) où il dit : « Les » seigneurs ecclésiastiques percevaient, comme les laïques, le *droit de* » *noces*... Il y eut des exemples d'abus odieux..., mais ils ne constituèrent jamais un droit *(sic)*. Les fabliaux et les conciles... gardent » également sur ce point un silence significatif. » Ainsi, le triomphe de M. Veuillot a été complet; il a reçu des approbations, soit tacites, soit publiques, et des adhésions, soit complaisantes, soit désintéressées.

La province où je suis né a fourni le plus grand nombre des faits et des hommes sur le témoignage desquels cette discussion a été engagée, et je me suis regardé comme personnellement intéressé à ne pas laisser impunément insulter mes compatriotes et défigurer l'histoire de ma province.

Voilà pourquoi, simple campagnard et véritable pygmée de province, ce qui est bien plus ignominieux que d'être un pygmée de la capitale, j'entreprends de répondre à cet énorme géant parisien, né dans l'Orléanais ; et, nouveau David, sans comparaison d'une part ni d'autre, je viens, un peu tardivement, relever un insolent défi.

Le seul auteur qui, jusqu'ici, ait entrepris de répondre spécialement à M. Veuillot est M. Victor Vallein, rédacteur en chef de l'*Indépendant*, de Saintes. Son livre est intitulé : *Le Moyen Age, ou Aperçu de la condition des populations, principalement dans les* XIe, XIIe *et* XIIIe *siècles*[1]. Le titre même de ce livre prouve que l'auteur a eu principalement en vue de répondre aux assertions qui présentent le moyen âge comme l'époque la plus heureuse de notre histoire, et non pas à la négation de l'existence du *droit du seigneur*, ce qui est réellement le but du livre de M. Veuillot. En ce sens, M. Vallein me paraît avoir eu tort. Les phrases plus ou moins excentriques de M. Veuillot sur la *sublimité* du XIIIe siècle ne valaient pas la peine d'une réponse spéciale. Il suffisait de passer tranquillement en haussant les épaules, comme l'avait déjà dit M. Vallein. Les paradoxes, qui plaisent tant à certaines gens, n'ont rien de bien dangereux ; ils se réfutent et se détruisent le plus souvent d'eux-mêmes ; mais l'argumentation ardente et passionnée par laquelle, à force de recherches, à force d'adresse, à force de duplicité, à force de mensonges, M. Veuillot a essayé de voiler tellement la vérité qu'il serait désormais impossible de la reconnaître, cette argumentation valait une réponse, et c'est ce qui m'a engagé à m'occuper de la tâche délaissée par M. Vallein.

[1] Saintes, 1855, Lacroix, in-8° de 297 pages.

J'ai dit que M. Vallein était le seul écrivain qui eût entrepris de répondre spécialement à M. Veuillot, parce qu'on ne peut guère compter comme une réfutation du *Droit du Seigneur* la brochure publiée par M. Bascle de Lagrèze, conseiller à la cour d'appel de Pau, et qui parut pendant l'impression du livre de M. Veuillot. M. Bascle de Lagrèze, contrairement à ce qu'a fait M. Vallein, s'est uniquement attaché à la question du *droit du seigneur* [1]. Les faits qu'il a rapportés contredisent, il est vrai, de la manière la plus formelle le système développé par M. Veuillot; mais ces faits isolés, quelque contraires qu'ils soient à l'argumentation de M. Veuillot, ne la réfutent pas suffisamment. M. le rédacteur de l'*Univers* a surtout argumenté en général, et son système de raisonnement repose principalement sur ce point : que la croyance au *droit du seigneur* est venue de témoignages suspects et invraisemblables. Or, la brochure de M. Bascle de Lagrèze ne réfute pas le raisonnement général et ne dévoile pas le machiavélisme de l'argumentation sur les faits particuliers; bien plus, elle vient à son secours en un point, et lui aide à combattre le seul témoignage qui, d'après M. Veuillot, contrarie le système qu'il veut faire prévaloir. Les faits nouveaux cités par M. Bascle de Lagrèze, ainsi isolés, resteraient pour ainsi dire sans force, et joueraient, ou peu s'en faut, le rôle de ces exceptions qui confirment la règle.

Il était d'autant plus important de ne pas laisser subsister cet état de choses, que M. Vallein, ne parlant pas assez du *droit du seigneur*, tandis que M. Bascle de Lagrèze s'étant trop exclusivement occupé d'apporter quelques témoignages nouveaux, le livre de M. Veuillot, malgré quelques graves blessures, pouvait arriver triomphant à son but. J'ai tâché d'arrêter définitivement un ennemi déjà considérablement affaibli.

[1] *Essai sur le droit du seigneur, à l'occasion de la controverse entre M. Dupin aîné et M. Louis Veuillot, par Gustave Bascle de Lagrèze.* Paris, 1855, V. Didron, in-8º de 33 pages.

Mais avant tout, ici, comme dans toute discussion sérieuse, il est essentiel de préciser soigneusement le sujet du débat.

Personne, pas même M. Dupin, pour lequel M. Veuillot paraît avoir une haine pieuse excessivement violente, n'a prétendu que ce que par décence on est convenu d'appeler *droit du seigneur* ou *droit de prélibation* ait reçu, à aucune époque, une application générale, uniforme, matérielle. Il serait absurde de supposer que de pareils droits ont été perçus en nature dans tous les fiefs, souvent possédés soit par indivis, soit par des vieillards, soit par des enfants, soit par des femmes, soit par des ecclésiastiques, soit par des corporations civiles, soit par des corporations religieuses. Ce droit n'a pu être établi et perçu en nature que dans les localités où le seigneur était un homme dans la plénitude des passions charnelles, et qui, obligé par un intérêt pécuniaire de relâcher quelques-uns de *ses droits*, a voulu, soit par luxure, soit comme marque caractéristique d'une autorité suprême, et précisément parce que ce droit *insultait en quelque sorte au cœur humain*, s'en réserver l'exercice. C'était le morceau friand spécialement désigné, comme la hure du sanglier, la cuisse du cerf, le jambon du porc, etc., et fort habilement choisi, non pas seulement pour être consommé en nature, mais pour être essentiellement rachetable et changé en une redevance fiscale. L'imitation a fait le reste.

Il est bien entendu aussi que, lorsque des seigneurs ecclésiastiques ont exercé ce droit ou réclamé, comme d'autres, une indemnité pour s'en abstenir, c'est seulement en tant que seigneurs de fiefs et non pas en leur qualité de prêtres. Ce n'était pas en leur qualité de prêtres qu'ils étaient propriétaires d'esclaves, ce n'était pas en leur qualité de prêtres qu'ils réclamaient des droits dérivés de l'esclavage.

Le *droit du seigneur* ainsi réduit à ce qu'il a dû et pu être : réserve du droit de prélibation et prélèvement d'un impôt comme rachat de l'exercice de ce droit, ce droit a-t-il existé ?

M. Veuillot dit : « Le *droit du seigneur* n'a jamais existé.
» Tout ce qu'on en a dit est pure invention, pur mensonge,

» pure ignorance. Ce droit n'a existé ni toujours, ni quelque-
» fois, ni partout, ni quelque part; il n'a jamais existé! »

Je réponds : Le *droit du seigneur* a existé ; il a été tellement dans l'esprit du moyen âge, que, n'en trouvât-on aucune trace, on pourrait encore, avec certitude, dire de lui ce mot célèbre d'un philosophe moderne : « Je ne le sais pas, mais j'en suis sûr. » Le *droit du seigneur* a existé à une époque que vous appelez le siècle de la pudeur ; il a disparu précisément à l'époque contre laquelle vous n'avez pas assez d'injures. Il a péri sous les coups de cette sévère et glorieuse magistrature que, semblable aux coupables qu'elle condamne, vous vous efforcez de dénigrer.

Mais avant d'entrer en matière, pour éviter toute équivoque et ne pas être accusé d'être *une de ces plumes effrontées qui, sous prétexte de défendre la pudeur, l'ont souillée par plaisir*, qu'il me soit permis de déclarer que je ne veux point m'accoutrer du masque d'un défenseur de la pudeur. Quelque précieuse que puisse être cette vertu, la vérité me paraît encore plus précieuse, et, selon moi, il y a beaucoup moins d'impudeur dans les mots, quels qu'ils soient, que dans le mensonge. Je m'efforcerai, comme M. Veuillot a voulu le faire, d'être lisible pour tout le monde; mais il est des questions qui entraînent dans des détails qu'il serait imprudent de développer à toutes les intelligences. Obligé de suivre M. Veuillot sur le terrain qu'il a choisi, j'invoque, comme lui, le témoignage de saint Augustin, et je préviens les lecteurs qu'ils trouveront dans cet ouvrage l'emploi de certaines paroles qui leur paraîtront impudiques s'ils les prononcent avec une intention impure.

Encore un mot pour expliquer le plan que j'ai suivi dans la réfutation du livre de M. Veuillot.

Contrairement à la tactique employée par les défenseurs des mauvaises causes, au lieu de procéder par des insinuations, des distinctions et des préparations, pour arriver enfin à une dénégation équivoque, je veux, après avoir fidèlement exposé le système de mon adversaire, le renverser d'un coup en lui jetant brutalement à la face les textes qu'il a volontairement falsifiés ou cachés. Si je m'arrêtais là, ma tâche serait singulièrement simplifiée; mais la portée et le but du livre de M. Veuillot ne consistent pas seulement dans la négation de certains faits; cette œuvre est un échafaudage de ruses, d'injures et d'erreurs volontaires. Cet échafaudage a été élevé si haut, il a jeté tant d'éclat, que, pour détruire l'effet qu'il a produit, il ne suffit pas de lui opposer des dénégations ordinaires; il faut l'attaquer par la base, examiner une à une chacune des pièces dont il se compose, et, montant successivement jusqu'au faîte, y proclamer la vérité, de la même hauteur d'où M. Veuillot a fait rayonner l'erreur.

S'il s'agissait d'un point d'histoire controversé de bonne foi, il suffirait de rassembler en un seul corps tous les textes qui se rapportent au *droit du seigneur*; mais ce n'est pas une discussion sérieuse d'érudition que M. Veuillot a voulu soulever. C'est un insolent défi jeté à l'intelligence du public, une espèce de gageure, un tour de force littéraire, dans lequel M. le rédacteur en chef du journal religieux a voulu montrer qu'avec une certaine dose de talent, de ruses, d'insinuations, d'intimidations et d'effronterie, il était possible de parvenir à faire passer une vérité pour un mensonge. Je ne puis consentir à regarder l'auteur du *Droit du Seigneur* comme un adversaire loyal et sérieux : il a réellement entrepris une espèce d'escamotage littéraire, et je vais démontrer que ses dés sont pipés, ses cartes biseautées, et qu'il faut se défier autant de sa manche que de ses doigts.

Je commencerai par exposer le système de M. Veuillot, et par résumer, sans les discuter, tous les témoignages qui contredisent ce système. Puis viendront les preuves, c'est-à-dire les textes analysés dans le chapitre précédent, accompagnés des notes et des observations nécessaires pour faire comprendre jusqu'à quel point ont été portées la légèreté, la mauvaise foi et l'ignorance de M. Veuillot. C'est la partie la plus importante de mon travail. Ma tâche, comme je l'ai dit, pouvait se terminer là; mais le livre de M. Veuillot a jeté trop d'éclat, il a eu trop de retentissement, trop d'influence même, pour que je n'essaie pas de dévoiler les artifices qui ont procuré cet éclatant mais éphémère succès. Un nouveau chapitre sera donc consacré à donner une idée de l'érudition de M. Veuillot, un autre à faire voir que c'est systématiquement que M. Veuillot s'est servi de l'injure et de l'insolence pour étayer une thèse mensongère. Ensuite je discuterai quelques-uns des exemples allégués par M. Veuillot pour établir que le moyen âge était *une époque sublime*, et le XIIIe siècle *le siècle de la pudeur ;* je citerai quelques faits propres à faire connaître le bonheur dont nos ancêtres jouissaient à cette époque et la pudeur qui y régnait. Le septième chapitre réfutera l'étrange doctrine sur laquelle M. Veuillot voudrait faire reposer le mariage chrétien ; un autre démontrera que M. Veuillot a eu tort d'invoquer l'esprit de l'Église pour soutenir que le *droit du seigneur* n'avait pas existé ; et le neuvième et dernier expliquera quels ont été l'origine, le but et la durée du *droit du seigneur.*

CHAPITRE Ier.

ANALYSE DU SYSTÈME DE M. VEUILLOT.

Tous les érudits, tous les jurisconsultes, tous les philosophes, tous les historiens, et l'on peut dire tous les écrivains laïques ou ecclésiastiques qui se sont occupés du *droit du seigneur*, ont constaté l'existence d'un droit prélevé par les seigneurs féodaux *sur l'honneur de celles de leurs sujettes qui se mariaient.* M. Veuillot lui-même, entraîné par la force de l'habitude et par la vérité, reconnaît que la croyance à l'existence de ce droit était tellement répandue dans les populations qui *croyaient* en avoir été victimes, que ces populations ont désigné ce droit par une trentaine de noms[1] différents, et la plupart indécents ou grotesques. En présence de tant de témoignages et d'une tradition aussi solidement établie, il était difficile à M. Veuillot de nier de prime abord l'existence de ce droit, et de se contenter d'une négation pure et simple;

[1] Dans un autre passage, M. Veuillot dit que ce droit a été désigné par *cinquante* noms différents. Voici la liste des mots qui m'ont paru désigner à peu près la même chose dans différentes langues :

En Allemagne : *Reit-schot, reit-schoss, lyre-wite, lecher-wite, leger-geldum.*

En Angleterre, Pays de Galles et Écosse : *Amobr, amobyr, amachyr, gobr-merch, gwabr-merched, merket, marcheta, marchetum, mainden-rent.*

En Flandre et dans les Pays-Bas : *Bed-nood, bumede, burmede, bathinodium.*

En Italie : *Cazzagio, fodero.*

En France : *Braconage, culage, culliage, couillage, culagium, cochet, coquet, conchet, couchet, cuissage, deschaussage, deschaussaille, jambage. guerson, julie, jus cunni, cunnagium, konnagium,* etc.

il a donc été obligé de prendre des détours, de procéder par insinuations, et d'invoquer des invraisemblances. M. Veuillot a accompli la tâche qu'il s'était imposée avec tant d'adresse et de talent, que son livre et le succès qu'il a obtenu resteront dans notre histoire littéraire comme un des plus curieux monuments élevés par le mensonge pour essayer de détruire la vérité. En voici le résumé :

A l'époque, dit M. Veuillot, où le protestantisme répandit tant de calomnies intéressées contre le clergé catholique, quelques juristes, toujours jaloux du pouvoir ecclésiastique, profitèrent des calomnies lancées contre le clergé pour abolir quelques droits dont la véritable origine n'était plus connue, et que des esprits légers ou pervers étaient d'autant plus portés à faire remonter à une source infâme, que les populations, ignorantes et grossières, soumises à ces impôts, leur avaient presque partout donné, pour se venger de leur perception, des noms indécents et honteux. Des érudits crédules ou *criminels* arrangèrent quelques exemples qui semblaient tant bien que mal donner un corps et une existence réelle à ces absurdes suppositions, et, la planche une fois faite, les protestants, les juristes, et plus tard les philosophes, l'exploitèrent avec habileté. Les meilleurs esprits, les hommes les plus éclairés et les plus honorables, des ecclésiastiques même, s'y laissèrent tromper, et regardèrent comme incontestable une supposition dont le simple bon sens devait démontrer l'absurdité. On n'osait pas réfléchir là-dessus ; et M. Veuillot ayant un jour demandé à M. le comte Léon de Laborde son opinion à ce sujet, celui-ci répondit en riant : « Je pensais que cela » n'était pas très-sérieux ; mais je croyais qu'il y avait eu des » *malheurs.* »

Voici, d'après M. Veuillot, quelle fut la double origine des droits perçus sur les mariages par les seigneurs temporels et par les seigneurs spirituels :

« Les redevances dues aux seigneurs temporels pour les » mariages venaient de l'esclavage. *Le servage était un fait,* » *la société reposait là-dessus....., l'Église autorisait cette*

» *loi d'ordre public*..... Il a fallu beaucoup de temps pour » abolir l'esclavage. Tant qu'il a existé, il a eu quelques-uns » des caractères qu'il a toujours. Un des caractères était que » l'esclave ne pût se marier sans la permission du maître... » La permission de se marier s'acheta moyennant une somme » qui différa selon les lieux.... Voilà pourquoi ces permissions » de mariage furent mises à prix.....; le taux du congé varia...., » *mais jamais il ne fut soumis à des conditions contraires* » *aux mœurs*.... La plupart des redevances bizarres établies » à ce sujet ne sont que la commutation bienveillante d'un » droit jadis plus onéreux. Tant que les besoins du luxe ne » forcèrent pas le seigneur à pressurer ses hommes, les rede- » vances se payèrent en nature et de bonne grâce. Beaucoup » de droits féodaux qui nous révoltent étaient probablement » ceux dont le serf se plaignait le moins. Telle est la fameuse » obligation de battre l'eau, la nuit, pour faire taire les gre- » nouilles. Beaucoup de droits, qui plus tard servirent de » prétexte pour piller les châteaux et décimer la noblesse, » constataient *le bienfait du maître* autant que la dépendance » du serf.... »

Quant aux droits perçus sur les mariages par les seigneurs ecclésiastiques, leur origine est, selon M. Veuillot, encore plus naturelle et plus innocente. Au moyen âge, dit-il, l'histoire des personnages bibliques était connue de tous. *Le souvenir de Tobie présidait aux mariages*[1]. C'est cet exemple pieux et touchant que l'Église proposait aux époux chrétiens, et en vertu duquel quelques évêques, renchérissant sur les

[1] Voici comment la Bible raconte cette circonstance de la vie de Tobie : Le jeune Tobie, sous la conduite de l'ange Raphaël, déguisé en homme, partit de chez son père pour aller chercher de l'argent dans un pays éloigné. Il fut fort étonné lorsque, pendant la route, son compagnon voulut lui faire épouser Sara, fille de Raguel, qui avait déjà eu sept maris qu'un démon avait tués la première nuit de leurs noces. Cependant son compagnon parvint à le rassurer, et le soir, lorsque Tobie et Raphaël furent entrés dans la chambre nuptiale, Tobie, sur le commandement de l'ange, tira de son sac un morceau de foie de poisson et le

anciens conciles, qui, par respect pour le sacrement que les époux avaient reçu, avaient recommandé l'abstinence la première nuit, en étaient venus à prescrire cette abstinence aux mariés pendant les trois premiers jours.

« D'une simple exhortation faite par les premiers conciles, » dit M. Veuillot, les évêques firent une prohibition qu'ils » étendirent aux trois jours qui suivirent le mariage... Bonne » ou mauvaise, telle a été la discipline de l'Église au moyen » âge. Quand la foi se relâcha, les prêtres et les évêques » convertirent en une redevance pécuniaire les exemptions » qu'ils accordèrent... Ce fut le *droit du Seigneur Dieu*... » On a oublié cette chaste origine, et, négligeant de joindre le » nom de Dieu à une redevance qu'on était fâché de payer, » on lui a donné les noms les plus grossiers... »

Telle est l'étymologie nouvelle et inattendue que M. Veuillot donne au *droit du seigneur*, nom qui, pour le dire en passant, est tout à fait moderne et de pure convention, pour éviter les noms grossiers dont on se servait au moyen âge. En continuant cette impie plaisanterie, M. Veuillot y joint une comparaison trop curieuse pour ne pas en régaler tout d'abord nos lecteurs. Régaler n'est peut-être pas le mot propre : cette comparaison, comme le dit ailleurs M. le rédacteur en chef de l'*Univers*, est plus nauséabonde que bien parfumée; mais elle préparera les lecteurs à ce qu'ils doivent attendre du rédacteur en chef d'un journal religieux traitant sérieusement une question d'histoire religieuse.

« Si M. Dupin, qui se dit bon gallican, observait les lois

mit sur les charbons ardents. Aussitôt le démon qui avait dévoré les sept premiers maris de Sara apparut, et Raphaël alla le lier dans le désert de la haute Égypte. Pendant ce temps, Tobie, resté seul avec Sara, la fit lever, l'exhorta à prier Dieu avec lui, ce jour-là, le lendemain et le surlendemain, et à ne vivre dans leur mariage que le troisième jour. Raguel, père de Sara, qui avait déjà fait préparer pendant la nuit la fosse où il devait faire enterrer secrètement son huitième gendre, envoya, avant le jour, une servante voir si Tobie était déjà mort, et fut fort étonné d'apprendre qu'il était encore en vie.

» de l'Église gallicane, tous les ans, à l'entrée du carême, il » acquitterait, ès mains de son curé, une aumône ou une » amende, comme il voudra, pour avoir le droit de manger » des œufs à la collation. S'il voulait pourtant manger des œufs » et économiser l'aumône, et toutefois se mettre en règle, il » plaiderait; et il pourrait ensuite, sous le nom de *Dupinus*, » écrire en mauvais latin qu'il *a vu* juger un procès où le curé » prétendait que de longue date, *ex consuetudine*, il avait le » droit de première connaissance charnelle sur toute omelette » qui se faisait en carême dans sa paroisse : *Primam habere* » *carnalem ovorum intritæ* (*gallice* : omelette) *cognitionem*[1]. »

M. le rédacteur en chef de l'*Univers*, ayant ainsi expliqué l'origine et trouvé l'étymologie du *droit du Seigneur Dieu*, s'occupe des faits qui paraissent contrarier un peu cette origine et cette étymologie.

« Ce qui n'étonne pas moins, dit-il, que l'amertume avec » laquelle on parle de ces abus, c'est le petit nombre de faits » signalés. Tous les auteurs se copient les uns les autres, et » finissent par constituer ainsi une masse de témoignages, » qui se réduit, lorsque l'on prend la peine de suivre cette » piste, à un SEUL témoin, mal informé ou mal entendu, et » souvent à un ouï-dire. » Ailleurs, M. Veuillot revient sur la même idée, et il ajoute : « Dans ces prétendus faits, très- » peu nombreux, que les ennemis posthumes de la féodalité » empruntent à ses calomniateurs posthumes, tout est vague » et incertain, l'époque, la source, la coutume, le pays, le » nom même; ou tout est pris de travers par une malignité » ordinairement ignorante, souvent stupide... On ne sait d'où » vient le *maritagium*, on ne sait pas comment il s'est intro- » duit, on ne sait pas à quelle époque il a existé... Des choses

[1] Nous verrons plus tard que l'auteur de cette pasquinade reproche fort amèrement à Montesquieu d'avoir parlé, dans l'*Esprit des lois*, du *droit du seigneur* en style des *Lettres persanes*, et nous verrons aussi que, pour rendre cette facétie plus remarquable, M. Veuillot a effrontément dénaturé et falsifié le texte du *Dupinus* qu'il voulait ridiculiser.

» toutes simples, travesties par le mensonge ou par l'igno-
» rance, des traditions stupides, des inventions scélérates;
» rien qui puisse un instant tenir devant l'étude ou seulement
» devant la réflexion... Cette prétendue coutume n'a été ni
» générale, ni particulière, ni récente, ni ancienne..., elle
» n'a été ni une réalité, ni une figure, ni un rachat, ni un
» tribut; elle n'a pas existé... Ce qui étonne, ce n'est pas la
» popularité de ces grosses et violentes erreurs, c'est l'excès
» d'impudence qu'il a fallu pour les mettre en circulation,
» et la bonne volonté d'ignorance dont certaines gens ont be-
» soin pour les croire... Combien d'entre ces menteurs, se pro-
» voquant sur ce chapitre, sans nécessité aucune, unique-
» ment pour se faire admirer, ont *ingénument vomi en pu-*
» *blic leur érudition de cabaret!*... Accuser l'Église d'avoir
» autorisé ces scandales[1] et seulement d'y avoir consenti, c'est
» afficher une ignorance sauvage ou un sauvage parti pris de
» mentir[2]... J'ai lu et j'ai trouvé, quoi? ou des assertions sans
» preuves, ou quelques-uns de ces usages grotesques...; rare-
» ment quelque chose qui fût contre la décence, *rien contre*
» *les mœurs*... La question est de savoir si, dans ces nations
» purifiées, affranchies, fondées, policées par elle, l'Église a
» laissé subsister ou s'établir un droit plus odieux que tous
» les droits sauvages qu'elle avait détruits; une coutume qui
» insultait également au christianisme et au cœur humain; qui
» flétrissait la vierge dès qu'elle avait reçu le sacrement du ma-
» riage et ne la livrait à son époux que profanée; qui faisait de
» l'adultère un complément nécessaire des fiançailles; qui cor-
» rompait enfin la famille, c'est-à-dire la base essentielle de
» l'ordre social *chrétien* au moment où elle se formait devant
» les autels. »

M. Veuillot retourne de cent manières différentes ces phrases pompeuses, et, se croyant enfin assuré d'avoir entassé as-

[1] L'Église ou un prêtre ignare, c'est tout un pour M. Veuillot.

[2] Nous allons voir bientôt que M. Veuillot s'y connaît en excès d'impudence et en sauvage parti pris de mentir.

sez d'inductions pour persuader que le *droit du seigneur* n'a pas pu exister, il essaie de combattre un à un les faits les plus célèbres ; il fait semblant de rassembler dans un dernier chapitre TOUS les exemples connus, et, pour faire paraître leur nombre encore plus petit, il réunit plusieurs faits sous le même numéro, de manière à persuader qu'il en existe tout au plus une douzaine. Pour déjouer cette ruse bien innocente auprès des supercheries que nous allons découvrir, je n'aurai qu'à numéroter chacun des faits que j'enregistrerai, et nous verrons ce nombre dépasser aisément le chiffre de soixante, au lieu de douze indiqués par M. Veuillot. Cependant je n'ai pas, comme M. le rédacteur en chef de l'*Univers*, l'orgueilleuse prétention d'avoir TOUT connu. Loin de là, je suis convaincu que cette imprudente attaque amènera chaque jour la découverte de preuves nouvelles qui grossiront la somme déjà si considérable des faits que le clergé, la noblesse et les amis du moyen âge avaient eu jusqu'ici la sagesse de ne pas contester. M. Veuillot a prononcé des paroles beaucoup plus justes qu'il ne le voudrait lorsqu'il a dit : « La nuit des temps n'est pas heureusement aussi épaisse qu'on se le figure. » Toute l'histoire est à refaire, celle de l'Église comme celle des peuples, celle des institutions comme celle des individus ; mais M. Veuillot s'est trompé sur le côté par lequel il faut la recommencer. Le côté du mensonge a été assez exploité, celui de la vérité doit avoir son tour. Les paradoxes historiques, comme l'a si bien dit M. Jules Quicherat, ont presque toujours pour résultat de faire découvrir des documents nouveaux par suite des recherches où sont conduits les savants qui se présentent pour les réfuter. Déjà voici M. Bascle de Lagrèze qui a tiré des archives de Pau de nouveaux documents accablants pour le système de M. Veuillot ; cette loyale École des chartes, dont M. Veuillot invoque si complaisamment le témoignage, continuera sans doute à fournir aussi son contingent d'autres textes inédits sur cette matière, et rendra évidente pour tous l'existence de faits que beaucoup regardaient comme des *malheurs* isolés et sur lesquels ils jetaient un voile prudent et discret. L'impulsion est donnée, et les amis posthumes des horreurs du moyen âge apprendront enfin que, quel que soit le nombre des documents disparus, il n'est pas encore temps de faire un crime à la magistrature et à la Renaissance, de l'absence des documents qu'elles ont détruits, pour en tirer cette conséquence absurde, que les juristes n'ayant laissé subsister qu'un très-petit nombre de ces actes honteux, ce sont eux qui les ont forgés.

Cependant, pour en arriver à cette belle conclusion, M. Veuillot n'a reculé devant aucun moyen, quel qu'il soit. Avec une audace probablement sans exemple dans l'histoire littéraire, il ose prendre M. Dupin à partie pour avoir dit, à propos d'une publication de M. Bouthors, que cette publication contenait des textes où le *droit du seigneur* était clairement spécifié et défini. Il accuse hardiment M. Dupin d'avoir donné à croire qu'il y a dans le livre de M. Bouthors des textes qui n'y sont pas, lorsque ces textes existent réellement et que c'est lui, M. Veuillot, qui se moque de ses lecteurs en essayant de leur faire croire que ces textes n'existent pas.

Je ferai voir, dans la discussion de chaque fait particulier, que le même système a été mis en pratique sur une échelle plus ou moins vaste, plus ou moins apparente, mais toujours la même. Pour achever de faire connaître cet écrivain, je le montrerai appuyé sur l'audace de ses mensonges, la perfidie de ses inductions et l'éclat de ses injures, joignant aussi l'orgueil à ses autres excès, et se décernant l'honneur de la victoire sans songer que, comme il le dit lui-même en parlant d'un autre, « la superbe est aussi un petit défaut de son organisation brillante. »

Nouveau David, pour frapper au front ce nouveau Goliath, je n'avais, comme je l'ai dit, qu'à enregistrer les faits dont il a nié l'existence. Mais ce n'est pas assez de renverser un pareil adversaire; après l'avoir vaincu, il faut faire contempler de près à tous ceux qui en avaient été effrayés l'aspect de celui qui les faisait trembler. De ce livre qui a obtenu tant de succès et dont on a dit : « sérieux comme une histoire, en-» traînant comme un roman, amusant comme un pamphlet,

» mordant comme une satire, vigoureux comme une revanche [1] », j'espère qu'il ne restera, comme de l'éloquence avinée de nos masques, que le souvenir d'un verbeux assemblage de mensonges, assaisonné d'invectives et d'inepties.

[1] A. de Pontmartin : *Nouvelles Causeries littéraires*, p. 187.

CHAPITRE II.

ANALYSE DES FAITS.

M. Veuillot répète sur tous les tons que le *droit du seigneur* n'a jamais existé; que toutes les preuves de son existence se réduisent à un SEUL témoin mal informé ou mal entendu, et, s'adressant à M. Dupin, il l'apostrophe en ces termes : « M. Dupin s'est trop avancé. Le rôle de la dénéga- » tion est possible officieusement et officiellement : possible à » l'égard des seigneurs spirituels, possible à l'égard des sei- » gneurs temporels; non seulement possible, mais facile, » mais seul possible. Personne ne produit des textes de *lois* » où de tels faits sont qualifiés *droits*. On n'en produira point, » il n'y a rien à produire. Tout ce que M. Dupin affirme, il » ne l'a trouvé que dans des chroniqueurs crédules et dans des » écrivains passionnés. Que dis-je? il ne l'a pas même trouvé » là, car les traces du mensonge sautent aux yeux : il l'a pris » en l'air, et sa conviction repose sur quelque couplet d'opéra- » comique. »

Ces assertions sont très-carrément posées; mais sont-elles aussi exactes que positives? Les faits enregistrés par les historiens et tirés des vieilles chartes ou des anciennes chroniques paraîtront peut-être n'être pas entièrement semblables à des couplets d'opéra-comique. Pour que nous puissions plus aisément nous en rendre compte, je vais les analyser sommairement en les numérotant dans un certain ordre géographique, et, dans le chapitre suivant, je transcrirai les textes, j'indiquerai les sources, je discuterai leur valeur, et je ferai connaître la manière dont M. Veuillot les a combattus, falsifiés, dénaturés ou passés sous silence.

Le plus éclatant exemple de la confiance que doivent inspirer les assertions de M. Veuillot, a été donné à l'occasion des textes nouveaux publiés par M. Bouthors dans les *Coutumes locales du bailliage d'Amiens ;* je commencerai donc cette énumération par les faits relatifs à la Picardie. Cette province et celle de Normandie se touchent, les mœurs y sont à peu près les mêmes ; nous ferons connaissance, dans le second paragraphe, avec les faits relatifs à la Normandie. De là nous traverserons la Manche, et nous examinerons l'histoire d'Angleterre et celle de l'Écosse. En revenant sur le continent, nous nous arrêterons dans les Pays-Bas; de là nous passerons en Allemagne, puis en Italie, et nous rentrerons en France par les provinces du centre, d'où nous descendrons dans les provinces plus méridionales. Partout nous trouverons les mêmes mœurs et les mêmes usages établis longtemps avant les célèbres couplets d'opéra-comique découverts par M. Veuillot.

PICARDIE.

Nos 1. Le seigneur de Rambures, en sa terre de Drucat, *avait le droit de coucher avec toutes les mariées* qui ne lui payaient pas une redevance connue sous le nom de *droit de culage.*

2. L'abbé de Blangy-en-Ternois exerçait le *droit de culage* au nom de son abbaye.

3. Le seigneur de Barlin, parmi *plusieurs autres beaux droits*, avait aussi un certain *droit de culage.*

4. Le seigneur d'Auxi-le-Château,

5. Le seigneur de Brestel-lès-Doullens,

6. Le seigneur de Mesnil-lès-Hesdin et plusieurs autres seigneurs picards, dont il est inutile de grossir cette liste, avaient des droits semblables.

7. Le seigneur de Dercy obligeait, sous peine de confiscation, les hommes et les filles de son fief qui se mariaient à l'étranger, de venir passer la première nuit de leurs noces à Dercy.

Nos 8. Le sire de Mareuil-en-Ponthieu avait *droit de braconage* sur filles et fillettes qui se mariaient; et s'il ne les *braconait* pas, elles devaient lui payer deux sous.

9. A Amiens, parmi les plus beaux droits de l'évêque, figurait un droit connu sous le nom de *répit de saint Firmin.* Ce droit n'était payé que par les hommes mariés; les célibataires et même les veufs en étaient exempts. Les évêques d'Amiens exigeaient, en outre, des sommes considérables des maris qui voulaient coucher avec leurs femmes les premières nuits de leur mariage.

10. Les évêques d'Amiens, forcés de renoncer à leurs droits sur les mariés à Amiens, continuèrent longtemps à exiger les mêmes droits à Abbeville.

NORMANDIE.

11. A Carpiquet, l'abbesse de Caen percevait le *droit de culage.*

12. A Verson, les moines de Mont-Saint-Michel avaient le même droit.

13. Dans les fiefs du monastère de Préaux, ce droit se nommait *guerson.*

14. Le monastère de Savigné,

15. Le seigneur de Chauvigni,

16. Le seigneur de Crèvecœur-en-Auge,

17. Le seigneur de Branville, en la vicomté de Coutances, exerçaient des droits analogues.

18. Le seigneur de Larivière-Bourdet déclare que, si le marié ne lui paie pas certaine redevance, il a le droit *d'aller coucher avec l'épousée.*

19. Le seigneur de Trop,

20. L'abbaye de Saint-Georges de Boscherville,

21. Le seigneur de Saint-Martin, près d'Étrepagny,

22. Le seigneur de Crennes, dans la vicomté de Vire,

23. Le seigneur de Condé-sur-Risle,

N°s 24. Le seigneur de Montbrai,
25. Le seigneur de Launoy, à Saint-Pierre-ès-Champs,
26. Le seigneur de Honneteville, dans la vicomté de Pont-Audemer,
27. Le seigneur de Saint-Étienne de Lailler,
28. Le seigneur de Chavoi,
29. Le seigneur d'Aubigni,
30. Le seigneur de Goué,
31. Le seigneur de Glatigni,
32. Le seigneur de Torquenne-en-Auge,
33. Le seigneur de Boisbenart,
34. Le seigneur de Foville, et plusieurs autres seigneurs normands, percevaient des droits de même nature sur les mariages de leurs sujettes.
35. En 1238, Simon de Pierrecourt, pour le salut de son âme, affranchit ses hommes du droit de culage.
36. Le seigneur de Saint-Martin-le-Gaillard percevait encore le droit de culage au XVIe siècle.

ANGLETERRE.

37. En Angleterre, le prix du droit de déflorement se nommait *marquette*.
38. Dans le Pays de Galles, le même droit se nommait *amachyr*, *amobr*, etc.

ÉCOSSE.

39. Le droit de *marquette* était exercé dans toute l'Écosse.

PAYS-BAS.

40. Les seigneurs des environs de Louvain, selon Boethius,
41. Le monastère désigné par le R. P. Papebrock sous le nom de *Walsidiorensis*,
42. Le monastère désigné par le même jésuite sous le nom de *Florensis*,
43. Le seigneur de Voshol,
44. Le seigneur de Schagen,

N°s 45. Le seigneur de Sluypwyck,

46. Le seigneur de Roon, en Flandres, exerçaient le droit de prélibation sous les noms de *bed-nood, bumede,* etc.

ALLEMAGNE.

47. Dans plusieurs villages d'Allemagne, si le mari ne payait pas au maire une certaine redevance, celui-ci avait *le droit de coucher avec la mariée.*

ITALIE.

48. Le seigneur de Prelley,

49. Le seigneur de Parsanni percevaient, la première nuit des noces, un droit désigné par le mot obscène de *cazzagio.*

50. En 1235, le comte d'Acquesana, dans le marquisat de Montferrat, ayant refusé de renoncer au droit de prélibation, fut massacré par ses vassaux, et son château démoli.

FRANCE.

51. A Vienne, en Dauphiné, en 1361, il fut défendu à l'official de l'évêque de se faire amener les jeunes filles à marier.

52. A Lyon, les chanoines avaient le droit de mettre une cuisse nue dans le lit des nouveaux époux.

53. A Mâcon, en 1335, l'archevêque métropolitain mit un frein aux prétentions exorbitantes du chantre, et lui défendit d'exiger des nouveaux époux plus de six deniers.

54. En Bourgogne, le serf marié à une étrangère perdait tous ses biens, si la première nuit des noces il n'amenait pas sa femme coucher dans la seigneurie; et la femme serve qui épousait un étranger pouvait conserver ses biens, si son mari *advouait* le seigneur avant d'avoir couché avec sa femme.

Nos 55. A Fère, en Tardenois, le seigneur exigeait de ses vassales qui se mariaient des droits tels, qu'ils empêchaient les filles de trouver des partis avantageux.

56. A Nevers, en 1582, les moines furent déboutés, par un arrêt du Parlement, des droits qu'ils prétendaient lever sur les mariages.

57. En Auvergne, en 1665, le comte de Montvallat fut condamné pour avoir exercé le droit de cuissage, autrefois très-répandu dans la province.

58. A Bourges, un curé réclamait une redevance de tous les mariés de sa paroisse, en échange *du droit de première connaissance charnelle.*

59. En Anjou, les seigneurs de Souloire réclamaient, en outre des redevances exigées des mariés, le droit de jouir des concubines publiques qui passaient sur leurs terres.

60. A Limoges, les religieux Augustins prétendaient exiger, sous le nom de droit de *couillage*, un écu de toutes les mariées.

61. Le seigneur de Laguenne, près de Tulle, exigeait, des gens mariés depuis sept ans et des gens à marier, un hommage indécent, cruel et très-onéreux, connu sous le nom de *tire-vessè.*

62. Les captaux de Buch, en Guyenne, jouirent jusqu'en 1468 du droit de première nuit.

63. Plusieurs seigneurs de Gascogne jouissaient du droit de cuissage.

64. Une sentence, vraie ou supposée, du sénéchal de Guyenne, confirme le seigneur de Blanquefort dans le droit de passer la première nuit avec la mariée, en présence du mari.

65. Le prieur de la ville de Fons, en Quercy, essaya, en 1296, d'exiger une redevance des nouveaux mariés.

66. La ville de Montauban doit son origine à l'obligation

imposée aux serfs de l'abbaye de Montauriol *de mener toutes leurs fiancées au moustier.*

N°s 67. Un arrêt du Parlement de Toulouse, du 24 janvier 1549, défendit à la dame Desbordes, en Lauraguais, de prélever des droits sur les mariages.

68. Un autre arrêt de la même cour, du 1er mars 1558, défend la même chose à l'abbé de Sorrèze, seigneur de Villepinte.

69. En 1674, le seigneur de Bizanos déclara qu'il jouissait du droit de *bibaraou,* en échange du droit de première connaissance charnelle.

70. Le seigneur de Louvie avait le droit de coucher, la première nuit, avec la mariée, et, en conséquence, le premier enfant qui naissait des mariages contractés sur sa terre était franc, parce qu'il pouvait provenir des œuvres du seigneur.

LE FORMARIAGE.

71. Les exemples ci-dessus sont assez significatifs et assez nombreux pour me dispenser de recueillir les autres faits qui constatent l'existence des droits immoralement perçus sur les mariages; cependant j'ai cru devoir joindre à l'examen des faits que je viens d'indiquer, quelques réflexions sur les droits de formariage. Ces droits paraissent dérivés du *droit du seigneur.* On trouvera ces réflexions à la fin du chapitre suivant.

LA TRADITION.

72. J'ai cru devoir ajouter aussi à la fin du chapitre suivant le récit de quelques traditions qui prouvent d'une autre manière l'existence du *droit du seigneur,* et, ne pouvant les analyser ici, je me contente de les indiquer.

Tous ces témoignages constatent que la thèse soutenue par

M. Veuillot est radicalement fausse et absurde; mais je ne pouvais pas me borner à les indiquer, parce que quelques-uns de ces témoignages ont été contestés, et qu'il fallait montrer que les assertions et les insinuations avec lesquelles M. Veuillot a voulu les combattre sont aussi fausses que sa thèse elle-même.

CHAPITRE III.

PREUVES ET DISCUSSION DES FAITS MÉCONNUS OU FALSIFIÉS PAR M. VEUILLOT.

N° 1.

Une des coutumes, chartes ou lois du bailliage d'Amiens, publiée par M. Bouthors, datée du 28 septembre 1507, porte que le seigneur de Rambures possède, dans sa terre de Drucat, différents priviléges, et entre autres celui que l'article 17 spécifie en ces termes : « Quant aucun des subgietz » ou subgiettes du dit lieu de Drucat se marye..., le marié ne » pœult coulchier la première nuyt avec sa dame de nœupce » sans le congié, licence et auctorité du dit seigneur ; *ou que » le dit seigneur ait couchié avecque ladite dame de nœupce ;* » lequel congié il est tenu de demander au dit seigneur et à » ses officiers ; pour lequel congié obtenir le dit maryé est » tenu baillier un plat de viande... avec deux los de bru- » vaigne... et est le dit droit appellé droit de cullage[1]. »

[1] Bouthors : *Coutumes locales du bailliage d'Amiens,* t. 1, p. 481. M. Léopold Delisle, en rendant compte du livre de M. Bouthors (*Bibliothèque de l'École des chartes,* 3e série, t. 5, p. 545), a dit : « Nous croyons devoir transcrire l'article des coutumes de Drucat dont » on a voulu se prévaloir pour établir l'existence de ce prétendu droit : » *Le maryé ne peut coulchier...* (comme ci-dessus)... Où nous nous » trompons fort, ou ce texte reconnaît simplement au seigneur de » Drucat le droit d'avoir part au repas de noces de ses vassaux. » Il ne peut, en effet, y avoir de doute ; M. Léopold Delisle se trompe fort, s'il croit que quelqu'un s'y laissera tromper.

N° 2.

Dans une autre coutume de la même province, également datée de 1507, il est déclaré que l'abbé de Blangy-en-Ternois perçoit le *droit de culage* au nom de son abbaye, et l'acte est signé par plusieurs prêtres. L'article 14 est ainsi conçu : « Se aucun se marie à aucune femme estant et de- » meurant ès mettes de la dite comté et baronnie et il y vient » faire sa résidence, avant de coucher avec sa femme, il est » obligé de payer aux religieux et abbé deux sols pour le » droit vulgairement appelé droit de cullage[1]. »

N° 3.

On trouve dans le même recueil une charte où il est dit : « Le seigneur de Barlin a plusieurs beaux droix... et sy a un » certain droit de cullage qui est tel que toutes femmes qui » tiennent fiefs de lui, toutes et quantes fois qu'elles se ma- » ryent, ou changent de mary, sont tenues payer assavoir le » fiefs, reliefs limités et les coteries, le sixième denier de la » valeur. Duquel droit de cullage le dit sieur de Barlin est » tenu faire pareil droit à madame de Humbercourt[2]. »

N° 4.

L'article 24 de la coutume de la châtellenie d'Auxi-le-Château porte : « Quant aucuns estrangiers se allient par » mariage à aucunes filles ou femmes estant de la nacion de la » dite ville d'Auxi... ils ne peultent, la nuit de la feste de leurs » nœupces, couchier avec leurs dites femmes sans premiè- » rement avoir congié de ce faire à mon dit seigneur... que

[1] Bouthors : *Coutumes locales...*, t. 1, p. 469; t. 2, p. 77.
[2] *Id. : id.*, t. 1, p. 473; t. 2, p. 231.

» ce ne soit en commectant amende de LX sols parisis chascun » et pour chascune fois[1]. »

N° 5.

L'article 25 de la coutume de Brestel-lès-Doullens s'exprime en termes à peu près semblables à ceux de l'article 24 de la coutume d'Auxi-le-Château[2].

N° 6.

La coutume de Mesnil-lès-Hesdin ne contient que six articles, et il y en a un qui concerne les mariages : « Ar- » ticle 4. — Se aulcuns se conjoindent par mariage... vœul- » lent couchier la première nuit de leurs nœupces sur la dite » seignourie... le sires de nœupces ne pœult ou doit couchier » avec sa femme et espouse, la dite première nuyt, sans de- » mander congié de ce faire au dit seigneur, sur peine de » confiscation du lit... et de tout ce qui seroit trouvé sur le » dit lit[3]. »

Il serait facile de citer plusieurs autres coutumes de la même province, où des droits analogues sont spécifiés ; mais, pour éviter toute contestation partielle, je me borne à ces exemples. Ces textes sont clairs et précis. Le *droit du seigneur* y est formellement constaté, nettement défini, expressément mentionné. Le mari ne peut coucher avec la mariée avant que le seigneur ait couché avec elle ou permis au mari de le faire moyennant une redevance. Et comme si le rédacteur de ces coutumes eût prévu qu'il viendrait un temps où l'on contesterait sur ce que l'on doit entendre par *droit de culage*, il a eu la précaution d'avertir qu'on donne ce nom à

[1] Bouthors : *Coutumes locales....*, t. 2, p. 60 et 167.
[2] *Id. : id.*, t. 2, p. 85.
[3] *Id. : id.*, t. 2, p. 626.

la redevance payée par le mari pour que le seigneur ne passe pas la première nuit avec la mariée.

Il résulte aussi de ces textes qu'un abbé avait ce droit de culage, et que plusieurs autres seigneurs, laïques ou ecclésiastiques, possédaient ce même droit.

C'est en rendant compte de la publication de ces textes que M. Dupin, joignant ces nouvelles preuves du *droit du seigneur* à toutes celles que l'histoire avait déjà enregistrées, a dit : « Que les amis posthumes de la féodalité ne viennent » pas dire que ce sont là des fables ou des exagérations in- » ventées par les adversaires de l'ancienne aristocratie sei- » gneuriale... Quand de tels faits sont écrits dans des lois où » ils sont qualifiés *droits*, quand le texte de ces lois est au- » thentique et qu'il est produit, le rôle officieux de la dé- » négation devient impossible. »

M. Veuillot, épuisant toutes les formules de l'injure et du sarcasme, a répondu : « M. Dupin s'avance trop ! Le rôle de » la dénégation est possible officieusement et officiellement : » possible à l'égard des seigneurs spirituels, possible à l'égard » des seigneurs temporels; non seulement possible, mais » facile, mais seul possible. *Personne ne produit des textes* » *de lois* où de tels faits sont qualifiés *droits*. On n'en pro- » duira point; il n'y a rien à produire... »

Comment donc M. Veuillot, se trouvant en présence des textes positifs et précis publiés par M. Bouthors, a-t-il pu combattre M. Dupin et prouver la fausseté de ses assertions? A-t-il nié l'authenticité des textes allégués? a-t-il prouvé que M. Dupin connaissait leur fausseté? et, ces témoignages détruits, s'est-il rué sur M. Dupin dépourvu de toute espèce de défense?... Il a fait mieux que cela!... Discuter l'authenticité des textes invoqués, c'était en révéler l'existence; et cette existence, ajoutée à celle des autres témoignages déjà connus, formait une réunion de faits embarrassante. M. Veuillot, persuadé que dans de grands dangers un trait d'audace inouï peut tout sauver, n'a pas hésité. Calculant d'un œil ardent que, dans ce siècle d'intérêts matériels, personne ne voudrait feuilleter deux immenses volumes in-quarto où tout est donné à l'érudition, rien à l'agrément, dans le simple intérêt d'une question d'histoire, il a pris une résolution hardie, énergique!... inattendue! Il s'est dit : Je parlerai à propos du livre de M. Bouthors, sur le livre de M. Bouthors, des questions traitées par M. Bouthors, et je ne dirai pas un mot des textes rapportés par M. Bouthors; j'affirmerai résolument qu'il n'existe aucun texte contraire à mon opinion; et comme la discussion est venue à propos du livre de M. Bouthors, certainement personne ne se doutera qu'il y a, dans le livre de M. Bouthors, des textes complètement contraires à mes assertions[1].

Cependant, il y avait dans le monde une personne qui positivement avait lu le livre de M. Bouthors et pouvait parler, c'était M. Bouthors lui-même; mais cet érudit est-il aussi propre à débattre une question scabreuse comme celle du *droit du seigneur*, qu'à recueillir, comparer et éclaircir des textes d'anciennes lois? Quand il le pourrait, le voudrait-il? Commençons, s'est dit M. Veuillot, par le gagner avec quelques prévenances : *Que ne fait-on passer avec un peu d'encens,* et surtout en parlant au nom sacré de la religion! Écoutons M. Veuillot :

« Le livre de M. Bouthors, sur lequel j'ai trop cru M. Dupin, » *ne dit point ce qu'il lui fait dire.* S'il avait lu ce livre avec » attention, comme c'était son devoir de rapporteur, il se fût » trompé moins gravement... » Il ajoute en note : « Je m'en » étais rapporté sur ce livre au rapport de M. Dupin... je » n'ai pu le lire moi-même qu'après avoir terminé mon » premier travail... Il est écrit dans un sentiment beaucoup » plus équitable à l'égard de l'Église que je ne l'avais pensé. » J'ai fait à M. Bouthors la réparation publique à laquelle il

[1] M. Veuillot a dévoilé lui-même sa tactique en la reprochant à d'autres : « Qui se détournera de son chemin et de ses affaires pour » aller voir Choppin et Brodeau? On aime mieux croire que d'aller » voir, et ceux qui ont cette curiosité n'en parlent plus. »

» avait droit et que sa modestie l'empêchait de réclamer. Il » m'est agréable d'exprimer ici de nouveau le regret de l'in- » justice que M. Dupin m'a fait commettre. »

Ainsi, dès le début du livre de M. Veuillot, il est établi que la publication faite par M. Bouthors *ne contient pas ce qu'on lui fait dire.* M. Veuillot s'humilie un peu devant M. Bouthors, pour que celui-ci consente à ne rien dire; il le flatte après l'avoir fustigé, pour qu'il sache bien à quoi il s'expose, s'il n'aime mieux se taire que d'entamer une lutte acerbe et périlleuse[1]. Plus loin, M. Veuillot dit encore: « M. Dupin s'en est trop rapporté à M. Bouthors; M. Bouthors » s'en est trop rapporté à Laurière, Laurière à Boërius... » Le seul auteur que M. Dupin ait lu, M. Bouthors avertissait » *lui-même* de ne pas s'aventurer.

» Le relief payé à l'occasion du mariage s'appelle *mari-* » *tagium*... Il figure dans quelques coutumes comme rachat » du droit que *prétendaient* avoir *certains* seigneurs de » cueillir la première fleur de l'hyménée sur leurs sujettes; et » pour preuve il allègue le ouï-dire de Boërius, plus une » coutume qui s'observait *autrefois*, suivant Grimm, dans un » village près de Zurich, laquelle, comme on le verra quand » nous viendrons au détail, ne prouve rien. » Ainsi, d'après M. Veuillot, non-seulement M. Bouthors ne donne pas de textes qui constatent l'existence du *droit du seigneur*, mais

[1] Un des plus spirituels feuilletonistes parisiens, se faisant en cette circonstance un des satellites de M. Veuillot, a trouvé charmant de jouer sur le nom du laborieux éditeur des *Coutumes locales d'Amiens*, pour le traiter de *Butor*. « Pour excuser cette belle prouesse, dit-il, M. Dupin » s'ait fait armer chevalier par un certain M. Buthors ou Bouthors, » érudit picard, et auteur d'un livre d'où il résulterait que cet affreux » *droit du seigneur* venait d'Amiens, *non pas pour être suisse*, mais » pour être publiquement dénoncé à l'Académie. » (A. de Pontmartin : *Nouvelles Causeries littéraires*, p. 181.) Comme ces plaisanteries sont fines, pleines de goût et d'atticisme! C'est vraiment à désespérer d'en faire sentir toutes les beautés, et nous sommes heureux, en province, qu'il se trouve des éditeurs parisiens pour réimprimer des traits aussi délicats.

M. Bouthors lui-même ne croyait pas à l'existence du *droit du seigneur*.

Pour donner à de pareilles assertions une apparence plus trompeuse, M. Veuillot a consacré un chapitre de son livre à l'examen particulier de chacun des faits sur lesquels s'est établie la croyance au *droit du seigneur*. Après avoir combattu les faits en général, en essayant de démontrer leur invraisemblance, M. Veuillot a voulu se donner le plaisir de les combattre un à un. Là, il assure qu'il a tout ramassé, tout consulté, et il ne parle pas des textes fournis par M. Bouthors. Il est donc bien certain que réellement ce livre *ne dit pas ce qu'on lui faisait dire*. Quel est donc le lecteur assez obstiné pour ne pas être convaincu que M. Veuillot a pu être trompé par M. Dupin, et que le livre de M. Bouthors ne dit pas ce qu'on lui a fait dire[1] ?

Quelques amis intéressés de M. le rédacteur en chef de l'*Univers* essaieraient peut-être de dire que M. Veuillot n'a lu le livre de M. Bouthors qu'à la hâte, et n'a peut-être pas rencontré les passages que M. Dupin y avait vus ; mais, malheureusement pour M. le rédacteur en chef du journal *religieux*, M. Veuillot a cité plusieurs fois des passages du livre de Bouthors, ce qui prouve qu'il l'a lu et lu avec soin, et, malheureusement encore, le livre de M. Bouthors est pourvu de tables ; on y trouve aussi l'analyse des choses les plus remarquables contenues dans l'ensemble de l'ouvrage. Or, les tables indiquent, sous le mot *culage*, tous les textes que je viens de citer, et dans les analyses on trouve les phrases suivantes : « La coutume de Drucat donne au seigneur le droit d'exiger » le tribut de la première nuit du mariage (t. 1 ; p. 13)... » A Drucat, il y avait coutume locale, non pour constater les » franchises des habitants, mais pour exprimer les obligations

[1] Un panégyriste de M. L. Veuillot a dit, en parlant du *droit du seigneur* : « Ah ! Monsieur Dupin, comme vous vous êtes fourvoyé, le » jour où, sur la foi de M. Bouthors que vous n'aviez pas compris..., etc. » (F. Mondhuy : *Nouvelle Biographie de Louis Veuillot*, p. 113.)

» serviles auxquelles ils étaient tenus envers le seigneur...
» Sinon et faute de ce faire, le seigneur avait droit *d'exiger*
» *de la mariée le tribut de la première nuit* (t. 1, p. 449). »
Ailleurs, M. Bouthors expose la théorie des prestations seigneuriales, et dans le passage même invoqué par M. Veuillot, là où il cite les exemples tirés de Boërius, Grimm, Laurière, etc., il joint les exemples extraits des coutumes de Drucat, de Caenchi, de Saulx, de Laboulaye, de Genesville, etc., et termine enfin en disant : « Celui qui pouvait
» dire : Cet homme est à moi, j'ai le droit de le cuire et de le
» rôtir, était tout aussi fondé à ajouter : Cette femme est à
» moi, les enfants qu'elle met au monde sont ma chose, je
» puis lever sur elle le tribut du plaisir, et féconder le sein
» dont le fruit m'appartient (t. 1, p. 470). »

Comment trouvez-vous que le livre de M. Bouthors ne dit pas ce qu'on lui fait dire? Mais voulez-vous voir comment certaines gens se jouent des choses les plus saintes? écoutez M. Veuillot s'écriant : « Si je n'avais le bonheur d'être ca-
» tholique, j'aurais cru M. Dupin..., etc. » C'est peut-être parce que M. Veuillot a le bonheur d'être catholique qu'il ose nier l'existence des textes allégués par M. Dupin ? Je ne sais si c'est un bonheur aussi pour les catholiques de compter parmi eux un pareil écrivain ; mais si nos lois ne punissent pas ces supercheries, il y a partout un nom et un sentiment réservés pour de pareils actes. Je me suis sérieusement demandé si l'opinion d'un écrivain qui se sert de moyens de ce genre, méritait l'honneur d'être réfutée. Mais M. Veuillot est doué d'un talent si remarquable, il est si haut placé dans une certaine opinion, il parle au nom d'une si sainte cause, que, surmontant ma répugnance, j'ai cru devoir continuer ce travail.

N° 7.

Le rédacteur d'un accord passé en 1318, entre Jean de Herbigny, seigneur de Dercy, et les habitants de ladite ville, s'exprime ainsi : « Se aucuns demourans en la dite ville de » Dercy se marioit hors de la dite ville de Dercy, il devoit » et estoit tenuz a amener sa famme au giste en la devant » dite ville de Dercy la nuit que il l'esposoit ; et se famme de » Dercy se marioit à aucuns de dehors, elle devoit et estoit » tenue a gesir à Dercy la nuit que elle esposoit. »

Dom Carpentier, qui cite ce passage d'après le *Trésor des Chartes*, croit qu'il s'agissait du *droit du seigneur*. M. Veuillot, qui a tout vu et certainement lu dom Carpentier, ne dit pas un mot de ce droit du seigneur de Dercy.

N° 8.

Dans le supplément au *Dictionnaire de Ducange*, on trouve ce passage : « Ducange, au mot *braconagium*, a dit : Voyez » Brodeau, *Coutume de Paris*, t. 1, p. 198; j'ajoute : Voyez » 2e édit., p. 273, où le mot *braconage* signifie un certain » droit étrange du seigneur sur les filles qui se marient... » D'après les comptes du domaine de Chaulny et du comté de » Ponthieu, cette signification est également attestée dans une » reconnaissance féodale de Jean, seigneur de Mareuil, en » 1228, qui dit : *Et mi comme sire de Mareuil puet et doit » avoir droit de braconage sur filles et fillettes en medite sei- » gneurie, si se marient; et si ne les bracone, echent en » deux solz enver le dite seigneurie.* Braconer est donc se » servir de ce droit. Il en est, en outre, fait mention dans la » coutume locale manuscrite d'Auxi-le-Château, dont les » hommes furent affranchis par Guillaume III, comte de » Ponthieu, à la prière de sa femme Rugua. »

Ce texte est aussi clair et aussi explicite qu'il est possible de l'être. Ducange, Brodeau, Carpentier, etc., l'ont entendu de la même manière. M. Veuillot, n'osant pas nier tout à fait son authenticité, emploiera pour le combattre sa tactique ordinaire, celle des insinuations. Il formulera d'abord des doutes quelconques, et puis, pleinement convaincu de la supériorité des doutes d'un homme comme M. le rédacteur en chef de l'*Univers* sur les affirmations de ces petits hommes qui s'appellent Brodeau, Ducange ou Carpentier, il ajoutera avec une indifférence superbe : « Heureusement M. Bouthors vient » à mon secours ; il a publié le texte de la coutume d'Auxi- » le-Château, et il n'y est fait mention que d'un droit pécu- » niaire pour rachat de la première nuit. » Et là-dessus, il passe en haussant les épaules et se contentant d'ajouter : « Ce » trait de dom Carpentier m'en rappelle un autre d'un tout » petit savant de province... » Ce trait, nous y reviendrons. C'est un conte, le plus absurde et le plus sottement ridicule qu'il soit possible d'imaginer ; il n'a aucun rapport au chapitre dans lequel il est intercalé, et M. Veuillot n'a eu l'attention de l'y coudre que pour faire croire qu'à ses yeux la grotesque bévue du tout petit savant de province et celle de l'illustre continuateur de Ducange doivent être mises sur la même ligne. M. le rédacteur en chef de l'*Univers* n'accorde pas son estime aux bénédictins ; il s'est imaginé que ces pieux savants, dont les immenses travaux ont pour ainsi dire conservé ou découvert le moyen âge, n'aimaient pas cette époque, et, dès lors, il les donnerait tous volontiers au même prix que les philosophes ou les hérétiques.

Mais ne perdons pas de vue la déclaration du seigneur de Mareuil. Si ses hommes étaient obligés de lui payer une taxe comme *rachat* du droit de première nuit, il est évident qu'il n'en avait pas été toujours ainsi, et qu'il y avait eu un temps où ce droit, n'ayant pas été racheté, avait été exercé. Dom Carpentier affirme qu'une coutume manuscrite d'Auxi-le-Château parlait aussi du *braconage*, et la coutume d'Auxi-le-Château, publiée par M. Bouthors (j'en ai cité le texte, n° 4), prouve qu'en effet, au commencement du XVIe siècle, ce droit avait été racheté. Je ne vois donc pas bien clairement comment, d'une coutume rédigée en 1507, et qui constate que le droit de première nuit avait été racheté, on pourrait conclure que, dans une coutume abolie du temps de Guillaume III, comte de Ponthieu, c'est-à-dire au XIIe siècle, il n'était pas question du *droit de braconage*. M. Veuillot le savait aussi bien que moi; mais il espérait, au moyen de cette *espièglerie*, faire croire qu'un témoignage qui corrobore celui de dom Carpentier en démontre la fausseté.

N° 9.

Les faits dont nous venons de nous occuper, à l'exception du dernier, sont tous d'une époque relativement moderne; mais, longtemps avant le XVIe siècle, les habitants de la Picardie avaient été pressurés et tourmentés à l'occasion de leurs mariages. Les évêques d'Amiens n'étaient pas seulement directeurs des âmes dans leur diocèse, ils étaient aussi seigneurs temporels des corps et biens de leurs ouailles; et, querelleurs, hautains, entêtés, ils prétendaient non seulement paître, mais tondre leur troupeau. Ces très-hauts et très-puissants seigneurs, dont l'humeur belliqueuse et les exploits guerriers sont célèbres dans notre histoire, voyant autour d'eux et au-dessous d'eux tant de petits vassaux jouissant du *droit du seigneur*, qu'on peut dire que ce privilége était de droit commun dans la province, s'imaginèrent, non sans raison, qu'ils ne pouvaient être moins bien lotis, sous ce rapport, que de simples hobereaux campagnards. Il a donc passé jusqu'ici pour certain que les diverses sortes d'impôts levés par les évêques d'Amiens sur les mariages de leurs sujets avaient été, comme les impôts établis par les seigneurs laïques, une espèce de rachat du *droit du seigneur*. C'était l'avis de tous les érudits, de tous les historiens, de tous les écrivains ecclésiastiques ou laïques[1] qui, jusqu'à ces derniers temps, s'étaient occupés de cette matière, lorsque récemment quelques partisans chaleureux du moyen âge, beaucoup plus clairvoyants et beaucoup plus instruits sans doute que leurs devanciers, ont entrepris de changer tout cela, et de

[1] C'était une de ces coutumes que le clergé appelait *louables*, comme le dit Et. Pasquier (*Recherches...*, liv. 3, ch. 31), *pour couvrir la pudeur de son avarice.*

prouver que les diocésains d'Amiens, déjà soumis pour leurs mariages aux rachats imposés par les seigneurs temporels, étaient encore obligés de payer à leur évêque le rachat du *droit du Seigneur Dieu* pour pouvoir coucher avec leurs femmes les trois premières nuits de leurs noces. Ces ingénieux érudits n'ont pas songé que, si ce n'était pas comme seigneurs temporels que les évêques d'Amiens exigeaient des redevances arbitraires et exorbitantes pour permettre aux nouveaux époux de coucher ensemble les trois premières nuits de leur mariage, c'était en qualité de seigneurs spirituels, et que, par conséquent, ils devaient exercer ce droit, non seulement sur les habitants de la ville d'Amiens, mais sur tous les habitants des autres localités de la circonscription de leur diocèse, et que les mariages déjà soumis au *droit du seigneur homme* auraient été encore soumis au *droit du Seigneur Dieu*. L'examen de la possibilité de la perception de ce double droit donnerait lieu à des rapprochements trop grotesques pour que je puisse m'y arrêter; je me contenterai donc de faire remarquer à mon adversaire que les droits sur les mariages exigés par les évêques d'Amiens étaient si peu perçus à titre de redevance spirituelle, que les diverses ordonnances ou arrêts qui défendirent à ces évêques de prélever ces droits dans la ville d'Amiens ne les empêchèrent pas de continuer de les exiger à Abbeville, et que, lorsqu'il leur fut enfin défendu de les prélever à Abbeville, rien ne leur défendit de continuer à les exiger dans leurs autres seigneuries.

Je ne conçois pas, d'ailleurs, quel intérêt il peut y avoir à soutenir que les droits perçus par les évêques d'Amiens sur les mariages, qui, selon la religion, la morale, la philosophie et toutes les lois canoniques, doivent être libres, étaient perçus au nom des seigneurs spirituels [1]; car alors, comme je viens de le dire, il en serait résulté une aggravation d'impôts véritablement exorbitante, et qui donnerait une très-triste

[1] Le concile de Trente défend, sous peine d'excommunication, à qui que ce soit, de s'opposer aux mariages de leurs sujettes.

idée de la piété des évêques et du bonheur des populations de *cette époque sublime.* Au contraire, en admettant que ces droits étaient perçus par les évêques comme seigneurs temporels, ils n'avaient presque rien de choquant. Du reste, l'enchaînement des faits historiques va nous montrer que M. Veuillot calomnie les évêques d'Amiens en soutenant que les droits qu'ils réclamaient étaient des droits spirituels.

Il existe plusieurs documents importants et célèbres qui constatent la ténacité avec laquelle les évêques d'Amiens essayèrent pendant plusieurs siècles de maintenir l'usage de prélever des droits abusifs sur les mariages. M. Veuillot s'est à peine occupé de ces documents pour s'attacher à combattre et à dénaturer le sens du plus célèbre de ces actes, l'arrêt du Parlement de Paris du 19 mars 1409. Pourquoi cet arrêt a-t-il été plus souvent cité que les autres? Il est fort possible, en effet, que ce soit parce que des savants aussi distingués que le président Boyer, Ducange, Laurière, etc., ont déclaré qu'à leurs yeux, les droits que cet arrêt avait abolis, étaient la représentation du droit de première connaissance charnelle; mais cet arrêt n'est pas le seul relatif à cette matière, et, pour éclairer ses lecteurs, M. Veuillot eût peut-être bien fait de mettre sous leurs yeux l'historique du procès. Il a mieux aimé se jeter à corps perdu dans des digressions qui touchent très-peu au fond de l'affaire, mais qui ont le grand avantage pour M. Veuillot de faire perdre de vue à ses lecteurs le véritable point de la discussion.

L'arrêt du 19 mars 1409 est cité partout, presque toujours fidèlement daté, toujours fidèlement analysé. Néanmoins M. Veuillot, pour avoir l'air de ne pas s'en rapporter à des témoignages *peu respectables*, et pour faire croire qu'à ses yeux, tous les jurisconsultes qui ont parlé de cet arrêt sont entrés dans une vaste et permanente conspiration pour tromper leurs lecteurs, s'est donné une peine infinie pour retrouver l'arrêt lui-même. Boyer, Ducange, Laurière et la plupart des autres écrivains ont donné la date exacte de cet arrêt; mais quelques-uns ont copié inexactement cette date, et M. Veuillot, qui n'a pas su d'abord retrouver cet arrêt dans les archives, se récrie avec amertume contre ces juristes dont les imprimeurs ou les copistes ont quelquefois défiguré cette date [1]. Enfin, *après avoir cherché avec une patience et une passion de chasseur* ce fameux arrêt *que personne n'a lu*, M. Veuillot finit cependant par le retrouver à la place où Laurière l'avait pris et remis après l'avoir analysé. Vous croyez peut-être que M. le rédacteur en chef de l'*Univers*, heureux d'une découverte qui lui a donné tant de peine, va s'empresser de transcrire cet arrêt *que personne n'a lu*, et d'en tirer des conséquences favorables à sa cause? Vous connaissez mal l'esprit de M. Veuillot : il embrouillera le récit de sa découverte dans le dédale du récit de ses recherches, et, après une trentaine de pages d'un verbiage où sa pensée est, pour ainsi dire, insaisissable, il citera tout simplement..., quoi? l'analyse donnée par Laurière de l'arrêt *que personne n'a lu*. Quant au texte même, ce texte si péniblement et si inutilement cherché, il est renvoyé à la fin du volume, dans l'*Appendix*.

Si nous ne connaissions pas la mesure de la bonne foi de M. Veuillot, nous aurions pu croire que le talent de cet écrivain ordinairement si nerveux, si précis, si entraînant, *sommeillait* quelquefois; mais nous connaissons l'homme, et l'homme nous a expliqué l'écrivain.

C'est volontairement que M. Veuillot a embrouillé son argumentation : il a voulu que l'esprit du lecteur, fatigué de cette confusion et tout à coup réveillé par l'éclat et la vivacité des conséquences tirées de ce chaos factice, en soit ébloui, et, ne voyant que la force de celle-ci, oubliât la faiblesse de celle-là [2]. Essayons de rétablir l'ordre dans les faits.

[1] M. Veuillot, qui a imprimé, page 466, *en 1802* pour *en 1302*, doit, en effet, pardonner très-difficilement à ceux qui ont écrit 1406 pour 1409, etc.

[2] M. Veuillot avait peut-être un autre motif pour ne pas donner la traduction en français de ce fameux arrêt, et de rejeter le texte en latin dans l'*Appendix*. Nous y reviendrons.

Au XIIe siècle, les hommes mariés d'Amiens furent exemptés par leur évêque de divers droits de *tonlieu*[1], moyennant une redevance déterminée : cette espèce d'abonnement fut désigné par le nom de *répit de saint Firmin*. Ce nouveau genre de perception de l'impôt causa de grandes contestations. Par un accord du mois de novembre 1226, le taux de l'impôt fut diminué d'un quart, mais à certaines conditions : les époux restaient solidaires l'un de l'autre ; le survivant était obligé de payer la taille tout entière, et quand il se remariait il n'y avait pas d'aggravation d'impôt. Cet état dura jusqu'en 1301, où une nouvelle transaction intervint, qui porta : « Si ne doivent » nient chiaus qui ne ont femes ou ont eues, et si sunt tous » jors kuites très-k'à chou que ils se marient[2]. » Pourquoi les célibataires étaient-ils exemptés du *répit de saint Firmin*, tandis que les hommes ayant femmes payaient primitivement à leur évêque, non seulement le *tonlieu*, mais encore un droit de *deux quenes de vin* jusqu'à l'an 1391 où la municipalité racheta aussi cette redevance[3] ? Que d'autres décident quelle était la véritable origine du *répit de saint Firmin ;* quant à moi, si j'étais obligé d'admettre qu'il ne s'y rattache pas, de près ou de loin, quelque chose de relatif au *droit du seigneur*, il me paraîtrait bien étonnant que des évêques ardents, batailleurs, révolutionnaires, qui prétendaient être seigneurs féodaux de la ville, et voulurent bien consentir par grâce qu'un roi de France, devenu comte d'Amiens, ne fût pas obligé de se mettre à genoux devant la grandeur de Mgr d'Amiens pour lui prêter hommage en cette qualité, eussent précisément choisi les hommes qui se mariaient pour leur imposer le *répit de saint Firmin*, tandis que les célibataires en restaient exempts. Ce *répit* ne pouvait-il pas être une espèce

[1] Droit que les vendeurs et les acheteurs payaient sur ce qu'ils vendaient ou achetaient.

[2] Aug. Thierry : *Documents inédits de l'histoire du tiers état*, t. 1, p. 72, 200, etc.

[3] Daire : *Histoire d'Amiens*, t. 1, p. 84.

de symbole pour perpétuer la tradition de l'affranchissement d'une servitude odieuse, comme à Oisemont, dans la prévôté de Vimeu, le fils du bourgeois qui succédait à son père était obligé de porter une potence, symbole du supplice auquel il était soumis[1]? La suite des longs et nombreux procès soutenus par les habitants d'Amiens et d'Abbeville contre la cupidité de leurs évêques, peut jeter une certaine lumière sur cette question.

Très-peu de temps après la dernière transaction sur le *répit de saint Firmin*, les habitants d'Amiens se plaignirent au Parlement de Paris que leur évêque levait des amendes non seulement sur les bourgeois pris en adultère avec les femmes des autres, mais même sur ceux qui étaient aussi qualifiés d'adultères pour avoir habité, sans la permission de l'évêque, avec leurs propres femmes. La cour fit ordonner verbalement à l'évêque de se désister de ses prétentions, sous peine de la saisie de son temporel. L'évêque répondit que son temporel ne pouvait être saisi qu'en vertu d'un mandement exprès du Roi, et le parlement fit expédier, le 10 juillet 1336, une ordonnance royale à laquelle l'évêque se soumit[2]. Il y avait eu doute, entre les savants, pour savoir si ces lettres qui se trouvent dans les registres du Parlement devaient être considérées comme un *arrêt* ou comme une *ordonnance royale*. Laurière explique pourquoi il les a insérées dans le recueil des *ordonnances*. Là-dessus, M. Veuillot, qui a sans doute des raisons pour voir des faussaires partout, s'est imaginé que, puisqu'il y a eu hésitation pour savoir si ce document était une ordonnance ou un arrêt, M. Veuillot s'est imaginé, dis-je, que la pièce pouvait être arguée de faux, et l'a prouvé par la dissertation suivante : « En premier lieu, dit-il, ces lettres manquent d'authenticité. » — Vous ne devineriez jamais pourquoi? — Parce que les habitants d'Amiens qui y figurent comme plaignants, dit M. Veuillot, ne figurent pas dans les procès que,

[1] Bouthors : *Coutumes locales du bailliage d'Amiens*, t. 1, p. 474.
[2] Laurière : *Ordonnances des Rois de France*, t. 2, p. 117.

cent ou deux cents ans après, les évêques d'Amiens ont eus avec les habitants d'Abbeville !... Mais voici mieux encore : « Du reste, ajoute M. Veuillot, Laurière dit lui-même de cette pièce que, quand on travailla à la table chronologique des ordonnances, on la rejeta, parce qu'elle n'était point une ordonnance. » Un lecteur candide, comme les voudrait M. Veuillot, pourrait-il croire après cela à *l'authenticité* d'une pièce qui avait été rejetée une première fois, surtout quand M. Veuillot se hâte d'ajouter : « Il est certain qu'elle ne fut pas exécutée. » Et pourquoi ? Serait-ce parce qu'on ne voit plus figurer les habitants d'Amiens, comme vous venez de le dire, dans les procès du même genre que les évêques d'Amiens eurent à soutenir dans d'autres localités ? M. Veuillot en a trouvé une autre raison. Il est certain, dit-il, que cette ordonnance ne fut pas exécutée, parce que l'histoire d'aucun des évêques d'Amiens, au XIVe siècle, ne fait mention d'un procès si violent qui eût été jusqu'à la saisie du temporel de l'évêque, surtout du vénérable Jean de Cherchemont, sous le pontificat duquel (je cite textuellement) le roi d'Angleterre rendit hommage à Philippe de Valois, pour la comté de Ponthieu, dans la cathédrale d'Amiens, *non certes du consentement de l'évêque*[1], *qui ordonna des prières publiques pour le succès des armes françaises.* Puisque l'évêque d'Amiens ordonna des prières pour le succès des armes françaises, n'est-il pas évident que l'ordonnance ne fut pas exécutée ?

Cependant, ajoute M. Veuillot, on voit dans le *Gallia christiana*, sous l'année 1366, que cet évêque eut un dé-

[1] M. Veuillot refait ici, sans avoir l'air de s'en douter, l'histoire militaire et l'histoire féodale, comme il voudrait refaire l'histoire des mœurs ; il s'imagine sans doute que c'était un déshonneur pour Philippe de Valois de recevoir l'hommage d'Édouard III, puisqu'il assure que ce ne fut pas du consentement de l'évêque *qui ordonna* (lisez *avait ordonné*) des prières pour le succès des armes françaises. Tout le monde sait que ce n'est que contraint et forcé par les circonstances qu'Édouard prêta cet hommage, et qu'aussitôt que les circonstances changèrent, il s'en départit.

mêlé avec les habitants d'Amiens au sujet du jugement des adultères. Mais c'est bien là le même sujet; mais la date du 10 juillet 1366 ressemble beaucoup à celle du 10 juillet 1336, il n'y a qu'un chiffre de changé, et le *Gallia*, comme Laurière, cite à cette occasion un mandement de Charles VI, d'où il résulte qu'en 1388, les administrateurs de l'évêché recommençant à inquiéter les habitants d'Amiens au sujet de *leurs adultères*, le Roi manda à son bailli de faire exécuter l'ordonnance de son prédécesseur. Or, la date de cette ordonnance est donnée par Laurière d'après le texte même du registre du Parlement, et par le rédacteur du *Gallia* sans indication de source. Pourquoi donner la préférence à celle-ci? Dès la page suivante, M. Veuillot reconnaît que le rédacteur du *Gallia christiana* s'est trompé en datant de 1383 un arrêt de 1388. N'importe; pour M. Veuillot, la pièce donnée par Laurière est certainement très-peu authentique, si elle n'est pas tout à fait fausse et frauduleusement insérée dans le registre du Parlement par un faussaire, ignorant, stupide et tourmenté du désir de déplaire, dans l'avenir, au futur auteur du *Droit du Seigneur* et à ses amis.

Quoi qu'il en soit, le 17 janvier 1393, un autre arrêt du Parlement de Paris mit fin à la nouvelle querelle suscitée aux habitants d'Amiens. Cet arrêt décida, comme les documents précédemment cités, que les maris d'Amiens pourraient coucher avec leurs femmes la première nuit de leurs noces sans rien payer à leur évêque. Cet arrêt est cité par dom Carpentier. Cependant M. Veuillot, qui a lu dom Carpentier, et qui a pris tant de peine pour trouver l'arrêt de 1409, n'a pas jugé à propos de parler de l'arrêt de 1393, pas plus que d'un autre arrêt du 11 mars 1401 par lequel le Parlement de Paris fut encore obligé d'intervenir entre l'évêque et les habitants d'Amiens.

N° 10.

Les habitants d'Amiens étant enfin parvenus, au bout de soixante-cinq années de procédures (1336 à 1401), à mettre un frein à des prétentions immorales, quelle que soit leur origine, les habitants d'Abbeville essayèrent aussi de s'en affranchir. Huit ans après, un arrêt du Parlement, du 19 mars 1409, fut rendu en leur faveur, dans les mêmes termes et pour les mêmes motifs.

Dans cet arrêt si souvent invoqué, et qui est un des actes les plus humiliants qu'il soit possible de citer pour le clergé de ces temps barbares, il est question de plusieurs extorsions dont se plaignent les habitants d'Abbeville, soit à propos des testaments, soit à propos des baptêmes[1], soit à propos de ce qui a rapport au *droit du seigneur*. Cet acte est fort long. Je me contenterai d'en extraire ce qui a rapport aux droits exigés

[1] Conçoit-on rien de plus hideux chez un chrétien et chez un prêtre que la cupidité poussée au point de refuser le baptême et la vie éternelle à de pauvres créatures dont les parents ne peuvent pas ou ne veulent pas payer une certaine somme ? C'est cependant ce que faisaient des prêtres de ces *siècles sublimes*. Aujourd'hui, nos missionnaires vont chez les idolâtres acheter la permission de baptiser les enfants; au moyen âge, des prêtres refusaient le baptême aux enfants des chrétiens trop pauvres pour satisfaire l'avarice de ces êtres abrutis. Mais laissons parler les textes que le *zèle éclairé* de M. Veuillot reproche avec tant d'amertume à nos érudits de n'avoir pas encore mis en lumière.

Voici ce que disaient les habitants d'Abbeville : « *Pro sacro baptismate, antequam memorati curati illud ministrare vellent, a parentibus parvulorum, pro quolibet batisando, unum lotum vini pretii duorum solidorum, vel viginti, aut ad minus sexdecim denarios parisiensium, minorem pecuniam a pauperioribus pro dicto vino oblatam rejicientes exigebant.* »

Les curés d'Abbeville, sans nier le fait, se contentaient de répondre que ce n'était pas le sacrement qu'ils faisaient payer, mais la peine que cela leur donnait, et que, d'ailleurs, pour se faire payer, ils ne s'étaient *jamais emparés* des enfants auxquels ils avaient donné le baptême : « *Insuper ratione vini proprii ipsorum curatorum quod parvulis post baptismi susceptionem bibendum dare consueverant, ac pro labore suo, non pro ipso baptismi sacramento, ex post facto, exigere et recipere licite consueverant, nec pro hujus modi vino, parvulos post susceptum baptisma* retinuerant *vel* retinebant. » (Veuillot, *le Droit du Seigneur*, p. 452 et 456.)

des nouveaux époux. Les curieux trouveront le texte tout entier dans le livre de M. Veuillot, de la page 451 à 460.

Les habitants d'Abbeville disaient que, quoique de droit commun il soit accordé aux maris de coucher avec leurs femmes la première nuit de leurs noces, l'évêque exigeait des nouveaux maris, des uns dix, des autres douze, de quelques-uns vingt et même trente francs, sommes énormes à cette époque, pour leur donner la permission de coucher avec leurs femmes la première nuit de leurs noces, ou les forçaient de s'en abstenir pendant trois jours.

L'évêque répondait que, d'après une coutume observée de toute antiquité, conformément aux canons, à la raison et aux saints pères, il n'était permis à personne de coucher avec sa femme les trois premières nuits des noces sans dispense et sans une amende, et que, tant pour le salaire du clerc qui écrivait la dispense que pour le sceau et contre-sceau, il pouvait demander, tantôt dix, tantôt douze ou seize et même vingt sous parisis, selon les facultés des personnes, et que, s'il avait demandé plus de vingt sous (les plaignants disaient trente francs), c'était, soit pour absolution d'une excommunication, soit pour une dispense des bans.

Le Parlement, malgré les canons et les saints pères, décida que chaque habitant d'Abbeville pourrait coucher la première nuit de ses noces avec sa femme sans congé et sans dispense de l'évêque.

Cependant la question ne fut pas encore définitivement résolue, et, le 11 mars 1501, deux siècles après le dernier traité relatif au *répit de saint Firmin,* le Parlement de Paris fut encore obligé de rendre un nouvel arrêt où il est dit : « Quant à non coucher de trois nuits avec sa femme au commencement du mariage, les demandeurs auront la recréance, *le procès pendant;* et pourront les epousez coucher franchement les trois premières nuits avec leurs femmes. » M. Veuillot cite lui-même cet arrêt.

L'histoire des discussions des habitants d'Amiens et d'Abbeville peut donc se résumer ainsi : Les évêques d'Amiens, après avoir exigé des gens mariés jusqu'en 1301 le *répit de saint Firmin,* excitèrent, en 1336, les plaintes des habitants d'Amiens par des droits exorbitants qu'ils exigeaient des mariés. Une ordonnance royale le leur défendit ; mais comme dans un traité intervenu sur d'autres objets, en 1369, entre l'évêque et la municipalité, il n'avait été rien spécifié sur les mariages, les archidiacres qui administraient le diocèse vacant en 1388 recommencèrent à exiger les mêmes droits des mariés, et une nouvelle ordonnance royale du 5 mars 1388, confirmée par des arrêts de 1393 et de 1401, obligea de nouveau les évêques à se désister de leurs prétentions sur les maris d'Amiens. Les évêques, ainsi contraints d'être plus circonspects à Amiens, continuaient à ne pas l'être à Abbeville ; mais, le 19 mars 1409, les habitants de cette dernière localité obtinrent aussi un arrêt du Parlement qui leur permettait de coucher les trois premières nuits avec leurs femmes sans rien payer.

Cependant tout n'était pas fini. Il est possible que les évêques d'Amiens n'aient pas été, en réalité, aussi rebelles au Parlement qu'ils le paraissent d'après ce simple exposé des faits. Si M. Veuillot a lu le fameux arrêt du 19 mars 1409, que M. Arthur Murcier a copié pour lui, il a pu remarquer que cet arrêt, soit par respect pour l'autorité épiscopale dont le Parlement ne voulait pas s'emparer, soit pour tout autre motif, n'avait pas tranché tous les points qui faisaient le sujet de la discussion entre l'évêché et les habitants d'Abbeville. Il n'avait rien décidé, entre autres, de ce qui était relatif au taux des divers tarifs dont se plaignait la municipalité. Or, cette justice du moyen âge était tellement embrouillée et pointilleuse, que les choses qui nous paraissent le plus clairement exprimées (il en est un peu comme cela aujourd'hui) avaient une signification et une portée toutes différentes aux yeux des hommes de loi de l'époque. Les procès de l'évêché d'Amiens en sont une preuve. Un principe établi par un arrêt ou ordonnance de 1336, confirmé en 1388, reconfirmé en 1409, n'était pas encore appliqué le 11 mars 1501, et l'arrêt rendu à cette date n'était que provisoire, puisqu'on y trouve ces mots: « Quant à non coucher.... les demandeurs auront la recréance, » *le procès pendant.* » Quelle ténacité il a fallu à ces pauvres maris picards pour soutenir un procès à Paris avec leur évêque pendant plus de 200 ans! Mais, cette fois, l'arrêt du Parlement, quoique provisoire, ne se bornait pas à permettre aux maris de coucher gratis avec leurs femmes. La persistance obstinée du clergé avait forcé le Parlement à entrer dans l'administration ecclésiastique du diocèse, et le Parlement fixa lui-même les différents tarifs qui devaient être payés pour les actes auxquels les curés prenaient part. C'est peut-être à ce signal que la sagesse épiscopale reconnut qu'il était temps, comme dit M. Veuillot, de commuer la loi en un simple conseil. Les temps étaient changés, et l'évêque de Paris, voyant ce qui était arrivé à l'évêque d'Amiens, soumit son diocèse aux arrêts du Parlement, en faisant insérer l'arrêt du 11 mars 1501 dans ses statuts synodaux.

Là-dessus, M. Veuillot s'écrie : « L'évêque de Paris n'a eu » qu'à promulguer cet arrêt pour lui enlever tout son mérite : » en l'insérant dans ses statuts synodaux, il l'a aussitôt retiré » de la circulation. » Il y a des choses qui, dites sérieusement, sont bien plus comiques que les plaisanteries les plus spirituellement apprêtées !

Nos 11 ET 12.

M. Léopold Delisle dit, dans ses *Études sur la condition de la classe agricole*[1], que la passion et la mauvaise foi ont beaucoup exagéré la portée de certaines redevances que les vassaux d'un grand nombre de fiefs étaient obligés de payer, à leurs seigneurs quand ils se mariaient; *il se croit autorisé à nier* l'existence réelle et légale du *droit du seigneur*, et,

[1] Léopold Delisle: *Études sur la condition de la classe agricole et l'état de l'agriculture en Normandie, au moyen âge.* Évreux, 1851, Herissey, in-8°, p. 69.

sans prétendre que certains seigneurs n'aient commis de *monstrueux abus* à l'occasion du mariage de leurs vassaux[1], il essaie de disculper la féodalité des excès de quelques individus. Heureusement pour sa bonne foi, M. Léopold Delisle a commencé par indiquer, *sans rien dissimuler*, tous les textes normands qu'il a rencontrés se rapportant à ce sujet. Dès lors, chacun a pu se faire une idée exacte de la vérité, et comprendre quelle était la pensée intime de M. Léopold Delisle. M. Veuillot est peut-être le seul qui s'y soit trompé, ou qui a pensé qu'*en dissimulant* les témoignages révélés par M. Delisle, il parviendrait à tromper ses lecteurs. Nous allons en fournir la preuve.

Au XIIe siècle, dit M. Delisle, l'abbesse de Caen demandait, à Carpiquet, trois sous au paysan dont la fille s'établissait hors de sa seigneurie ; au siècle suivant, les vilains de Verson acquittaient un droit semblable au profit des moines du Mont-Saint-Michel. Ainsi, les droits perçus par l'abbesse de Caen étaient, pour M. Delisle, de la même nature que les droits prélevés par les moines du Mont-Saint-Michel sur les vilains de Verson. M. Delisle a eu soin de nous expliquer ce qu'étaient les droits payés par les vilains de Verson :

Se vilain sa fille marie
Par dehors de la seignorie,
Le seignour en a le culage :
Trois sols en a del mariage.

M. Veuillot savait parfaitement, d'après le texte rapporté par M. Bouthors à propos de la coutume de Drucat (voyez ci-dessus, n° 1), ce que c'était que ce droit, dont le nom seul

[1] M. Léopold Delisle avait peut-être en vue ce seigneur des environs de Pont-de-l'Arche, célèbre par la fondation du prieuré des *Deux-Amants*, et qui, à un certain jour de l'année, faisait assembler ses serfs et serves en âge d'être mariés, leur faisait donner la bénédiction nuptiale en masse, puis imposait à chaque couple une condition particulière, comme d'accomplir leur mariage sur les branches d'un arbre, dans la rivière, etc., etc.

indique l'origine ; cependant il a fait semblant de prendre à la lettre ce qu'avait dit à ce sujet M. Léopold Delisle, qui s'est exprimé ainsi : « Une seule fois, un seul mot *peu dé-* » *cent* s'est rencontré sous notre plume ; mais le vers suivant » ne laisse pas la moindre place à une maligne interpré- » tation. » C'est vrai, si l'on s'en tient à ce vers : *Trois sols en a del mariage* ; malgré le nom peu décent de la redevance, il n'y aurait pas la moindre place à une maligne interprétation. Malheureusement, M. Veuillot, qui avait déjà oublié l'explication de ce mot *peu décent* donné au XVIe siècle par la coutume de Drucat, a oublié aussi que l'auteur du conte des *Vilains de Verson,* auteur qui vivait au XIIe siècle, et dont je recommande la lecture à ceux qui veulent avoir une idée du bonheur dont jouissaient les contemporains de ce *siècle sublime,* M. Veuillot, dis-je, a oublié que l'auteur du conte des *Vilains* a voulu, lui aussi, expliquer ce qu'on doit entendre par ce mot *peu décent.* Or, des vers qui suivent ceux que nous venons de citer, il résulte que l'auteur normand du conte du XIIe siècle s'était parfaitement entendu avec le rédacteur picard de la coutume du XVIe siècle pour donner la même explication du mot de *culage.* Voilà, en effet, comment s'exprime Estout de Goz dans le livre de M. Léopold Delisle :

Se vilain sa fille marie
Par dehors de la seignorie,
Le seignour en a le culage :
Trois sols en a del mariage.
Trois sols en a reison por quei ?
Sire, je l'vos di par ma fei :
Jadis advint que le vilein
Ballout sa fille par la mein
Et la livrout à son seignor,
Ja ne fut de si grant valor,
A faire idonc sa volonté[1],

[1] Ces vers ne laissent pas, en effet, la moindre place à une fausse interprétation. Le vilain menait sa fille à son seigneur pour en faire à sa volonté : cela n'a besoin d'aucun commentaire.

Anceïs qu'il li eust el doné
Rente, chatel ou heritage
Por consentir le mariage[1].

M. Veuillot n'a-t-il pas raison de traiter tout cela de facéties ou de couplets d'opéras-comiques? Le fait est que cette concordance de l'explication donnée par un auteur du XIIe siècle avec celle donnée par un auteur du XVIe siècle rend fort comique l'explication donnée par M. Veuillot.

N° 13.

Au XIIIe siècle, dit M. Léopold Delisle, dans un manoir anglais des moines de Préaux, cette redevance s'appelait *la guerson*.

N° 14.

Les moines de Savigné exemptèrent leurs hommes de certaines redevances *qu'il était honteux* à des religieux de percevoir[2].

N° 15.

« Le seigneur du demi-fief de Chauvigni, sis à Hellou et à
» Alençon, tient de tous ceux qui se marient, qui ont aucun
» peu de heritage..., un gâteau ou regard... de VII sols VI de-
» niers, s'il y a chair mangée..., sans compter les droits du
» sergent..., et sont ces choses ici portées par lettre de certain
» accord de mes ancêtres et des hommes de mon fief, *en re-*
» *compensation* d'autres redevances, selon ce que par les
» dites lettres appert, qui furent faites il y a environ neuf
» vingt ans (en 1193). »

[1] Léopold Delisle : *Études sur la condition...*, p. 671.

[2] *Et alia ei faciebant servicia, que ipse pro honestate nostri ordinis decrevit minime facienda.* (Léopold Delisle : *id.*, p. 63.)

N° 16.

Le seigneur de Crèvecœur-en-Auge avait aussi, au XIVe siècle, « *droitures de mariages.* » Pour que le lecteur puisse se faire une idée exacte de ce que désignaient en réalité ces *droitures* et autres impôts sur les mariages, il n'est pas hors de propos de citer une charte d'un seigneur de Crèvecœur-en-Auge. Il y verra comment, jusqu'au XVIIe siècle, les seigneurs féodaux comprenaient la pudeur des droits qu'ils avaient sur leurs vassaux :

« Le 13 juillet 1606, haut et puissant seigneur messire » Jacques de Montmorency, chevalier, conseiller et chambellan du Roi notre sire, capitaine de 50 hommes d'armes » de ses ordonnances, bailli et gouverneur de Caen, seigneur » châtelain de Crevecœur-en-Aulge, lequel, de sa franche et » libérale volonté, bailla en pure, vraye et perpétuelle fieffe » et rente..., à maistre Loys Varin, chirurgien, demeurant » au bourg du dit lieu de Crevecœur..., c'est à savoir une » portion de terre assise au dit bourg..., à la charge aussi, » par le dit Varin, de faire la barbe et cheveux du dit seigneur » et de ses gentilshommes deux fois l'an, à savoir, aux vigilles des jours de Noël et de Pasques, et, en cas qu'il y » auroit fille de chambre ou aultre servante pucelle demeurante au dit château, icelui Varin, chirurgien, sera tenu, » le jour que la dite fille de chambre ou servante sera mariée, » lui faire *pilos cunni*[1]; et à faute de faire la barbe et cheveux du dit seigneur et de ses gentilshommes et *pilos cunni* » de la dite fille, icelui Varin sera tenu payer..., etc.[2] »

Puisqu'en 1606 Jacques de Montmorency se croyait permis

[1] Je suis obligé de me servir du latin pour faire comprendre les mots qu'un des descendants du premier baron chrétien osait faire insérer dans un acte public.

[2] La *Bibliothèque historique*, t. 5, p. 288, cite cet acte d'après une copie légalisée prise en 1770 dans le chartier de Crèvecœur ; il en existe une copie aux *Archives impériales*, s[n] T. 144, n° 8.

de déléguer de cette manière ses droits sur les mariés de Crèvecœur, il est facile de s'imaginer de quelle nature étaient les *droitures de mariages* que possédaient les seigneurs de Crèvecœur au XIVe siècle.

N° 17.

Les habitants de Branville, *dans la vicomté* de Coutances, étaient obligés de courir la *quintaine*[1].

N° 18.

Les actes du XVe siècle qui se sont conservés sont naturellement plus nombreux que les actes du XIVe siècle, et l'on y trouve beaucoup d'exemples des redevances payées *en recompensation* du *droit du seigneur*, quoique M. Delisle affirme qu'il n'y ait plus eu de serfs en Normandie dès le XIe siècle. Un de ces actes, fait exprès sans doute pour contredire M. Veuillot, porte que le seigneur de Rivière-Bourdet a le droit, si on ne lui paie pas certaine redevance, *de aler, s'il lui plaist, couchier avec l'espousée*[2].

N° 19.

Dans la seigneurie de Trop, les vassaux étaient tenus, en 1455, de payer le *cullage de mariages*[3].

N° 20.

En cas de mariage, les hommes de l'abbaye de Saint-Georges de Boscherville devaient payer 18 deniers[4].

[1] Léopold Delisle : *Études...*, p. 69, 70.
[2] Archives nationales, s[n] P. 305, n° 38, d'après M. Léopold Delisle.
[3] *Id.*, s[n] P. 305, n° 238, *id. id.*
[4] Léopold Delisle : *Études...*, p. 69.

N° 21.

Les hommes d'Étienne de Saint-Martin, dans son fief de Saint-Martin, près d'Étrepagny, lui devaient, en 1400, une pièce de viande, deux pains... pareils à ceux de l'épousée, et devaient les apporter au château en la compagnie de menestriers *faisant mestier*[1].

N° 22.

Guillaume de Crennes, dans la vicomté de Vire, avait droit à certaines redevances et à faire courir la *quintaine* au mari. Si le mari n'avait pas de cheval, le seigneur en fournissait un, avec une lance longue d'une aune, de bois cueilli le jour même, et grosse, au petit bout, comme le poignet de la mariée[2].

N° 23.

A Condé-sur-Risle, la coutume était plus absurde et la redevance plus forte : c'était dans un bateau conduit par quatre rameurs que le marié devait *courir la quintaine*[3].

N° 24.

Il est inutile de spécifier un à un les différents droits de *regards, issues*, etc., que les seigneurs de Montbrai, de Launoy, de Honneteville, de Saint-Étienne de Lailler, de Chavoi, d'Aubigni, de Goué, de Glatigni, de Torquenne, de Boisbenart et de Foville percevaient à cause des mariages de leurs vassaux. On en trouve l'énumération et la désignation

[1] Léopold Delisle, d'après les Archives nationales, sn P. 307, n° 221.
[2] *Id.*, *id.*, sn P. 306, n° 256.
[3] *Id.*, *id.*, sn P. 307, n° 177.

dans le livre de M. Léopold Delisle[1]. Le même ouvrage cite plusieurs autres localités normandes où les seigneurs se faisaient payer des droits à l'occasion des mariages; mais comme ces droits n'étaient exigibles que lorsqu'il y avait en même temps donation de meubles, il est possible que ces impôts n'eussent pas été établis en récompensation du *droit du seigneur*, et je n'ai pas cru devoir les enregistrer.

M. Léopold Delisle, qui, *pour être absolument impartial*, a déjà fait remarquer qu'une fois seulement un mot *peu décent* s'était rencontré sous sa plume, mais que le vers suivant ne laissait pas *la moindre place à une maligne interprétation* (voyez ci-dessus, n° 11, p. 49), ajoute: « Une fois encore, les *regards* de mariages sont indiqués comme l'équivalent d'autres redevances... Enfin, dans un seul cas, nous avons vu spécifier ce droit infâme dont le nom se jette sans cesse à la face de la féodalité... » Eh bien! soit; mais, si nous ne nous trompons, un et un font deux, deux et un font trois. Voilà donc trois cas avoués par M. Delisle et cités par M. Veuillot. Trois, et un autre fait reconnu unique par M. Veuillot, cela fait quatre. Ces quatre faits et les six exemples rapportés par M. Bouthors et dissimulés par M. Veuillot, nous voilà à dix, et vraiment nous pouvons faire une croix, car nous allons avoir à enregistrer bien d'autres *couplets d'opéras-comiques*.

N° 35.

La *Bibliothèque de l'École des Chartes* vient de publier un document conservé dans les archives de la ville de Neufchâtel, d'où il résulte que, le 22 juillet 1238, Simon de Pierrecourt[2], chevalier, seigneur dudit lieu, du consentement de sa femme Agnès et de son fils aîné Guillaume, voulant

[1] Léopold Delisle: *id.*, p. 70, 71, 72, 73.

[2] Pierrecourt, arrondissement de Neufchâtel, commune de Blangy (Seine-Inférieure).

pourvoir au salut de son âme, et probablement à l'instigation de Robert, abbé de Foucarmont, qui lui servit de témoin, fit un acte dont l'esprit est si contraire à l'esprit des chartes de ce genre et de cette époque, qu'il mérite une attention toute spéciale. Dans cet acte, le noble seigneur ne donna rien à l'Église, et dans un temps où les membres du clergé vivaient des revenus de leurs serfs et poussaient même les fidèles à se déclarer par piété serfs des monastères et des églises, la charité du seigneur de Pierrecourt le porta à affranchir les habitants de sa terre de toutes les tailles annuelles qu'il levait sur eux justement ou *injustement*, et de plus à les exempter d'un certain droit de culage qui lui était payé chaque fois qu'une fille se mariait [1]. Faut-il voir dans cette action l'esprit d'un christianisme plus éclairé qui, en adoucissant les mœurs, porta Simon de Pierrecourt à se désister de ces droits, ou une pénitence pieuse infligeant la restitution de droits usurpés ? C'est ce qu'il est difficile de dire ; mais il est certain que le pieux chevalier du XIIIe siècle, conservant ses autres droits féodaux sur ses hommes, ne trouvait pas le droit de culage aussi moral que M. Veuillot voudrait le faire croire, puisqu'en y renonçant il croyait faire une œuvre pie et utile au salut de son âme.

N° 36.

Dans le procès-verbal fait le 7 avril 1507 par maître Jean Faguier, auditeur à la Chambre des comptes, pour l'évaluation du comté d'Eu, au chapitre du revenu de la baronnie de Saint-Martin-le-Gaillard, on trouve cet autre couplet d'opéra-comique : « *Item*, a le dit seigneur... droit de cullage quand » on se marie [2]. » Laurière, dom Carpentier, M. Bouthors, etc., donnent à ce mot de *culage* la signification que le

[1] *Ego Symon de Petricuria... pro remedio anime mee... quitavi etiam dictis hominibus quemdam redditum qui culagium dicebatur videlicet tres solidos quos michi singuli reddebant quando filias suas maritabant.* (*Bibliothèque de l'École des Chartes*, 4e série, t. 3, p. 168.)

[2] Laurière : *Glossaire du droit français*, t. 1, p. 307.

consentement jusqu'ici unanime du peuple et des savants lui attribue. M. Veuillot en a adopté une autre, et, pour la faire accepter, il a recours à ces insinuations : « Si Laurière, dit-il, » avait cité plusieurs chartes pareilles, il aurait donné sujet à » Voltaire de dire bien autre chose. Il en existe où ce droit » est spécifié, dans les mêmes termes, au profit de quelques » abbés et même de quelques abbesses... ; donc ce terme, si » exploité, n'était que le nom populaire, le sobriquet de la » fiscalité établie sur les mariages. » Là-dessus, M. Veuillot appelle à son secours M. Léopold Delisle, qui dit, à propos de deux exemples que nous venons de citer (n°s 12 et 19) : « Dans l'un et l'autre cas, on ne peut être choqué que de l'ex- » pression ; il ne s'agit évidemment que d'une redevance en » argent, ce qui autorise à donner une semblable interpréta- » tion au droit de cullage que le comte d'Eu avait sur ses » hommes de Saint-Martin-le-Gaillard[1]. » M. Veuillot ajoute : « C'est un terme purement fiscal, comme celui qu'on donnait » au droit de *formariage.* » Je suis en ce point de l'avis de M. Veuillot : le mot *formariage* exprime la chose à laquelle il est appliqué (mariage au dehors); le mot *culage* exprime aussi la chose à laquelle il était appliqué. Quant au droit en lui-même, M. Veuillot ne nous trompe pas autant qu'il le voudrait, en affirmant que le *culage* et le *formariage* ont une seule et même origine. (Voyez ce que j'en dis plus bas, à la fin de ce chapitre.) Mais les lecteurs qui savent maintenant comment est expliquée la signification du mot *culage* dans le conte des *Vilains de Verson* et dans la *charte de Drucat,* peuvent apprécier la bonne foi de certains écrivains pieux.

On peut, d'ailleurs, faire au droit de culage, entendu comme veulent le faire entendre MM. Veuillot, Delisle, etc., mesure purement fiscale et non pas *récompensation* d'un droit odieux, une objection analogue à celle que j'ai déjà faite aux droits sur les mariages perçus par les évêques d'Amiens. Si les droits perçus par les évêques d'Amiens avaient été d'origine spiri-

[1] Léopold Delisle : *Études....*, p. 69.

tuelle, tous les diocésains y eussent été également soumis, et tous les évêques les auraient réclamés ; de même, si le droit de culage était réellement féodal et de l'essence de la constitution du fief, comme M. Veuillot veut le faire croire, tous les seigneurs l'eussent établi, puisque tous avaient un égal intérêt à ce que leurs vassaux ne se mariassent pas sans leur consentement. Or, c'est le contraire qui a eu lieu. Tous les seigneurs n'ont pas établi des droits sur les mariages, et ceux qui en ont établi ne l'ont pas fait de la même manière. Les uns ont demandé plus ou moins d'argent ; d'autres des redevances de diverses natures ; d'autres ont spécifié *une clause comminatoire* qui maintenait leur droit de coucher avec la mariée ; d'autres ont exigé l'accomplissement de cérémonies bizarres, indécentes, périlleuses, et qui certainement ne compensaient en rien le prétendu préjudice causé à leurs intérêts par un mariage contracté sans leur permission. Ces divergences sont inexplicables, si l'on regarde le droit sur les mariages comme la réparation d'un préjudice ; elles sont toutes naturelles, si ces redevances ne sont réellement que la *recompensation du droit du seigneur*.

N° 37 ET 38.

En passant de Normandie en Angleterre, les sauvages aventuriers qui suivirent Guillaume le Bâtard y auraient introduit le *droit du seigneur*, si déjà il n'y avait pas été établi. Mais, d'après Solin, qui écrivait dans le premier siècle de l'ère chrétienne, les rois bretons ne se mariaient pas et se servaient alternativement des femmes qui leur plaisaient[1]. Tacite dit a peu près la même chose des chefs saxons, dont quelques-uns, à cause de leur dignité, épousaient plusieurs femmes[2].

[1] *Nulla illi fœmina datur propria, sed per vicissitudines ; in quancumque commotus fuerit, usuariam sumit.* (C. J. Solini Polyhistor., cap. 35.)

[2] *Non libidine sed ob nobilitatem plurimis nuptiis ambiuntur.* (C. C. Tacit : *De morib. germ.*, cap. 18.)

Il est donc très-probable que les barbares compagnons de l'illustre bâtard trouvèrent établi en Angleterre le droit si connu en Normandie et en Picardie sous le nom de *culage*, ou, du moins, les mœurs toutes préparées à le recevoir. On ne peut raisonnablement mettre en doute que, dans le partage des terres qui fut fait entre les vainqueurs, plus d'un de ces chefs grossiers maintint ou établit le *droit du seigneur*. En effet, les Gallois (d'après Boxhornius et Geraldus Cambrensis) appelaient *amobr* la redevance payée aux seigneurs pour prix de la virginité des mariées; et ne se mariaient jamais sans une cohabitation préalable. Les lois des anciens Bretons fixaient le prix que devait payer au *propriétaire* d'une serve l'étranger qui l'avait connue charnellement sans la permission du maître. En outre, si la serve devenait enceinte, le suborneur était obligé de fournir une autre serve, et, si elle mourait en couches, d'en payer la valeur[1]. Lingard dit que, sous les rois saxons, aucune femme ne pouvait se marier dans les bourgs royaux sans la permission du roi. Froissart ajoute que les serfs en Angleterre étaient beaucoup plus durement traités qu'en France, et qu'ils se révoltèrent en 1380, parce qu'ils étaient *traités comme bestes*. Ducange, en son *Glossaire*, affirme que Bracton, Spelman, Littleton, etc., parlent tous du droit de marquette comme d'un droit établi pour remplacer le droit de déflorement des mariées. Il nous apprend aussi que, dans quelques parties du Pays de Galles, le *droit du seigneur* était exercé sous le nom d'*amachyr*. Un savant moderne, M. John Anderson, a publié en 1828, dans les mémoires de la Société des Antiquaires d'Écosse[2], des recherches sur le droit de marquette; il confirme l'opinion de Ducange et donne l'indication de

[1] « *Si quis violaverit ancillam alicujus... dominus ejus debet habere ab eo* XII *denarios. Quotiescumque aliquis ancillam alicujus sine licentia cognoverit, toties domino suo* XII *denarios reddat.* » (De Courson : *Histoire des peuples bretons*. Paris, 1846, in-8°, tom. 2, p. 67.)

[2] John Anderson : *Enquiry into the origin of the mercheta mulierum; Transactions of the Society of the Antiquaries of Scotland*. Edinbourg, 1828, t. 3, p. 56 à 74.

beaucoup d'autres auteurs dont je pouvais orner mon travail si je voulais imiter M. Veuillot et citer des ouvrages que je n'ai pas lus. Tous ces témoignages regardent les mots *culage*, *marquette*, etc., comme synonymes.

Un profond et éminent jurisconsulte anglais, lord Hailes, a publié un essai sur le droit de marquette (*Annals*, vol. 1, p. 312). Je n'ai pu consulter cet ouvrage, mais, selon M. Anderson, lord Hailes considère le mot *merchet* comme ayant en droit deux significations distinctes, et laisse la question d'origine et d'histoire complètement dans le doute. « *Yet has he left its real history as much involved in doubt as he found it.* » (P. 63.) Ce qui n'empêche pas M. Veuillot de citer le témoignage de lord Hailes, qu'il n'a probablement jamais lu, pour prouver que le *droit du seigneur* n'a jamais existé.

Les jurisconsultes anglais reconnaissent que le droit de marquette se payait avec quelques variations dans tous les comtés d'Angleterre et du Pays de Galles.

Je puis donc ajouter deux numéros au chiffre des exemples connus de l'existence du *droit du seigneur* : l'un pour l'Angleterre, l'autre pour le Pays de Galles.

M. Veuillot, qui a tout vu et tout étudié, ne parle ni des droits d'*amobr*, ni de la *marquette*, que les évêques aussi prélevaient dans les différents comtés d'Angleterre. Il pense que les divagations à propos du droit de *marquette*, en Écosse, suffisent pour embrouiller et faire oublier tout le reste; suivons-le donc en Écosse.

N° 39.

En Écosse, pays où les usurpations des nobles ont été, d'après M. Anderson[1], plus exorbitantes et plus oppressives que partout ailleurs, on trouve, dans les anciennes lois rédigées à une époque peu précise, mais dont le texte n'en est pas

[1] John Anderson : *Transactions of the Society... of Scotland*, t. 3, p. 73.

moins authentique, que toute femme qui se marie, noble ou serve, doit payer un droit de *marquette* dont le taux varie selon la condition de la mariée [1]. Les historiens d'Écosse ont donc essayé d'indiquer quelle était l'origine de ce droit de *marquette*. Le premier qui en a parlé, ou, du moins, le premier dont l'ouvrage a été imprimé est Hector Boethius [2], écrivain *catholique*, qui s'exprimait ainsi :

« Le roi Evenus était parvenu à un tel degré de démence,
» qu'il portait des lois impudiques, telles que la faculté à un
» homme de prendre plusieurs femmes à la fois, et que le
» seigneur du lieu pouvait jouir le premier de la nouvelle
» mariée. Après bien des siècles, on n'a pu parvenir à abolir
» cette loi, tant elle avait jeté de profondes racines dans le
» cœur des fils des magnats. A la fin, le roi Malcolm, à la
» persuasion de la reine, l'a retirée entièrement, en y subs-
» tituant une pièce d'or, qu'on appelle *marcheta*, payable au
» seigneur, le jour des noces, pour rançon de sa pudeur, et
» jusqu'à ce jour cette redevance se paye [3]. »

Puis est venu Georges Buchanan, qui, d'après le travail de Boethius, écrivit une histoire d'Écosse où il dit que le seizième roi d'Écosse, Evenus III, qui monta sur le trône douze ans avant J.-C., ne se contentant pas d'une centaine de concubines, rendit une loi d'après laquelle le roi pouvait jouir, avant leurs maris, de toutes les femmes des nobles, et les nobles, des femmes des plébéiens. Il ajoute que le quatre-vingt-sixième roi d'Écosse, Malcolm III, qui régna pendant le XIe siècle, cédant enfin aux sollicitations de sa femme, abolit la loi d'Evenus ou permit de s'y soustraire en payant un marc d'argent, d'où est venu le nom de *marquette* donné à la redevance payée pour rachat de la pudeur des femmes [4].

[1] Skœneus : *Regiam majestatem*, l. 4, c. 31.

[2] Boethius : *Scotorum historiæ*... Paris, 1575, in-f°.

[3] J'emprunte la traduction de M. J.-J. Raëpsaet : *Œuvres complètes*, t. 1, p. 211.

[4] G. Buchanan : *Rerum Scoticorum historia*. Edinbourg, 1715, in-f°, p. 59 et 117. Georges Buchanan, le plus célèbre poète latin de son

Ces deux textes constatent l'existence du *droit du seigneur* en Écosse. Le récit du protestant Buchanan est à peu près le même que celui du catholique Boethius. Voici comment M. Veuillot prétend détruire leur autorité :

« Voyons maintenant les faits sur lesquels on a prétendu » appuyer une calomnie si absurde, et commençons par l'his- » toire très-curieuse de l'origine, du développement et de » l'incroyable fortune de cette calomnie. Cela ne remonte pas » bien haut. Les *protestants*, au XVIe siècle, commencent à » jeter quelques bruits vagues..... Buchanan répandit par ses » écrits la fable écossaise d'Evenus et du droit de *mar-* » *quette*...... LE ROI EVENUS Ier OU IIIe OU XVIe ET LA MARQUETTE. » Je n'ai là-dessus qu'à copier à peu près Raëpsaet.... »

En effet, M. Veuillot copie presque tout ce qu'a dit M. Raëpsaet, excepté quelques phrases d'un *troubadourisme* charmant. Mais M. Veuillot a oublié qu'en mettant en scène Buchanan le *protestant*, dont M. Raëpsaet n'a pas parlé, au lieu de Boethius le *catholique*, il a changé de fond en comble la physionomie du débat, dans lequel M. Raëpsaet pouvait succomber comme savant sans déshonneur, tandis que lui, M. Veuillot, en accusant déloyalement un parti d'être l'auteur d'une calomnie d'autant plus odieuse et bête que le parti opposé n'avait nullement à en souffrir, M. Veuillot, dis-je, a complètement oublié qu'il a changé la nature du terrain sur lequel se vidait la querelle, et que lui ne peut y succomber sans honte.

Le texte de Buchanan, puisque M. Veuillot veut que ce soient les protestants et Buchanan qui aient introduit dans l'histoire le récit fabuleux de l'origine du droit de *marquette*, est clair et précis. S'il ne faut pas ajouter plus de foi à cette première partie de l'histoire des rois d'Écosse qu'à l'histoire des

temps, était né en Écosse. Il vint à Bordeaux en 1539, et s'y fit remarquer pendant quatre ans comme un des plus habiles professeurs de ce collége de Guyenne dont la gloire éclipsa quelque temps celle de l'Université de Paris. Il y composa quelques-uns de ses plus célèbres ouvrages.

premiers rois de France, de Rome, etc., peu nous importe. Les faits, vrais ou fabuleux, racontés par Buchanan, sont parfaitement clairs. Une loi infâme établie par Evenus III, dans le Ier siècle de l'ère chrétienne, a été abolie au XIe siècle par Malcolm III. Pourquoi donc M. Veuillot copie-t-il en entier un long et lourd passage de M. Raëpsaet, qui n'a pas parlé de Buchanan, pour prouver que Buchanan n'a pas plus de bon sens que de véracité ? Lorsque Buchanan dit formellement que cette loi fut établie par Evenus IIIe, pourquoi M. Veuillot veut-il nous faire croire que Buchanan ne savait pas si c'était par Evenus Ier, Evenus IIIe ou Evenus XVIe ? Evenus XVIe ! Ah ! M. Veuillot, avez-vous jamais trouvé un chroniqueur assez sot pour déclarer lui-même que son imagination est stérile au point d'avoir besoin de répéter seize fois le même nom dans une liste de rois imaginaires ? Ce n'est pas M. Raëpsaet qui vous a fait dire cela. Vous avez vu, je ne sais où, que cet Evenus III passait pour le seizième roi d'Écosse, et vous en avez fabriqué un Evenus XVIe du nom, pour avoir occasion d'accuser Buchanan de divagation et de crédulité. Vous pouviez tout aussi bien accuser ce méchant protestant d'avoir dit que la loi avait été abolie par Malcolm LXXXVIe du nom ! Dans quelles mains, science sainte et sacrée, es-tu destinée à tomber ?

Je ne suivrai pas de *vrais savants* de la force de MM. Louis Veuillot, Arthur Murcier, etc., arrachant des lambeaux d'une dissertation de M. Raëpsaet contre Boethius qui n'est pas en cause, pour combattre Buchanan qui ne se doutait guère que son récit serait ainsi attaqué, et discutant une époque du règne d'un roi qu'ils regardent comme fabuleux [1]. Je ne m'arrêterai

[1] C'est à la page 35 que Boethius dit : *Leges tulit... ac virginitatis novæ nuptæ loci dominus primam libandi pudicitiam potestatem haberet.* Mais, en se servant des mots *loci dominus,* Boethius pensait si peu à indiquer par là rien de féodal, qu'à la page 256 il fixe lui-même l'introduction des noms féodaux en Écosse au règne de Malcolm-Commor, monté sur le trône le 25 avril 1061. Il en résulte que la dissertation du *vrai savant* M. Raëpsaet, tronquée pour les besoins de la cause du non

pas à examiner si les anciennes lois écossaises, connues sous le titre plus ou moins exact de *Leges Malcolmi Mac-Kenet* ou de *Regiam majestatem*, ont été rédigées ou modifiées à une époque plus ou moins postérieure à la conquête de l'Angleterre par les Normands. Le fait est qu'elles ont été observées en Écosse ; il n'est pas permis d'en douter. Il en résulte que le droit de *marquette* y était établi comme en Angleterre et dans le Pays de Galles, et comme le *culage* en Picardie et en Normandie. Il importe ici très-peu de savoir si ces droits ont été établis en Écosse à l'imitation des Normands, ou en France à l'imitation des Écossais : ils ont été établis dans les deux pays. Revenons sur le continent.

N° 40.

Hector Boethius, dans son Histoire d'Écosse, après avoir rapporté l'abrogation de la loi d'Evenus, ajoute : La même chose a lieu près de Louvain, où le mari est obligé de racheter

moins vrai savant M. Veuillot, forme un galimathias tellement embrouillé, qu'il serait aussi ennuyeux qu'inutile d'essayer de l'expliquer.

Pour les personnes qui seraient bien aises d'avoir une idée exacte de la force des raisonnements des vrais savants selon le cœur de M. Veuillot, je copie ici textuellement un passage de M. Raëpsaet cité par M. Veuillot, et qui serait bien plus joli, si, comme M. Veuillot voudrait le faire croire, il pouvait s'appliquer à Buchanan : « Si jamais » il a existé un roi Evenus, il a vécu, selon Boethius, *longa sæcula*, » plusieurs siècles avant le roi Malcolm (Buchanan dit onze cents ans). » Il y a quatre rois d'Écosse du nom de Malcolm ; le quatrièms est mort » en 1165. Ainsi, quand bien même l'on voudrait entendre que Boethius » parle du dernier, et qu'on réduirait ses *longa sæcula* à un seul siècle, » on ne rapprocherait l'époque du règne d'Evenus que du XIe siècle... » N'est-ce pas une heureuse science que celle de savoir grouper les mots et les chiffres de manière à reprocher à un auteur de faire remonter au XIe siècle de notre ère un roi dont cet écrivain a placé le règne au Ier siècle ? et n'est-ce pas une loyauté bien catholique que de combattre un auteur protestant en l'accusant d'un raisonnement d'après lequel le roi qu'il fait vivre douze ans avant J.-C. aurait vécu onze cents ans plus tard ?

l'honneur de sa femme [1]. C'est encore un exemple que M. Veuillot a eu la *loyauté* de ne pas citer. Comme Boethius était catholique, M. Veuillot a, sans doute, craint que ce témoignage ne soit pas regardé comme un couplet d'opéra-comique.

N° 41.

Le très-illustre jésuite Daniel Papebrock, l'une des gloires les plus éclatantes de l'Église et de la science de la Belgique, parle, dans l'*Acta sanctorum*, d'un document dans lequel il est déclaré que les hommes et les femmes de deux seigneuries voisines, soumises à des monastères, peuvent dorénavant prendre réciproquement un conjoint dans l'une ou dans l'autre de ces terres sans payer aucun droit. Ce droit était ce qu'on appelait ordinairement le *formariage;* mais le rédacteur de l'acte s'étant servi de ces expressions : « *sine exactione* » *contraria et bathinodii questu* », le savant éditeur de l'*Acta sanctorum* a ajouté une note de laquelle il résulte qu'à ses yeux le *bathinodium* n'était autre chose que le *droit du seigneur* [2], dont les traces subsistaient encore de son temps dans plusieurs localités. Le savant et *chrétien* Ducange partage l'opinion du savant et *chrétien* Papebrock; mais M. Veuillot, préoccupé de l'idée qu'il faut absolument *un excès d'impu-*

[1] H. Boethius : *Scotorum histor...*, p. 260. *Nec dissimile est quod haud longè à Lovanio in pago fit quodam, ubi suæ sponsæ stuprum sponsus a loci præfecto redimit.*

[2] *Bathinodium... intelligo quod nos leniori dialecti* bed-nood *possemus dicere, quo significetur redimendi concubitus sive* lecti-necessitas; *quæ inter servos glebæ ut vocant.... et dominos eorum intercedebat. Hujus juris vestigia ad huc variis in pagis apud nos durant, ubi rustici dato pretio a fundi domino redimere jus primæ noctis dicuntur. Quamvis enim lex christiana fœdum avitæ gentilitatis abusum sustulerit, quo primus concubitus domino deferebatur; remansit tamen jus certi nummi, a sponso pendendi in dominii agnitionem; et mutato jure quatenus erat religioni contrarium, manet significatio juris antiqui in solo modo loquendi.* (Dan. Papebrock : *Acta sanctorum aprilis,* t. 3, p. 822.)

dence et d'ineptie pour croire à l'existence du *droit du seigneur*, a jugé à propos de ne parler ni de la note du P. Papebrock, ni de l'opinion de Ducange. M. le rédacteur en chef de l'*Univers* a voulu éviter aux témoignages de ces deux pieux écrivains d'être pris pour des couplets d'opéra-comique.

Nos 43, 44, 45, 46.

Sur le témoignage de Vanderschelling (*Aloud. Reg. D.* 3, p. 159), Gérard Vanloon assure que le droit de première nuit a existé dans les seigneuries de Voshol, Schagen, Sluypwyck et Rhoon, et il a fait là-dessus une dissertation assez ample (*Holl. Thiend R. D.* 1, p. 142). Je n'ai pu consulter moi-même ces deux ouvrages, mais la citation est faite d'après M. J.-J. Raëpsaet (t. 1, p. 211); et comme leur témoignage confirme ce qu'ont dit le catholique Victor Boethius et le jésuite D. Papebrock, j'espère que M. Veuillot ne contestera pas l'exactitude de la citation faite par son vrai savant.

No 47.

Si je savais l'allemand, et si j'avais à ma disposition ces grands recueils où l'érudition germanique a entassé tant de choses [1], j'y trouverais certainement un grand nombre de traces de l'existence du *droit du seigneur*. La différence des classes y était tellement tranchée, et les mariages inégaux y étaient en telle abomination, que les enfants résultant de ces mariages ne pouvaient être faits évêques [2]. Un des savants

[1] Je puis néanmoins indiquer :
Mitterm : *Princip. juris germ.*, § 93, not. 18.
Besold : *Thesaurus pract.*
Schottel : *De juribus quibusdam singular. german.*
Hermann : *De cens.*, l. 3, c. 3, no 38.

[2] J.-P. Ludwig : *Opuscula miscella*, 1720, in-fo, t. 1, p. 1107, rapporte deux chartes du XIIIe siècle par lesquelles il est accordé aux habitants de Francfort de ne pas être forcés de donner leurs filles ou leurs nièces en mariage aux officiers du souverain.

de cette terre classique de l'érudition, Georges Keysler, qui écrivait avant Laurière et bien avant le fameux opéra-comique, parle du *cunnagium* comme excessivement fréquent dans le Mecklembourg et les autres provinces d'Allemagne : *Jus cunnagii apud majores nostros usitatissimum.....!!* Il indique une douzaine de noms allemands donnés à ces redevances [1]. Je pouvais compter chacun de ces noms comme constatant l'existence du *droit du seigneur* dans au moins autant de localités différentes qu'il y a de noms différents pour exprimer la même chose ; mais je me contente ici, comme pour l'Angleterre et l'Écosse, de ne compter qu'un seul numéro, et j'y comprends même un exemple dont M. Veuillot a parlé et qu'il a combattu d'une manière bien curieuse.

On lit dans Jacob Grimm (*Antiquités du droit allemand*, p. 384) un passage traduit ainsi par M. Michelet : « Notre » avis est que ceux qui viennent ici célébrer leurs noces » doivent inviter le maire et son épouse. Le maire, de son » côté, prêtera au futur un pot où il puisse facilement faire » cuire une brebis ; le maire amènera encore une voiture de » bois, et, le jour des noces, le maire et son épouse apporteront, en outre, le quart d'un ventre de laie *(Swinbachens ?)*. » Quand les convives seront retirés, le nouvel époux *laissera* » COUCHER *le maire avec sa femme ;* sinon, il la rachètera » pour cinq schellings et quatre pfennings [2]. »

Ce texte est assez clair pour ne laisser aucun doute : si le mari ne paie une certaine somme au maire, celui-ci aura le droit de coucher avec la mariée. Cependant, M. le rédacteur en chef de l'*Univers* a trouvé le moyen de se débarrasser très-prestement de ce témoignage. Il imprime le texte de M. Michelet exactement, sauf un seul mot ; au lieu de dire : *laissera* COUCHER *le maire avec sa femme*, il imprime : *lais-*

[1] G. Keysler : *Antiquitates selectæ septentrionales.....* Hanoveræ, 1720, in-8°, note 64, p. 484, *De jure cunnagii et marcheta.* J'engage M. Veuillot, pour s'édifier à ce sujet, de lire à la page 480 une savante dissertation sur l'origine et la signification du nom de *Cunégonde.*

[2] Michelet : *Origines.....*, p. 263.

sera le maire avec sa femme. Ce n'est pas plus difficile, et, fier de son stratagème, il se retourne vers M. Bouthors, qui a eu la maladresse d'imprimer ce passage sans mentionner que l'épouse du maire, s'il en a une, doit être invitée au repas, et il lui dit avec une candeur admirable : « J'ignore pourquoi » M. Bouthors a supprimé l'*épouse* du maire, puisqu'elle assis» tait à la cérémonie de par la coutume. Ce sont ces inexac» titudes, qu'on ne devrait pas signaler chez un greffier, qui » donnent des tentations aux faibles comme M. Dupin...... » Il est évident, en effet, que, puisque l'épouse du maire assistait à la cérémonie, le nouveau mari ne courait aucun risque en laissant sa fiancée *(en compagnie)* avec le maire et son épouse. Que dites-vous de ces inexactitudes du rédacteur en chef d'un journal religieux ? Ce sont de ces traits qu'il faudrait pouvoir mettre sous verre pour les avoir toujours sous les yeux quand on s'occupe de M. Veuillot ! Ne lui demandez pas comment le maire se trouverait dédommagé de ses dépenses, si le mari, refusant de payer la somme déterminée par la coutume, se contentait de laisser sa femme en conversation *non criminelle* avec le maire et son épouse ? M. Veuillot n'est pas chargé de répondre à de pareilles questions. La pudeur est une vertu dont on peut faire honneur au XIIIe siècle, mais vaut-il la peine d'en avoir pour les hommes du temps où nous vivons ?

N°s 48 ET 49.

Laurière prétend que les seigneurs de Prelley et de Parsanni, en Piémont, exerçaient, sous le nom de *cazzagio*, un droit tellement exorbitant, que les vassaux, n'ayant pu en obtenir la commutation, se révoltèrent et se donnèrent à Amé VI, quatorzième comte de Savoie [1]. Laurière n'ayant pas dit où il avait pris ce fait, M. Veuillot commence par le nier hardiment : « L'histoire est fausse, » dit-il. Cependant, un peu plus loin, il devient un peu moins tranchant. Laurière

[1] Laurière : *Glossaire du droit*, t. 1, p. 307.

a dit : « L'histoire de Savoie nous apprend... » ; et quoique M. Veuillot ne connaisse aucun ouvrage intitulé *Histoire de Savoie*, on pourrait retrouver le fait dans quelque livre racontant l'histoire de la Savoie. M. Veuillot a donc recours à son stratagème ordinaire, la ruse, pour ne pas toujours dire le mensonge. Dans tous les dictionnaires géographiques qu'il connaît, M. Veuillot n'a trouvé ni Parsanny, ni Prelley ; il aurait bien envie de déclarer que ces localités n'existent pas, mais on pourrait les retrouver quelque part. N'importe. Il n'y a pas d'*Histoire de Savoie*, dit-il, les dictionnaires géographiques ne parlent pas de ces deux villages ; nous n'avons plus qu'un pas à faire pour qu'il ne reste absolument rien du témoignage trop vague de ce *méchant* juriste qu'on nomme Eusèbe de Laurière. Ce pas est facile à faire. Le mot par lequel on désigne, selon Laurière, le droit qui fit révolter les habitants de Prelley et Parsanny, *cazzagio*, dérivé de *cazzo*, présente un sens très-obscène. Pour enlever au fait toute espèce d'authenticité, M. Veuillot n'a qu'à ajouter : « On varie beau» coup sur l'orthographe de ce mot : les uns mettent deux *z* » et un seul *g*, les autres deux *g* et un seul *z*... ; le vocabu» laire italien ne met rien du tout... » Ah ! pardon, Monsieur, vous faites un faux pas. Si ce menteur de Laurière est l'inventeur du mot, de la chose et de la localité, comment peut-on varier beaucoup sur l'orthographe de ce mot ? Qu'importe la manière dont ceux qui l'ont pris dans Laurière ont pu le défigurer ? *Cazzagio* est le seul mot admissible et discutable. Tous vos raisonnements ne peuvent donc qu'aboutir à dire que Laurière a cité un nom, un fait, une localité dont vous ne pouvez ou ne voulez pas retrouver l'origine, et nous restons en face du témoignage de Laurière, adopté par des hommes qui se nomment Ducange et dom Carpentier, et contredit par vous, qui vous appelez M. Louis Veuillot.

N°. 50.

Le marquisat de Montferrat est tout voisin de la Savoie,

dans la belle vallée arrosée par le Belbo. Les comtes d'Acquesana avaient excité l'animadversion de leurs sujets, entre autres, par la sévérité avec laquelle ils faisaient exécuter une loi appelée *fodero*, et qui donnait au seigneur le droit de prendre les prémices de tous les mariages. Les vassaux irrités, disent les annales de Ghilini, résolurent d'y mettre un terme. En 1235, ils s'assemblèrent au signal donné par la cloche de Belmonte, assiégèrent le comte d'Acquesana, le tuèrent, et démolirent son château. Aidés des habitants d'Alexandrie, ils résistèrent à Boniface, marquis de Montferrat, furent s'établir dans la forêt de Nizza, et y fondèrent la cité qui porte aujourd'hui le nom de *Nizza della Paglia*.

Ces faits sont ainsi rapportés par l'avocat Sincère Rastelli dans la préface d'un poème italien publié à Paris, en 1788, sous le titre de : *Il fodero o sia il jus sulle spose degli antichi signori*. Les lecteurs trouveront dans la note ci-dessous [1] le passage de la préface de Rastelli ; ils y verront que si M. Veuillot avait voulu chercher, il aurait trouvé des exemples constatant que quelquefois l'exercice du *droit du seigneur* avait occasionné la révolte des *sujets*.

Je joins au passage de la préface de S. Rastelli le texte

[1] « *Trà le altre gravezze si mantenevano in possesso d'una legge iniquissima detta del* fodero, *in virtù della quale erano obbligate tutte le novelle spose di dare al conte padrone le loro primizie. I poveri terrazzani si addattarono per un pezzo in questa infamia. Ma finalmente, nel 1235, punti dallo stimole d'onore, non volendo più tollerarla, fecero trà di loro congiura, e al suono d'una campana, che da Belmonte diede il segno ai congiurati, assaltarono i sopradetti sei conti nelle loro rocche, e gli uccisero. In appresso diroccarono i castelli, distrussero le proprie habitazioni, e coll'ajuto che vennero loro in soccorso, contro Bonifacio, marchese di Monferrato, andarono a stabilirsi allo sbocco della Nizza nel Belbo, e vi fabbricarono la città, che ora è Nizza della Paglia. Tanto si ricava dagli annali del Ghilini all'anno 1235, e da altri scrittori...* » (Sincère Rastelli : *Il fodero o sia il jus sulle spose degli antichi signori.* Paris, 1788, Barrois, in-12.)

même des annales de l'abbé Ghilini[1], et j'ajoute que le poème italien publié en France en 1788 a été traduit en français, sous le titre de : *le Droit de jambage*, et sous le titre : *le Vasselage ou Droit des anciens Seigneurs...*, etc., en 1790, 1791 et 1820. Cela valait la peine d'être cité par un érudit qui a consulté de bonne foi tant de livres où il savait qu'il ne pouvait trouver rien de relatif au *droit du seigneur*.

N° 51.

Dans un document daté de 1361 et conservé au *Trésor des chartes*, il est dit que dorénavant les filles à marier ne seront pas tenues de comparaître devant l'official de l'évêque de

[1] *Non potevano più i Terrazani... soffrire il disonesto, e tirannico vivere de' conti di Acquesana loro signori, liquali non contentandosi di riscuoter da' loro sudditi li carichi ordinary, volevano anche ricoverare i personali, dalli divine, et humane leggi proibiti, e goder le primizie delle vergini, che andavano à marito; et havendo benissimo ponderata cosi enorme, et insopportabile disonestà, rimasero gli animi loro cosi altamente idegnati, che senza ritegno alcuno di compassione, di pietà, e di timore (quando vi fosse stato) si fecero lecita ogni, e qualunque vendetta; hebbero dunque ricorso à gli Alessandrini loro collegati; e havendo conessi communicato il tutto, gli dimandarono in aiuto, per fare degno risentimento di tanta ingiuria; cosi essi dunque speditamente, e d'un medesimo animo uniti, al suono della campana di Belmonte, ad una certa hora determinata crudelmente ammazzarono tutti li susdetti conti; con laqual risoluzione quei tiranneggiati si liberarono una volta dal dominio tanto odioso de' signori loro, de' quali gettarono à terra i castelli, e tutte le case; poscia fabricarono à spesa commune nella vicina pianura de colli una terra, alla quale, perche si trovava lungo la riva d'un fiumicello chiamato Nizza, diededo nome di Nizza...* (Annali di Alessandria, *overo le cose accadute in essa città nel suo, e circonvicino territorio dall' anno dell' origine sua sino al M.DC.LIX...., da Girolamo Ghilini, dottore di morale teologia, e di leggi, abbate di San-Giacomo; apostolico protonotaio, canonico della dottorale prebenda nell' insigne collegiata di Sant'Ambrogio in Milano. Milano 1666, Gios. Marelli*, in-f°, p. 36.)

Vienne, en Dauphiné, excepté dans quelques cas spécifiés, par exemple lorsqu'il s'agit de décider si elles ne sont pas trop jeunes pour se marier, etc.[1]. Dom Carpentier, qui cite ce texte au mot *marcheta*, pense qu'il se rapporte aussi au *droit du seigneur*. M. Veuillot, qui a lu et réfuté dom Carpentier avec tant de soin, n'a pas jugé à propos de mentionner ce passage. Sans doute, il ne pense pas, comme ce *méprisable* bénédictin, qu'il s'agisse ici d'un droit obscène. L'admirateur du moyen âge ne trouve pas que ce texte puisse porter atteinte à la pudeur de ces siècles où la loi, au lieu de fixer un âge pour les mariages, faisait vérifier par des ecclésiastiques si les filles étaient ou non assez formées pour se marier.

N° 52.

Saintfoix prétend, d'après un jurisconsulte napolitain, que les chanoines de Lyon avaient le droit de coucher la première nuit avec les épousées de leurs serfs[2]. Il dit qu'il a trouvé cette citation dans un ouvrage de Borello, qu'il désigne ainsi : *Biblioth. germ.*, t. 1, p. 188. M. A. Pericaud[3], parlant de ce passage de Saintfoix, dit qu'il est tiré d'un ouvrage de Camille Borello, intitulé : *Consiliorum sive controversiarum*, mais que Borello n'a fait que répéter ce que Réné Chopin avait dit avant lui. Or, Réné Chopin, comme nous allons le voir, ne parle pas du droit de passer la nuit avec la mariée, mais seulement du droit de mettre une cuisse dans le lit; donc, je suis obligé d'admettre que les chanoines de Lyon n'eurent jamais que le droit de cuissage[4]. J'admettrai même

[1] *Item puellæ maritandæ non teneantur coram officiali personnaliter respondere, nisi probabiliter dubitetur an sint viri potentes et nisi in casibus a jure expressis.*

[2] Saintfoix : *Essais historiques sur Paris*. Paris, 1762, in-12, t. 2, p. 172.

[3] A. Pericaud : *Notice sur Guillaume de Thurey*. Lyon, 1856, in-8°, p. 9.

[4] Cependant voici ce qu'on trouve dans le texte d'une édition de Camille Borello qui, tout en conservant exactement l'expression employée

très-volontiers, avec M. A. Pericaud, que les chanoines n'exercèrent probablement jamais ce droit obscène, et consentirent à le changer en une redevance de comestibles aussitôt que, par suite des traités faits en 1132 avec les comtes de Forez, ils devinrent possesseur du comté de Lyon; mais la renonciation à ce droit par des seigneurs ecclésiastiques prouve évidemment que ce droit avait été exercé par les seigneurs laïques.

« Les chanoines et comtes de Lyon, dit Chopin [1], ayant le » droit seigneurial de mettre la cuisse dans le lict de leur » vassal ou vassale le premier jour de leurs noces, s'accor-

par Chopin, donne au droit possédé par les chanoines de Lyon la signification de *jus cunnagii* : « *Quo loci refert canonicos et comites Lugdonenses* (sic) *dominii jure habuisse primo connubiali die in thoro geniali subditorum nuptias ineuntium jus locandæ coxæ et obscœnum hoc onus conversum fuisse in epulare munus ejusdem diei. Eo modo Hieronymus Mutius Justinopolitanus in* Tract. 2, de Matrimonio *ad Fabricium Columnam et Hypolitam Gonzagam, idiomate italico, retulit circa jugum Alpium Galliæ et Montes Allobrogos fuisse in pecuniarium onus redactum jus quorundam dominorum qui prima nocte novas nuptas eorum amplexibus accipere soliti fuerant et hodiè apud illos obscœno vocabulo cunnagii jus appellari.* (Consiliorum sive controversiarum forensium centuria prima, *auctore Camillo Borello. Venetiis, 1598; J. Gueritius, n° 150, f° 6, col. 2.*)

[1] R. Chopin : *Commentaire sur la coutume d'Anjou*, liv. 1, art. 31 : *Pari modo canonici et comites Lugdunenses, quum patronale jus haberent* coxæ locandœ *in geniali thoro subditi subditæve nuptias ineuntium primo ipso connubiali die, passi sunt obscœni hujus oneris conversionem in epulare munus eadem die nuptiali.* Plusieurs écrivains, et entre autres Martin Kemps (1), se sont singulièrement mépris sur ce passage de Chopin; au lieu des mots : « *jus coxæ locandæ,* » ils ont lu « *jus coxæ luxandæ,* » *droit de disloquer les cuisses.* Et là-dessus, un certain de Bar ou Baar a prétendu (2) qu'un chanoine de Lyon, en lisant l'ancien titre qui lui permettait de disloquer les cuisses de tous les habitants du diocèse, trouva ce droit si ridicule, qu'il jeta cette pièce au feu, et que les chanoines de tous les diocèses avaient probablement les mêmes droits. Mais Nicolas Henel (*Otium vratistaviense...* Ienæ, 1657, in-8°, p. 399) traduit aussi le *jus coxæ locandæ* par *jus cunnagii.*

(1) (*Martini Kempsi opus polyhistoricum dissertat.* XXV *de osculis.* Francfort, 1680, in-4°.)
(2) De Bar : *Babioles littéraires et critiques en prose et en vers.* Hambourg, 1763, in-8°, t. 5, p. 98.

» dèrent de changer ce droit deshonneste à un festin ledict » jour. » Simon d'Olive dit aussi [1] : « Tel est le droit remarqué » par Chopin..., où il rapporte que certains seigneurs du pays » lyonnois ont faculté de tenir la cuisse dans le lict des nou- » veaux mariés au jour des nopces de leurs vassaux. »

Ces textes, rapportés par M. Veuillot lui-même [2], ne ressemblent pas tout à fait à des couplets d'opéra-comique. M. Veuillot a oublié de nous dire si le *jus patronale*, auquel ces bons chanoines de Lyon renoncèrent, avait été tiré de l'exemple de Sara et de Tobie ; mais c'est probable, et il faudrait véritablement avoir l'esprit bien mal fait pour trouver, dans un pareil droit, quelque chose de contraire à la décence et à la pudeur. Vaut-il la peine de s'arrêter à si peu de chose? Non certes, et M. Veuillot s'occupe à peine de réfuter de pareils témoignages. Il se contente d'assurer, et cela sérieusement, que le droit de *cuissage* n'a pu exister à Lyon. Savez-vous pourquoi?... parce que le président Boyer a entendu dire que le même droit existait aussi en Gascogne. Voilà la force des raisonnements de M. Veuillot; laissons-le parler.

« Boërius ajoute : « J'ai ouï dire encore et tenir pour certain » que quelques seigneurs gascons... avaient droit, la première » nuit des noces, de poser une jambe nue à côté de la jeune » mariée ou d'exiger une composition. » Cet usage était très- » rare, puisque Boërius... ne le connaissait que pour en avoir » entendu parler.... Deux autres voisins de la Gascogne..., » Laroche-Flavin et Simon d'Olive..., auraient dû confirmer » le ouï-dire de Boërius si l'usage avait existé. Laroche-Flavin » n'en parle pas ; Simon d'Olive le mentionne seulement non » comme *gascon*, mais comme *lyonnais*.... ; d'où il faut » conclure que, si l'usage de la jambe nue avait existé..., ni » les plaideurs ni les arrêts n'auraient manqué pour en pro- » curer l'abolition. »

[1] Sim. d'Olive : *Œuvres de...* divisées en deux volumes... Toulouse, 1639, P. Bosc, in-f°, l. 2, ch. 1, p. 155.

[2] Ils ont été adoptés aussi par Thouret, Barbeyrac, Dalloz, etc.

Puisque deux auteurs mentionnent que ce droit fut aboli à Lyon, et qu'un autre dit qu'il existait aussi en Gascogne, il est évident qu'il n'a existé nulle part. Telle est la manière de raisonner de M. Veuillot, et nous ne devons plus nous étonner que d'une chose, c'est que l'auteur du *Droit du Seigneur* n'ait pas fait remarquer que Chopin et d'Olive ne parlant que du droit de mettre la cuisse dans le lit le premier *jour* du mariage, et que les époux ne se mettant ordinairement au lit que pendant la *nuit*, tous les chanoines de Lyon pouvaient, l'un après l'autre, *pendant le jour*, mettre leur cuisse, vêtue ou non, dans le lit des *époux absents*, sans offenser ni la morale ni la pudeur. M. Veuillot n'a pas été jusque-là; nous devons l'en remercier, car il en avait bien le droit.

Cependant, un peu plus loin, M. Veuillot ajoute : « Les cha- » noines de Lyon avaient ce droit, probablement par l'acquisi- » tion d'un fief; ils le trouvèrent peu convenable à leur état, » et le changèrent en une autre redevance. » Il reconnaît donc que l'histoire du *cuissage* n'est pas un couplet d'opéra-comique, et qu'il y avait des seigneurs qui exerçaient des droits *contraires à la décence et aux mœurs*; mais nous n'avons pas besoin de ses aveux.

N° 53.

En 1325, le chantre de l'église de Mâcon prétendait que ses prédécesseurs et lui étaient en possession du droit d'empêcher les habitants de la ville de recevoir la bénédiction nuptiale avant d'avoir obtenu une charte scellée de son sceau, et se faisait, en conséquence, payer des sommes plus ou moins fortes, selon la fortune des époux. C'était à peu près la même prétention qu'élevaient dans le même temps les évêques d'Amiens. Le Parlement, saisi de la réclamation des habitants de Mâcon, en renvoya la décision à l'arbitrage de l'archevêque de Lyon. L'archevêque Guillaume de Thurey [1] reconnut dans

[1] M. A. Pericaud aîné vient de publier un travail très-concis et très-intéressant sur la vie de ce prélat; il est intitulé : *Notice sur Guillaume*

sa sentence que, *selon le droit civil et canon, les mariages doivent être libres*, et décida que les habitants de Mâcon pourraient se marier impunément *(benedictionem nuptialem recipere impunè)*. Cependant, à cause des droits et émoluments que le chantre de Mâcon avait coutume de lever sur les mariages, il ordonna que chaque nouveau mari serait tenu de payer uniformément six deniers parisis, et de dire publiquement avant d'entrer dans l'église : *Veez ci six deniers parisis pour lo droit dou chantre de l'esglise de Mascon* [1].

M. Veuillot n'a pas la ressource de faire intervenir ici une prétendue imitation de la continence de Tobie, d'abord exigée, puis seulement conseillée par la sagesse du clergé de Mâcon; mais il n'en est pas plus embarrassé pour cela. Il commence par assimiler les droits réclamés par le chantre de Mâcon au droit à un repas que les bouchers d'Orléans réclamaient du chapitre de la cathédrale, et se contente d'ajouter cette phrase peu claire : « Cette sentence est rapportée par Carpentier ; » *et si l'on peut raconter autrement l'histoire, il n'y a nul* » *moyen de l'apprendre autrement.* »

Il est facile ici d'être de l'avis de M. Veuillot : il n'y a nul moyen de dire autrement qu'il fut un temps où des désordres épouvantables eurent lieu; mais cela ne prouve pas que l'on fût heureux d'y vivre, et que l'origine du droit réclamé par le chantre de Mâcon soit à l'abri de tout soupçon d'immoralité.

N° 54.

La présomption d'immoralité qui pèse sur les prétentions du chantre de Mâcon devient presque une réalité, si l'on songe que la Bourgogne était une des provinces de France où la servitude était établie de la manière la plus générale et la plus abusive.

de Thurey, archevêque de Lyon. Lyon, 1856, A. Vingtrinier, in-8°, 15 p.

[1] Carpentier : *Glossarium novum*... verbo *marcheta*, donne le texte de ce document, d'après le registre du *Trésor des chartes*.

« Il est notoire, dit le président Bouhier[1], que presque tous » les villageois étaient serfs.... il était tout naturel que les » seigneurs, en leur accordant la franchise, se réservassent » différents droits... Ce droit n'a rien d'odieux. C'est le prix » d'une faveur inestimable dont ils ne doivent jamais perdre » le souvenir, car il a singulièrement mitigé la dureté de leur » première condition. » L'article 117 de la coutume de Bourgogne, rédigée antérieurement à 1459, semble dire très-clairement que les serfs qui se mariaient perdaient tous leurs biens s'ils ne se soumettaient au *droit du seigneur*, car il porte que l'homme serf qui prend femme en dehors de sa seigneurie, perd tous ses biens, quoi qu'il fasse acquérir une femme de plus à son seigneur, s'il ne mène coucher cette femme dans la seigneurie le premier soir de ses noces. L'article 118 s'exprime aussi catégoriquement à l'égard de la femme serve. Si elle veut conserver ses biens en se mariant hors de la seigneurie, il faut que son mari avoue le seigneur de sa future et vienne s'établir dans la seigneurie, avant d'avoir couché avec sa femme[2]. Ainsi, dans l'un et l'autre cas, la confiscation des biens des mariés dépend de l'impossibilité dans laquelle ils ont mis leur maître de pouvoir exercer le *droit du seigneur*.

Les mêmes dispositions se retrouvent dans les coutumes de la comté de Bourgogne. La fille serve qui se mariait perdait son droit au partage des terres cultivées par la communauté

[1] Bouhier: *Coutumes de Bourgogne*, t. 2, p. 329.

[2] Bourdet de Richebourg : *Nouveau Coutumier général*, t. 1, p. 122. Article 117. « Les serfs de formariage sont ceux qui ne se peuvent » marier fors dessous leur seigneur sans licence. Et se ils se marient » hors dessous leur seigneur, ils perdent quanque ils ont. Toutes- » voyes, si homs se marie en autre jurisdiction et prand femme au » lieu, s'il la meine gesir le premier soir dessous son seigneur, il ne » perd riens. Car il acquiert la femme pour le seigneur et la trait à sa » condition. Et se il ne gist le premier soir dessous le seigneur, il perd » quanque il a. Et toutesvoyes n'est-il pas hors de servitude, qu'il ne » demeure serf, se par désaveu n'en part.

» Article 118. Mais par le contraire, se la femme serve et de for-

dont elle faisait partie ; mais si elle venait *gesir la première nuit* de ses noces dans la communauté, elle conservait tous ses droits [1].

Ces textes sont, comme on le voit, très-importants pour établir la preuve de l'existence du *droit du seigneur.* J'y reviendrai en parlant du *formariage*, à la fin de ce chapitre ; ici je me borne à faire remarquer que M. Veuillot, qui prétend orgueilleusement avoir tout vu, tout étudié, et qu'il n'y a rien dans les coutumes, ne dit pas un mot de ces textes si importants.

N° 55.

Les habitants de Fère, en Tardenois (Champagne), se plaignaient à leur seigneur qu'indépendamment des cent sous que payaient ceux qui se mariaient, ceux-ci étaient encore soumis, lors de leurs noces, à des servitudes telles qu'elles empêchaient les jeunes gens de trouver des partis avantageux. Une transaction intervint entre Gui de Chatillon et les habitants de Fère, et remplaça tous les droits sur les mariages par l'obligation de faire le guet au château. La transaction ne spécifie pas le genre de servitudes auquel étaient soumis les habitants de Fère ; mais puisqu'elles n'étaient pas pécuniaires et qu'elles portaient obstacle à des établissements avantageux,

» mariage sort de dessous son seigneur, soit qu'elle veigne gesir » dessous son seigneur ou non, elle est fort mariée et desavouée taisiblement. Car se elle gist au lieu, elle ne peut acquerir l'homme ; et » se elle gist ailleurs, l'homme l'acquiert. Pourquoi elle est fort mariée, » et perd tout ce quelle a. Mais se le mary venoit advouer le seigneur » de la femme avant ce qu'il l'eust eu — se elle gisoit au lieu, elle ne seroit » pas fort mariée... » Le mot marqué d'un — n'a pu être déchiffré par le président Bouhier dans les anciens manuscrits.

[1] Bourdet de Richebourg : *Nouveau Coutumier général,* t. 2, p. 1201. « En lieu de mainmorte, la fille mariée en son partage peut retourner... » pourveu qu'elle retourne gesir la premiere nuit de ses nopces en son » meix et heritages. »

on peut croire qu'il s'agissait de quelque chose qui ne ressemblait pas à un couplet d'opéra-comique [1].

N° 56.

Les ducs de Nevers donnèrent en fief leurs droits sur les mariages, dans la ville de Nevers, aux religieux de Saint-Étienne. Ceux-ci se contentèrent d'exiger des nouveaux mariés un plat de viande rôtie et un plat de viande bouillie, avec un quart de vin et un pain de quatre livres. C'était bien peu ; aussi, comme un arrêt du Parlement de Paris déclara, le 25 septembre 1582, que les redevances perçues par ces bons religieux étaient immorales, M. Veuillot, qui trouvait tout simple que le maire cité par Grimm (voy. n° 47) *couchât* avec la mariée, ne voit aucun inconvénient à ce que le Parlement eût laissé ces moines continuer à prendre leur pitance sur les mariages. M. Veuillot ne conteste ni ne récuse ce témoignage, et je me contente de l'enregistrer.

N° 57.

Les seigneurs d'Auvergne, d'après Papon [2], exerçaient le droit de cuissage.

Le comte Charles de Montvallat, d'une des familles les plus honorables d'Auvergne, passait pour l'un des seigneurs du pays les plus doux et les plus humains pour ses vassaux. On disait même qu'il se laissait battre par sa noble épouse, Gabrielle d'Apchon ; mais il vendait et exploitait la justice de toute manière, en sorte que Fléchier put dire de lui « que rien ne lui était aussi inutile dans ses terres qu'un homme de bien. » Arrêté par ordre des grands jours, dit le futur évêque

[1] Laurière : *Glossaire du droit,* d'après l'histoire de Chatillon, liv. 9, ch. 16, p. 598.

[2] Papon : *Arrêts notables.* Paris, 1637, l. 22, titre *des Adultères*, n° 18.

de Nîmes, il fut jugé et condamné, dans la séance du 27 novembre 1665, pour avoir exercé un droit très-commun dans l'Auvergne, et qui portait autrefois un nom peu honnête, pour le rachat duquel il en *coûtait bien souvent la moitié de la dot de la mariée*. Je vais donner le texte même où Fléchier rapporte ce fait, regrettant de n'avoir pas à ma disposition le *Recueil des arrêts, déclarations... de la Cour des grands jours*, publié à Clermont en 1666, in-4°, chez Jacquard, et où se trouvent, sans doute, quelques détails sur la nature du droit exercé par M. le comte de Montvallat. Fléchier s'exprime ainsi :

« M. le comte de Montvallat est un homme qui tient un rang assez honorable dans la province et par la qualité et par la réputation même de n'être pas fort tyran dans ses terres... Il passoit pour si doux et pour si tranquille, qu'il étoit certain que ses paysans l'avoient souvent menacé, et que sa femme l'avoit souvent battu... Je ne sais point quel est le sujet de leur mauvais ménage. Quelques-uns l'attribuent à la mauvaise humeur de Madame; les autres à quelques petites passions de Monsieur pour quelques filles de son voisinage; d'autres en disent encore une cause plus considérable, qu'assurément une femme doit avoir en horreur... On l'accusoit encore d'une autre espèce de concussion qui n'étoit pas moins plaisante. Il y a un droit *qui est assez commun en Auvergne*, qu'on appelle le droit des noces. Autrefois on ne l'appeloit pas si honnêtement; mais la langue se purifie même dans les pays les plus barbares. Ce droit, dans son origine, donnoit pouvoir au seigneur d'assister à tous les mariages qui se faisoient entre ses sujets; d'être au *coucher* de l'épousée; faire les cérémonies que font ceux qui vont épouser par procuration les reines de la part des rois. Cet usage ne se pratique plus aujourd'hui, soit parce qu'il seroit incompatible aux seigneurs d'être de toutes les noces de leur village, et (d'apporter) leurs jambes dans les lits de tant de bonnes gens qui se marient, que parce que cette coutume étoit un peu contraire à l'honnêteté, et qu'elle exposoit les gentilshommes, qui avoient l'autorité et qui n'avoient pas toujours la modération, à des tentations assez dangereuses. Cette honteuse cérémonie a été changée en reconnoissance pécuniaire, et, par un accord mutuel, les seigneurs ont demandé des droits plus solides, et les sujets ont été bien aises de se rédimer de cette loi si dangereuse à leur honneur. M. de Montvallat trouvoit que les anciennes coutumes étoient les meilleures, lorsque quelque belle villageoise alloit épouser, et ne vouloit pas laisser perdre ses droits; et comme on le tenoit assez redoutable sur ce sujet, et qu'on craignoit que la chose passât la cérémonie, on trouvoit encore plus à propos de capituler et de lui faire quelque présent considérable. Quoi qu'il en soit, il faisoit valoir ce tribut, et il en coûtoit bien souvent la moitié de la dot de la mariée [1]. »

N° 58.

Nous arrivons enfin à la discussion d'un fait célèbre, passé dans une province voisine de l'Auvergne, et qui frappa d'un tel étonnement un témoin oculaire, qu'il crut devoir le consigner dans un livre de jurisprudence. Je veux parler de l'histoire de ce curé de Bourges, citée par le président Boyer, et qui, selon M. Veuillot, est le seul et unique témoignage constatant l'existence du *droit du seigneur*, ou, du moins, pouvant faire croire à son existence.

Commencons par examiner le texte lui-même du président Boyer, qui, si je ne me trompe, peut se traduire ainsi mot à mot : « Et j'ai vu moi-même, devant la cour métropolitaine de » Bourges, juger un procès dans lequel un curé prétendait » avoir, selon la coutume, la première connaissance charnelle » de la mariée; cette coutume fut abolie et le curé condamné » à l'amende [2]. »

Tel est le fait rapporté par le président Boyer avec une

[1] Fléchier : *Mémoires sur les grands jours d'Auvergne*. Paris, 1856, Hachette, in-8°, p. 157 et 158.

[2] *Et ego vidi in curia Bituricensi, coram metropolitano, processum appellationis, in quo rector, seu curatus parochialis prætendebat ex*

concision de langage que le français ne peut rendre qu'imparfaitement. Ce fait prouve qu'un curé prétendait avoir le droit de première connaissance charnelle des nouvelles mariée. Le président Boyer, sans expliquer si ce curé réclamait l'exercice de ce droit lui-même, ce qui serait à la rigueur possible, car l'habit d'ecclésiastique ne garantit ni d'une aliénation mentale, ni des désirs les plus grossiers de la lubricité, ou, ce qui est plus probable, s'il réclamait une indemnité en échange de sa renonciation à *ce beau droit*, ajoute : La coutume fut annulée et le curé condamné à l'amende. C'est le sens évident des mots du texte : *in emendam condemnatus*. M. Veuillot pouvait et devait interpréter ainsi le texte de Boyer ; mais ce témoignage, quelque mitigé qu'il soit par cette interprétation, n'est pas moins une preuve évidente de l'existence du *droit du seigneur*. Le *vrai savant* M. Raëpsaet, adoptant à ce sujet l'opinion du professeur Hoffmann, dit avec une urbanité de forme toute flamande : « Si Boërius n'est pas le plus franc » menteur qui ait existé, il est difficile de ne pas croire que » ce droit n'ait été en usage[1]. » M. Veuillot, qui veut que ce droit n'ait pas été en usage et ne veut pas cependant se

consuetudine primam habere carnalem sponsæ cognitionem, quæ consuetudo fuit annullata et in emendam condemnatus. (N. Boyer : *Decisiones...*, 297, nº 17.)

[1] J.-J. Raëpsaet : *Œuvres complètes...*, t. 1, p. 218. Remarquons en passant que M. Veuillot, pour combattre l'existence du *droit du seigneur*, n'a pas cru devoir adopter en entier l'opinion du *vrai savant* M. Raëpsaet. D'après celui-ci, la croyance au *droit du seigneur* est venue de deux faits distincts : 1º la *marquette*, droit payé au seigneur temporel pour indemnité du préjudice causé par la femme que le mariage faisait passer dans une autre seigneurie ; 2º le *droit des premières nuits*, droit payé au seigneur spirituel, et consistant *en un devoir d'abstinence* et non pas *en un plaisir de jouissance*. En conséquence de cette lumineuse distinction, M. Raëpsaet fait remarquer que, puisque le curé de Bourges plaidait devant l'official, il s'agissait d'un droit spirituel et non d'un droit temporel, et il traduit les mots : *primam habere carnalem sponsæ cognitionem*, par *droit des premières nuits*. Trouvant ensuite quelques vieux canons prescrivant aux nouveaux époux de faire pénitence pendant

servir du même genre d'argumentation que M. Raëpsaet, a néanmoins pris cette boutade au pied de la lettre, et s'est mis bravement en train de prouver que non seulement le président Boyer était *le plus franc menteur qui ait existé*, mais qu'il avait écrit *une épouvantable sottise*, et que son récit présente *un amas d'impossibilités plus folles et plus monstrueuses les unes que les autres*. En conséquence, au lieu de resserrer le sens des mots employés par le président Boyer, ou, du moins, de les traduire consciencieusement, il en exagère la portée, en modifie le sens, et finit même par en falsifier le texte.

Pour qu'on ne puisse pas donner aux paroles du président Boyer l'interprétation que je viens d'en donner, et qui n'est pas assez *inepte* pour les besoins de la cause, lorsque le président Boyer dit que la coutume fut abolie et le curé condamné à l'amende, M. Veuillot traduit *que ce droit fut converti en amende*. Selon le sens du texte ainsi dénaturé par M. le rédacteur en chef de l'*Univers*, ce serait donc réellement l'exercice d'un droit infâme que le curé réclamait; et à l'époque où tous les livres des jurisconsultes, comme le dit M. Veuillot lui-même, renfermaient un article spécial pour recommander d'abolir les droits ridicules, honteux ou malhonnêtes, il se

soixante-dix jours (c'est mieux que Tobie), au bout desquels ils devaient encore une offrande à leur curé., il en tire cette belle conclusion, « que si Boërius avait été informé de cette particularité, il n'aurait pas » été plus étonné de voir plaider un curé pour son *droit des premières* » *nuits* que pour son *droit aux obsèques.* » M. Veuillot a fait tort à M. Raëpsaet en l'appelant tout simplement *un vrai savant*; il pouvait l'appeler le *seul savant*, car personne jusqu'ici n'a imaginé que les mots : *primam habere carnalem sponsæ cognitionem* puissent désigner *un devoir d'abstinence*. Il paraît que la *catholicité* de certains écrivains leur donne des priviléges très-curieux : d'abord celui de croire que les autres n'ont pas su ce que ces *catholiques* savent; ensuite, d'interpréter les mots tout autrement que le vulgaire. Voici M. Raëpsaet traduisant : *primam habere carnalem sponsæ cognitionem*, par *un devoir d'abstinence*. Nous avons vu M. Léopold Delisle dire que le droit du seigneur de coucher avec la mariée voulait désigner le droit de prendre part à un repas... Il est inutile d'en citer d'autres exemples.

serait trouvé, d'après le récit arrangé par M. Veuillot, un tribunal ecclésiastique qui, au lieu de supprimer une redevance honteuse et de condamner le prêtre éhonté qui osait la réclamer publiquement, l'aurait, au contraire, reconnue et rétablie sous une forme nouvelle. Non, Monsieur, le texte du président Boyer n'est pas aussi inepte que vous voulez le faire croire; mais vous le traduisez de manière à le rendre inepte!

Je sais que d'autres écrivains avaient traduit ce texte comme le fait M. Veuillot; mais je soutiens que M. Veuillot s'était aperçu de leur méprise, et que s'il a renoncé à la satisfaction de prendre tous ces juristes, depuis Laurière jusqu'à M. Dupin, en flagrant délit de se copier l'un l'autre, il avait pour cela un motif tout particulier. L'exemple du curé de Bourges est, selon M. Veuillot, le *seul* témoignage qui constate l'existence du *droit du seigneur;* M. Veuillot a voulu à tout prix rendre ridicule, stupide, inepte l'auteur qui l'a rapporté. La planche avait été mise par d'autres, c'est vrai, mais M. Veuillot s'en est servi sciemment; ce qui prouve que l'écrivain capable d'accuser M. Dupin d'avoir dit *faussement* qu'il y avait dans le livre de M. Bouthors des textes qui y sont réellement, d'avoir supprimé le mot *coucher* dans l'exemple rapporté par J. Grimm, etc., etc., ce qui prouve, dis-je, que cet écrivain savait parfaitement que le texte du président Boyer ne disait pas ce qu'il lui faisait dire, c'est que M. Veuillot, de peur que les lecteurs, en recourant au texte du président Boyer, puissent apercevoir cette erreur volontaire, a fait semblant quelque part de copier le texte du célèbre jurisconsulte, et l'a servi *veuillotisé* en imprimant, au lieu de *quæ consuetudo fuit annullata et in emendam condemnatus* qui se trouve dans toutes les éditions du président Boyer : *quæ consuetudo fuit annullata et in emendam* COMMUTATA. Ainsi, pour les besoins de sa cause, M. Veuillot ne s'est pas contenté de mal traduire quelques mots, il a fabriqué un texte, et, voulant rendre sot et ridicule le président Boyer, il n'a trouvé rien de plus loyal que de lui prêter le style et les pensées de M. le rédacteur en chef de l'*Univers*. M. Veuillot connaissait le parti qu'il tirerait de cette *distraction*, et déjà il avait dit : « Puisque ce droit *a été converti en amende*, il a existé en nature.... »

Je m'occuperai plus tard des injures et des insinuations auxquelles M. Veuillot a eu recours pour diminuer l'autorité du témoignage du président Boyer, et en arriver enfin à dire : « Nous n'avons pas encore abordé le fait allégué par » M. Dupin (lisez : par le président Boyer), et déjà il semble » que la conviction du lecteur doit lui donner un démenti. » Ici, j'ai voulu seulement montrer que M. Veuillot, fidèle au système que nous l'avons vu mettre souvent en pratique, ne s'est pas borné à des insinuations, et que, ne pouvant nier le fait ou le passer sous silence, il l'a dénaturé et même falsifié.

Malgré la grotesque dénégation du vrai savant M. J.-J. Raëpsaet, le témoignage du président Boyer continue à être admis par tous les hommes sérieux qui s'occupent de cette matière. Un magistrat distingué, M. Louis Raynal, auteur d'une histoire du Berry honorée d'une récompense extrêmement flatteuse et méritée de l'Institut de France, s'exprime ainsi : « Je pourrais parler du droit de *marquette* ou de *julie* » qui existait en plusieurs endroits de la province..., droit » scandaleux qu'osa revendiquer un curé[1]... » Ainsi, voilà un autre nom, celui de *julie*, sous lequel était connu en Berry le *droit du seigneur*. M. L. Raynal n'a pas cru nécessaire de rechercher les traces de ce droit dans les nombreux recueils de chartes qu'il a visités; mais il les a vus, les indique, et, d'un jour à l'autre, ils viendront donner d'éclatants démentis à la théorie que veut faire admettre M. le rédacteur en chef de *l'Univers*.

Du reste, il ne faut pas regarder l'anecdote rapportée par Boërius comme aussi extraordinaire que M. Veuillot voudrait le faire croire. Les recueils vieux et nouveaux de contes de Morlini, de la reine de Navarre, de Boccace, du Pogge, de

[1] L. Raynal : *Histoire du Berry*. Bourges, 1844, Vermeil, in-8°, t. 2, p. 209.

Straparole, etc., renferment une foule de traits analogues, sans compter le procès célèbre de *La Cadière*, et l'histoire elle-même a conservé des traits de lubricité sacerdotale encore plus audacieux que ne le serait celui du curé de Bourges. Des religieux ont essayé de persuader aux femmes qu'elles leur devaient la dîme des plaisirs conjugaux. Philippe de Bergame, dans le supplément de ses Chroniques, liv. 14, parle des fourberies dont certains *Fraticelli* se servaient dans leurs débauches du temps du pape Jean XXII. Un jurisconsulte bordelais, plus ancien que le président Boyer, et par conséquent antérieur à la naissance du protestantisme, Guillaume *Benedicti* ou de Benoît, conseiller au Parlement de Bordeaux, et, plus tard, de Toulouse, dans son commentaire sur les Décrétales qui a été plusieurs fois réimprimé, cite l'exemple d'un prêtre encore plus inepte ou plus luxurieux que le curé de Bourges. Ce *vénérable* ecclésiastique avait imaginé que, tout étant sujet à la dîme, les plaisirs conjugaux ne devaient pas en être exemptés, et la percevait sur ses pénitentes. Pour l'édification des partisans de MM. Raëpsaet et Veuillot, je donne en note le texte latin du savant jurisconsulte du XVe siècle[1].

N° 59.

A propos des droits que les seigneurs de Souloire, en Anjou, prétendaient se faire payer par les mariés, et du droit de jouir des concubines publiques qui passaient sur une certaine

[1] *Plus refert practicus doctor ille Roffredus beneventanus in secunda parte sui operis : in tractatu de* libell. jur. canon. tit. de decim. et primic. *de quodam sacerdote, ad cujus confessionem quædam domina accessit : quam interrogavit, si de coïtu cum marito habito decimam solverat : quo cum nunquam respondisset, sacerdos omnes preteriti temporis debitas decimas, pro septem vicibus remisit : et ita sacerdos septies in die cognovit dominam, precipiens ut quodlibet decimum actum ei pro decima reservaret.* » (Guill. Benedicti j. c. clarissimi repetitio in cap. Raynutius, extra de testamentis. *Lyon, 1522, Jean-Remy, in-f°, p. 452.*)

chaussée, M. Veuillot s'exprime ainsi : « Entre les noms les » plus maltraités par ce grand parti des ramasseurs d'ordures, » on remarque celui des seigneurs de Souloire. Leur tyrannie » est célèbre. Ils auraient exercé l'infâme droit (lisez : *un » infâme droit*) jusqu'au XVIIe siècle, époque où, devenus » sans doute meilleurs, ils y renoncèrent volontairement. » Voltaire en a parlé..., etc. » Tout cela est fort spirituel peut-être ; mais M. Veuillot nie-t-il les faits ? Pas le moins du monde ; il rapporte lui-même les textes d'où il résulte que les seigneurs de Souloire exigeaient aussi leur *plat de noces;* il parle de ce sergent qui pouvait prendre de toute femme *concubine publique* qui passait sur la chaussée, ou quatre deniers, ou faire d'elle à sa volonté. Mais comme le *plat de noces* n'avait rien d'immoral en lui-même, et que le droit du sergent sur les concubines publiques avait été établi « *pro- » bablement pour empêcher ces sortes de femmes de traverser les domaines* », M. Veuillot ne voit, dans l'exercice d'un pareil droit, *rien qui choque les mœurs*, et se moque fort agréablement du grand parti des ramasseurs d'ordures qui s'est permis de trouver quelque chose d'étrange dans un pareil fait.

M. Veuillot est tellement plein de candeur, de naïveté, j'allais presque dire de virginité, qu'il ne s'est pas aperçu de la différence qui existe entre les mots *concubine publique* et *femme publique*, sans quoi il eût certainement fait ressortir combien était encore plus vertueux et moral le droit que les tout-puissants *législateurs* de Souloire avaient donné à leurs sergents de *faire à leur volonté* des femmes de cette espèce qui passaient dans leur seigneurie. En effet, les concubines cachées sont un grand mal dans la société ; mais les concubines publiques sont bien pires encore. Leurs scandales produisent les effets les plus pernicieux. Vainement les lois canoniques ont privé de leurs bénéfices les ecclésiastiques convaincus de vivre en concubinage public. Malgré tous les efforts de l'Église pour empêcher ces abus, longtemps et souvent des curés eux-mêmes ont donné le scandaleux exemple d'un concubinage public. Or, les seigneurs de Souloire, en permettant à leurs sergents de *faire à leur volonté* des concubines publiques, soit des curés, soit des gros bourgeois des environs, avaient apporté à ces scandales un remède bien plus efficace que toutes les prescriptions des évêques et des conciles. Quel est le curé ou le hobereau du voisinage qui eût voulu conserver la concubine publique dont le sergent du seigneur de Souloire aurait eu fait à sa volonté? Il serait peut-être utile, au nom de la morale et de la religion, de rétablir le droit des sergents de Souloire. N'est-il pas évident que s'il y avait eu partout des sergents de Souloire, et que l'un d'eux eût pu appréhender, par exemple, Mlle de Lavallière ou Mme de Montespan, et *en eût fait à sa volonté* seulement une fois, l'exercice de son droit brutal eût eu plus d'influence sur le grand roi que les plus saintes exhortations que les jésuites, chargés de diriger la conscience timorée de ce dévot monarque, ne manquaient certainement pas de lui faire?

Si le seigneur de Souloire avait le droit de déléguer le droit de faire à sa volonté des concubines publiques, n'avait-il pas le pouvoir de réserver pour lui le *droit du seigneur?*

Rétablissons donc les faits purement, simplement, et tels qu'ils résultent des pièces officielles d'un procès dont le souvenir est conservé dans les plaidoiries de Servin, Chopin, etc. Les seigneurs de Souloire prétendaient avoir le droit de se faire prévenir huit jours d'avance des mariages qui se contractaient dans les métairies du fief de Guynemoire, afin que leur sergent pût, s'il le voulait, y assister, suivi de deux chiens courants accouplés et d'un lévrier; s'y asseoir à la première place, être servi comme la mariée, et y dire la première chanson après dîner; les mariés étaient obligés de donner à boire et à manger aux deux chiens et *au lévrier.*

Il résulte aussi des pièces du procès que les seigneurs de Souloire avaient autrefois réclamé un autre droit dont ils avaient été déboutés, le 4 mars 1608, par une sentence du sénéchal d'Anjou. Ce droit, d'après divers documents féodaux remontant à 1408, consistait en ce que le sergent de Souloire pouvait exiger *de chasque femme concubine publique qui passe par dessus la chaussée, de prendre quatre deniers d'elle, ou la manche du bras dextre de sa robbe, ou de faire par iceluy sergent à sa volonté à la dite concubine une fois*[1], *au choix du dit sergent.*

Voici les faits ; peu importe maintenant les enjolivements que M. Fellens ou d'autres ont pu y ajouter. Peu importe aussi que Chopin ayant écrit en latin et traduit le nom de Souloire par celui de *Desoloris*, plus tard, Auzannet, Brillon et d'autres n'aient pas su remettre *Desoloris* en français, et que quelques érudits aient ainsi ajouté *le tyran Desoloris à la liste des oppresseurs de nos pères* ; il n'en est pas moins vrai que, pour se marier, les habitants de Guynemoire étaient obligés de payer une redevance à leurs seigneurs, et que les sergents de Souloire pouvaient exercer sur les concubines publiques un droit que M. Veuillot peut trouver moral et pieux, mais qui paraîtra à tout autre contraire à la décence et aux mœurs.

N° 60.

Un des principaux jurisconsultes du Parlement de Guyenne, Bernard Automne, rapporte un arrêt du Parlement de Bordeaux, du mois de février 1620, par lequel il est défendu aux religieux du couvent des Augustins, de Limoges, de prélever pour droit de *couillage*, dans le faubourg de Montmalier, un écu de chaque nouvelle mariée ou accouchée[2].

[1] *Une fois seulement !* Voyez jusqu'où va se nicher la vertu dans ces siècles si calomniés !

[2] « Le différend qui étoit entre les habitants de Montmalier, faux-
» bourgs de Limoges, et les Augustins, n'est pas hors de propos. La
» coutume étoit de tout temps que les nouvelles mariées et les nouvelles
» accouchées payoient un écu, plus ou moins, selon leur qualité. Les habi-
» tants (de la ville) cedent ce droit aux religieux des Augustins ; un des
» habitants s'étant plaint de ce droit cédé, fait assigner un nommé
» Duran pour payer ce droit, parce que sa femme s'étoit accouchée ;
» les Augustins prennent la cause pour Duran, qui refuse payer. Par

M. Veuillot, qui a consulté tous les auteurs *qui ne parlent pas* du droit sur les mariages, n'a pas consulté Bernard Automne; c'est fâcheux, car il nous eût certainement démontré que c'était aussi en commémoration de la continence de Tobie que les religieux Augustins ou leurs auteurs exigeaient un droit égal des filles qui devenaient femmes et des femmes qui devenaient mères.

Le jurisconsulte bordelais soutient, à cette occasion, que le vassal n'est pas tenu de prêter un hommage contenant des turpitudes, *paillardises et adultères*. Il est tellement préoccupé de proscrire les droits contraires à la décence, qu'il rapporte plusieurs arrêts autorisant des femmes à refuser de prêter à leur seigneur *la bouche et les mains* [1].

N° 61.

Dans la même sénéchaussée de Limousin, en la juridiction de Tulle, il y eut un procès, dont parle Bernard Automne, duquel il résulte que dame Jeanne de Maumont, veuve de Jean de Beaufort, vicomte de Lamothe-Canillac [2], etc., avait droit d'exiger des habitants de la petite ville de Laguenne un

» sentence du sénéchal est ordonné que Duran payera ledit droit; » mais inhibitions sont faites aux Augustins d'exiger ce droit qu'on » appelle en ce lieu *droit de couillage*. Appel en la cour. Par arrêt de » Bordeaux, du mois de février 1620, plaidans Cotsage-le-Jeune et » Ardent, president M. de Gourgues, l'appel et ce dont a été appellé » est mis au néant, et inhibitions sont faites aux Augustins d'exiger » ce droit. » Bernard Automne : *Commentaires sur les coutumes générales*... Bordeaux, 1737, in-f°, tit. 8, n° 31.

[1] *Id. : id., id.*, n° 35.

[2] La famille des Lamothe-Canillac est célèbre dans les fastes des horreurs de la féodalité. « Le plus innocent de tous les Canillac », dit Fléchier (*Mémoires sur les grands jours d'Auvergne*), fut arrêté le 25 septembre 1665, et condamné à avoir la tête tranchée. A la même époque, les mêmes magistrats condamnèrent à mort cinq ou six comtes, marquis ou barons de cette noble famille, qui comptait deux papes parmi ses ancêtres, Clément VI et Grégoire XI.

hommage consistant en un grand nombre de cérémonies ridicules, indécentes, odieuses.

Tous les sept ans, le 31 décembre, les habitants de la ville étaient obligés de choisir et élire l'un d'entre eux, qui prenait le titre de *roi de la tire-vesse*[1], et le lendemain, 1er janvier, ce malheureux se dépouillait complètement de ses vêtements en présence de la foule accourue de plus de dix lieues à la ronde pour voir rendre cet hommage, ou plutôt assister à cette farce, dont la périodicité avait acquis, dans le pays, quelque chose qui rappelait la célébrité des jeux olympiques. Ce roi, entièrement nu, devait se rendre, en présence de la dame de Beaufort ou de ses représentants, sur un certain pont, autour duquel il fallait presque toujours casser la glace à coups de hache, pour que le malheureux pût accomplir son rôle et, plongeant du haut du pont dans l'eau, passer et repasser trois fois sous le pont, toujours à la nage. Ici, l'indécence de l'hommage était effacée par sa cruauté. N'était-ce pas la mise en pratique de ces affreuses mais fabuleuses histoires de monstres exigeant un sacrifice humain?

Sorti de l'eau, le *roi de la tire-vesse* prenait sur son poignet un *roitelet* attaché avec des longes de soie, et pris le jour même, entre le lever du soleil et l'heure de la grand'messe; sans quoi, la dame exigeait une indemnité de cent écus. Le roi, muni du roitelet, se rendait sur une place de la ville, montait à califourchon sur une longue pièce de bois traversée de demi-piques, et à laquelle étaient attelés avec des cordes, d'un côté tous les gens mariés depuis la dernière cérémonie de la *tire-vesse*, et de l'autre tous les jeunes gens bons à marier. Les uns et les autres tiraient sur leurs cordes de toutes leurs forces, en sens inverse, jusqu'à ce qu'un parti entraînât l'autre, ou qu'une corde se rompant, il en résultât une culbute générale. Le roi de la *tire-vesse* se rendait alors sur une autre place, et, montant sur une grosse pierre qui lui servait

[1] Mot infâme, dit l'avocat des plaignants, qui ne signifie que l'accouplement brutal de deux chiens.

de trône, il criait à haute voix que, si le seigneur de Laguenne ou son représentant était présent, il était prêt à lui faire hommage au nom de tous les habitants, et, plumant son roitelet, il en jetait les plumes au vent, en disant trois fois : « Voilà de sa trace ! »

A cette occasion, maître de Saintciers, plaidant pour les habitants de Laguenne, comparait les seigneurs féodaux aux crocodiles qui laissent un petit oiseau becqueter dans leur gueule les débris de poissons restés entre leurs dents, et disait que ces monstres (les crocodiles), qui semblent créés pour épouvanter tous les autres êtres vivants, étaient en réalité moins féroces que ces seigneurs, « lesquels, si d'a- » venture ils font part à leurs tenenciers de ce qu'ils ont de » superflu et qu'eux même seroient bien en peyne de cultiver » et faire valoir, ce n'est pas pour les enrichir ou accomoder, » ains pour de libres qu'ils étoient auparavant, les asservir à » tout ce qui leur vient en fantasie... » Les avocats de ce temps-là ne s'étaient pas encore aperçus, comme M. Veuillot, que les redevances féodales avaient été créées pour rappeler le bienfait du maître et la reconnaissance du vassal.

Ce procès, terminé par un arrêt du Parlement de Bordeaux le 17 juin 1604, révéla beaucoup d'autres circonstances curieuses, mais qu'il est inutile de rapporter ici. Tout cela se trouve dans un livre qui n'est pas très-rare et qui est intitulé : *Plaidoyers et actions graves et éloquentes de plusieurs fameux advocats du Parlement de Bourdeaus*[1]. On y voit, entre autres, que, malgré la prétendue hostilité des Parlements pour cette tant regrettable féodalité, les habitants de Laguenne, comme les habitants de Souloire, perdirent en partie leur procès, et qu'ils apprirent à leurs dépens ce qu'il en coûtait à des manants pour oser plaider contre leurs bons seigneurs.

Que M. Veuillot ou d'autres ne m'objectent pas que dans l'hommage de la *tire-vesse* il n'y a rien de relatif au *droit du*

[1] Bordeaux, 1616, G. Vernoy, in-4°, pag. 137.

seigneur; je demanderai pourquoi les nouveaux mariés étaient seuls obligés de tirer à la corde contre ceux qui aspiraient à se marier? Est-ce que, dans les siècles de pudeur et de foi, le mariage était regardé comme un sacrement *honteux*, qu'on ne pouvait recevoir *impunément*, et qu'il fallait poursuivre sous toutes les formes d'un bout des Gaules à l'autre : à Amiens, à Souloire, à Laguenne, etc., etc. ?

N° 62.

Ces faits passés dans l'étendue du ressort du Parlement de Bordeaux nous amènent naturellement à nous occuper des actes fournis par l'histoire de la Guyenne proprement dite, et j'enregistre d'abord un témoignage dont j'avoue que M. Veuillot pouvait difficilement connaître l'existence, mais qu'il ne m'est nullement défendu d'invoquer.

Le savant et laborieux abbé Bellet, chanoine de Cadillac, s'exprime ainsi dans ses *Notes et Observations sur Bordeaux*[1]; je lui laisse toute la responsabilité de l'assertion :

« *Marquetes des femmes :* Le captal de Buch avoit autre- » fois ce droit de coucher avec les nouvelles épouses la pre- » mière nuit des noces, ou de prendre tel présent qu'il or- » donnoit. Ce droit, contraire aux bonnes mœurs, et qui ne » se pouvoit lever que sur les esclaves, fut supprimé en 1468 » par arrêt du Parlement de Bordeaux, qui substitua à la placc » un droit en argent. »

N° 63.

Le président Boyer, après avoir cité l'exemple de ce curé de Bourges qui prétendait avoir eu le droit de première connaissance charnelle des mariées, ajoute : « J'ai aussi entendu » dire et tenir pour certain que quelques seigneurs de Gas- » cogne ont le droit, pendant la première nuit des noces de

[1] Manuscrit à la Bibliothèque de la ville de Bordeaux, p. 54.

» leurs sujets, de tenir une jambe nue dans le lit de la ma-» riée[1]. » Nous avons déjà parlé, au nº 52, de cet ancien *couplet d'opéra-comique;* ajoutons que ce fait vient corroborer pour ainsi dire le témoignage de Chopin, qui assure que les chanoines de Lyon exerçaient le même droit. Je relèverai plus tard les véritables pasquinades par lesquelles M. Veuillot s'est efforcé d'affaiblir la gravité de ces témoignages. Ici, j'enregistre le fait, et note que le *droit de cuissage* était évidemment un adoucissement du *droit du seigneur*[2].

Nº 64.

Occupons-nous maintenant d'un témoignage qui rendrait inutile toute discussion sur l'existence du *droit du seigneur*, si le texte qui le fournit était aussi authentique qu'il est formel. Pour juger ce témoignage avec une parfaite connaissance de cause, il faudrait voir l'acte lui-même. Malheureusement,

[1] *Et pariter dici audivi et pro certo teneri, nonnullos Vasconiæ dominos habere facultatem prima nocte nuptiarum suorum subditorum ponendi unam tibiam nudam ad latus neogamæ cubantis aut componendi cum ipses.* (Nicolas Boyer : *Decisiones*, nº 297.)

[2] Plusieurs historiens ont remarqué que, dans les mariages par procureurs, le fondé de procuration avait l'habitude de mettre la jambe droite jusqu'au genou dans le lit de la princesse qu'il avait épousée. Louis de Bavière mit ainsi la jambe dans le lit de Marie de Bourgogne, qu'il épousa au nom de l'archiduc Maximilien. Herrera, parlant du mariage du cardinal Georges Radzivil avec l'archiduchesse Anne d'Autriche, dit que le procureur du roi Sigismond III alla se coucher tout armé à côté de la nouvelle reine pour satisfaire à la cérémonie *que los reyes de Polonia en tal caso acostumbran.* (*Récréations historiques*, Paris, 1767, in-12, t. 2, p. 89.) Ajoutons qu'en terme de vènerie, le *droit du seigneur* consiste dans le filet, les *cuisses* et le cimier du cerf, en sorte qu'il est possible que ces termes de vènerie aient contribué un peu à la célébrité du *droit de cuissage*. Lorsqu'un habitant de Golconde se marie, le prêtre étend un drap sous lequel l'époux passe une jambe et presse de son pied nu celui de la femme, qui est dans le même état.

l'écrivain qui en a publié la copie a négligé de dire où était déposé l'acte original, et nous ne pouvons en juger que d'après cette copie dont l'authenticité n'avait, jusqu'ici, été attaquée par personne.

Asso es la carta et statut deu dreit de premici et de deflorament que lo senhor de la terra et senhoria de Blanquefort a et deu aver en e sobren totas et cascunas las filhas no noblas que se maridan en la deita senhoria lo primier jorn de las nopsas.

Cognoguda causa sia que cum de tot temps, de dreit et per costuma anciaux, lo poderos senhor de la terra et senhoria de Blanquefort, lo Talhan, Cantenac, Margaux et autras, agos lo dreit de premici et deflorament en et sobren totas et cascunas las filhas, no noblas, que se maridan en la deita terra et senhoria de Blanquefort et autras dessus nompnadas, lo primier jorn de lor nopsas, empero lo maridat present et tenent una cama de la maridata penden que lodeit senhor prendra lodeit premici et fara lou deflorament. Et lo deit deflorament feit, lo deit senhor no pot meich toquar la deita maridata et a deu laissar au marit. Et cum lo mes de may dareirement passat, Catharina deu Soscarola, de la parropia deu deit Cantenac, se fossa maridata al Guilhem deu Becarroun, lou jouen, lo poderos senhor en Johan de Durasfort, *cavaley*, senhor de la deita terra et senhoria de Blanquefort et autras dessus nompnadas, agos *voulut* uzar deu deit dreit et *poder* de premici et de deflorament en et sobre la deita Catharina deu Soscarola, era se fossada refusada d'obedir au deit senhor et no vougut lo accorda lo deit premici et deflorament, et lo deit Guilhem de Becarroun si fos *equalement* opausat et emportat de malas paraulas *envert* lo deit senhor; et per rason de la desobediencia de la deita maridata et las malas paraulas deu deit maridat, lo deit senhor los agos feit meter en carcera *separoment* et fos anat en se clamant d'una clamor criminosa envert mossen lo grant senescaut de Guyana per enformar de so que dessus es deit et a que fo feit enquesta per cartas et per torbas de testimonis deu dreit et costuma *anciana* en los quaus ero lo senhor de la deita terra et senhoria de Blanquefort et autras sobredeitas d'aver et uzar deu dreit de premici et de deflorament en la maneira susdeita, et emprès la deita information et enquestas feitas fo rendut una sentencia per la cort senescala de Guyana, de la quau la tenor s'en sec mot à mot :

Entro lo noble et poderos senhor en Johan de Durasfort, *cavaley*, senhor de la terra et senhoria de Blanquefort, lo Talhan, Labarda, Cantenac, Margaux et autras, demandador en dreit de premici et de deflorament lo premier jorn de las nopsas en et sobren totas et cascunas las filhas no noblas que se maridan en la deita terra et senhoria de Blanquefort et autras dessus deitas, empero lo maridat present et tenent una cama à la maridata penden qu'et prendra lo deit premici et fara lo deflorament, d'une part, et Catharina deu Soscarola de la parropia *deu deit* Cantenac, noaroment maridata al Guilhem deu Beccaron lo Joen, defendadora au susdeit dreit; d'autra part, et lo medis senhor equalement demandador en reparation et castigament de malas paraulas contra lodeit *deu Beccarron* aissi medis defendador au dreit susdeit encora d'autra part, et es estat bis per la cort senescala la clamor criminosa deu deit senhor en Johan de Durasfort, ensemps las enformations, enquesta per cartas et per torbas de testimonis et autras *pessas* deu contest entre las partidas à rason de la deita clamor criminosa et de tot so que dessus es deit, la sobrodeita cort fasen dreit à las deitas partidas, a deit et declarat lo deit senhor estre *fondat* en dreit et en rason, et per costuma anciana d'aver et poder prendre lo premici et far lo deflorament lo primier jorn de las nopsas en et sobren totas et cascunas las filhas, no noblas, que se maridan en la deita terra et senhoria de Blanquefort et autras sobredeitas empero lo maridat present et tenent una cama de la maridata pendent, que lodeit senhor prendra lodeit premici et fara lo deflorament, et aquo feit lo deit senhor no pot mech toquar la maridata, mas la deu laissar au maridat; et per rason de so que dessus es declarat la deita cort a condamnat et condamna la deita Catharina deu Soscarola et lo deit Guilhem deu Beccarron lo joen, d'obedir au deit senhor per che (per qu'et?) prenne son dreit en la maneira susdeita; et en so que toqua las malas paraulas que lo medis Guilhem ave deitas au deit senhor, la deita cort l'a condamnat et condamna de se amandar envert lodeit senhor et lo demandar gratia un genouil en terra, lo cap nud, et las mans en crots estendudes sobre la peitrina, en la presencia de tots los que foran assemblats a las nopsas. Et plus ordonna la deita cort que en so que toqua lo dreit susdeit la presenta sententia serbira de lex et statut tant per lo temps present que per lo temps avenidor, per lodeit senhor la far proclamar et publicar sia per un noutari reyau, sia per un apparitor au davant de la porta de la gleisa deu deit Cantenac, à la sailhida de la messa de parropia et per tota l'estenduda de la deita senhoria de Blanquefort et autras sobredeitas, et de far dressar cartas deu proclamat à tant cum lo pleira.

Au dos est écrit :

Sententia hæc fuit in audientia seneschalii Aquitaniæ die mercurii decima tertia mensis julii anno millesimo trecentesimo duo.

Tel est le texte qu'il s'agit de juger et dont on m'excusera de ne pas donner une traduction. Ce document a été imprimé la première fois, en 1812, par M. Saint-Amans dans le tome 18 des *Annales des Voyages* publiées par Malte-Brun. Il a été réimprimé, sans changements, en 1818, par M. Saint-Amans dans son *Voyage agricole et botanique dans une partie des landes des départements de Lot-et-Garonne et de la Gironde*, et dans un ouvrage de M. Cassany-Mazet, couronné par l'Institut; les *Annales de Villeneuve-sur-Lot*, Agen, 1846, in-8°, p. 284. Il a été traduit, en 1820, dans le tome 12, page 232, de la *Bibliothèque historique*, et M. Veuillot a récemment reproduit cette traduction. Les lecteurs qui ne comprennent pas assez la langue romane peuvent facilement se procurer ces traductions.

M. de Saint-Amans annonçait que cet acte lui avait été communiqué par des personnes dignes de foi; son authenticité n'avait été jusqu'ici mise en doute par personne; l'acte lui-même, autant qu'on peut en juger en l'absence de l'original, porte presque tous les caractères d'authenticité qu'un faussaire excessivement habile, et comme il n'en existe pas aujourd'hui, pouvait lui donner. Sans nous prononcer sur la valeur réelle de ce document, dont l'authenticité nous importe peu, examinons comment s'y est pris M. Veuillot pour en démontrer la fausseté. M. le rédacteur en chef de l'*Univers* a déployé dans ce nouveau tour de force tant de souplesse et de ruses, qu'on me pardonnera de m'y arrêter quelques instants, et de saisir cette occasion de faire apprécier la nature de l'homme que j'ai entrepris de réfuter.

« Jusqu'ici, dit M. Veuillot, nous avons vu comment on se » trompe par défaut d'étude ou par défaut de bon sens...; » nous allons maintenant saisir en flagrant délit le Mensonge » même... Il y avait, en 1820, un M. Miot, ancien secrétaire » général de la guerre sous la monarchie, ancien ministre » des relations extérieures sous la Convention, ancien » conseiller d'État sous l'Empire. Il se faisait appeler quel- » quefois le comte de Melito, grand ami du comte de » Volney... Sur le conseil de son ami le comte de Volney, » le comte de Melito fit paraître, en 1822, une traduction » d'Hérodote... »

Il y a peut-être un peu loin d'Hérodote et de MM. les comtes de Volney et Miot à la sentence du sénéchal de Guyenne; mais M. Veuillot sait, sans doute, pourquoi il agit ainsi. M. le comte de Volney avait conseillé à son ami de traduire Hérodote, et, dans cette traduction d'Hérodote, M. Miot avait parlé de la sentence du sénéchal de Guyenne; il était bien juste que M. Veuillot profitât de l'occasion pour les insulter l'un et l'autre, surtout M. Miot, beaucoup moins connu que son ami, et qui, d'ailleurs, M. Veuillot le reconnaît, était *un excellent homme, fort distingué, très-instruit, et homme de bien*. Un peu de patience, nous allons en voir insulter bien d'autres. M. Miot avait lu la sentence du sénéchal de Guyenne dans la *Bibliothèque historique*. « Qu'est-ce » que c'était, dit M. Veuillot, que la *Bibliothèque historique?* » Qui faisait cela? où cela se faisait-il?... *Heureusement*, » il y a un *Dictionnaire des anonymes et pseudonymes*, et » j'y trouvai cette mention lumineuse. Les auteurs de cette » *Bibliothèque* sont MM. Chevalier, Cauchois-Lemaire et » autres. L'éditeur M. Gossuin a été traduit devant la cour » d'assises pour attaques à la charte constitutionnelle et pour » outrage à la morale publique et religieuse. » Dans sa joie, M. Veuillot s'écrie : « Un *bonheur* n'arrive jamais seul. » Il venait d'apprendre que M. Gossuin était fils d'un régicide; qu'il employait une belle fortune à des publications littéraires et patriotiques, et que, poursuivi pour attaques à la charte constitutionnelle (ce que M. Veuillot lui pardonne peut-être assez volontiers) et pour attaques à la religion catholique, il avait été acquitté par le jury. Ces polissons de jurés, la révision de leur sentence est bientôt faite. Des citoyens honorables, après avoir assisté aux débats, ont déclaré sur leur conscience que l'accusé n'était pas coupable. Après trente-quatre ans, sans voir les pièces, le folliculaire *religieux* déclare que MM. les jurés ont menti, et que l'accusé était coupable. Qui donc oserait soutenir que M. Veuillot n'est pas infaillible? il ne serait certainement pas chrétien!... Pour comble de bonheur, le défenseur de M. Gossuin était M. Mérilhou, qui, ayant un peu insulté le président de la cour, fut défendu par maître Dupin aîné, « le nôtre! » Ainsi viennent se grouper autour de M. Miot de Melito, MM. Volney, Chevalier, Cauchois-Lemaire, Gossuin, Mérilhou, Dupin, Arnault, Courier et quelques autres : évidemment la sentence du sénéchal de Guyenne est une pièce doublement fausse! Est-ce que, par hasard, quelqu'un en douterait encore? Écoutons M. Veuillot; il donne la traduction de la pièce rapportée par la *Bibliothèque historique*, et il ajoute :

« La falsification est évidente, et le but des auteurs ne » l'est pas moins. En 1820, un Durasfort, duc de Duras, était » premier gentilhomme du roi et fort en crédit. Le salon » de la duchesse de Duras, quoique assez libéral, exerçait » une influence qui déplaisait extrêmement à la queue vio- » lente du parti révolutionnaire. Le prétendu document qu'on » vient de lire *a été fabriqué pour décrier tout à la fois* LA » COUR ET L'OPINION ROYALISTE EN DIFFAMANT CETTE ILLUSTRE » FAMILLE. »

N'est-ce pas évident? et lorsque M. Veuillot a si bien retrouvé tous les rédacteurs, tous les avocats, tous les bailleurs de fonds, tous les tenants et tous les aboutissants de la *Bibliothèque historique*, quelqu'un peut-il hésiter à reconnaître que la sentence du sénéchal de Guyenne est fausse, et fabriquée pour décrier tout à la fois *la cour et l'opinion royaliste?* Or, nos lecteurs ont déjà pu le remarquer, au milieu de tous les bonheurs dont se vante M. Veuillot, il lui est arrivé le tout petit malheur que voici.

C'est en 1812, c'est-à-dire en plein Empire, que Malte-Brun publia, pour la première fois, cette sentence du sénéchal de Guyenne. M. Jean Florimond Boudon de Saint-Amans, qui, peut-être, n'était pas aussi en état que M. Veuillot de juger par lui-même de l'authenticité d'un acte du XIVe siècle, mais qui tenait cet acte de personnes qui, dit-il, méritaient toute sa confiance, l'avait transcrit dans un ouvrage *agricole et botanique*, pour montrer quel était à cette époque l'état des serfs ou *questaux* dans nos contrées. La bonne foi de M. de Saint-Amans pouvait d'autant moins être suspectée, qu'il était probablement gentilhomme de nom et d'armes, puis qu'il datait son livre de sa terre de Saint-Amans, et qu'en 1818, il avait un fils, chevalier de Saint-Louis et capitaine dans la garde royale. Tous les journaux royalistes de l'époque firent l'éloge de son livre, sans restriction. Ce document n'avait donc pas été fabriqué pour décrier la cour et l'opinion royaliste en diffamant une illustre famille.

A quoi sert donc toute cette fantasmagorie des noms de MM. Melito, Volney, Chevalier..., les membres du jury et quelques autres qui n'apparaissent que pour recevoir des injures? Si nous voulons bien admettre que cette longue liste n'a pas été frauduleusement évoquée pour les besoins de la cause, et comme une répétition du procédé employé à l'occasion des textes rapportés par M. Bouthors, M. Veuillot sera bien forcé de convenir qu'il a agi, dans cette circonstance, avec une légèreté et une âpreté de dénigrement bien extraordinaires. Il conviendra aussi que, s'il est permis de reprocher à quelqu'un son ignorance, c'est certainement à celui qui se sert de cette ignorance pour injurier autrui et l'accuser de choses infâmes. M. Veuillot, qui lance si souvent et avec tant d'amertume à M. Dupin cette apostrophe biblique : *Ante loquaris disce!* ne sera certainement pas étonné qu'on retourne ce trait contre lui. Qu'il remarque, en outre, que, s'il a pu, en écrivant à la hâte, injurier à tort et à travers quelques adversaires qui lui ont pardonné *comme à un folliculaire dont l'injure expire du matin au soir dans le vil papier qui l'enveloppe*[1], lorsque, sans motifs et sans preuves, de sang-froid et volontairement, il accuse, dans un livre destiné à vivre, des hommes qui ne lui ont rien fait, d'actes honteux, il a commis, si je ne me trompe, une *belle* et *bonne* calomnie.

Maintenant examinons les prétendues raisons scientifiques qui, selon M. Veuillot, démontrent la fausseté du texte de la sentence du sénéchal de Guyenne.

M. Veuillot, tout joyeux d'avoir si heureusement découvert tant de faussaires, s'écrie : « La falsification est évidente. (*Falsification* pour *fausseté*, soit[2].)... Cependant, je ne dis rien » des signes matériels qui trahissent le faux à première vue. » M. le rédacteur en chef de l'*Univers* a peut-être d'excellentes raisons pour n'en rien dire. Je ne sais pourquoi, je me persuade que certains érudits parisiens sont semblables au renard trouvant les raisins trop verts ; mais le fait est que, par une circonstance bizarre, il arrive que M. Veuillot, tout en ne disant rien des signes matériels qui, selon lui, trahissent, à première vue, la fausseté de cet acte, finit par indiquer cinq

[1] Paroles de M. Veuillot : *le Droit du Seigneur*, p. XIII.

[2] M. Veuillot reproche très-amèrement à ses adversaires de parler un français qui leur est particulier : il serait facile de lui montrer que bien souvent il se sert, lui aussi, comme eux, comme moi, comme bien d'autres, de locutions vicieuses. Puisque nos grammairiens affirment que personne ne peut se vanter de savoir parfaitement sa langue, il est aussi futile de s'arrêter à ces niaiseries dans une discussion sérieuse, qu'il le serait de faire remarquer des fautes d'orthographe ou de relever des fautes d'imprimerie. J'ajouterai, au risque de blesser la bonne opinion que M. Veuillot peut avoir du mérite de son style, que les maîtres du langage ne sont pas montés au rang qu'ils occupent, en corrigeant les fautes des autres, mais en leur fournissant des modèles.

motifs qui doivent prouver cette fausseté, et il se trouve, que, par hasard, ces cinq motifs sont tous aussi faux qu'absurdes, et ne prouvent que l'ignorance et l'inconcevable légèreté de celui qui les a mis en avant.

1° « *Ce n'est pas la forme et le style des sentences*, » dit M. Veuillot. L'acte le dit lui-même; il commence ainsi : « Ceci est la charte et statut du droit... » C'est donc une de ces chartes-notices comme nos cartulaires en renferment des milliers, rédigées on ne sait par qui, et néanmoins acceptées partout et par tous. La plupart des donations et des droits dont jouissait le clergé ne reposaient pas sur des titres plus sérieux. Ainsi, quand M. Veuillot dit que ce n'est pas la forme et le style des sentences, si nous voulons bien admettre que M. le rédacteur en chef de l'*Univers* connaît réellement la forme et le style des sentences des sénéchaux de Guyenne, il n'en est pas moins vrai qu'il se moque de ses lecteurs aussi complètement que s'il leur eût dit que ce n'est pas la forme et le style des testaments, des donations ou de toute autre espèce d'actes. Chaque acte a sa forme, et ce serait un singulier moyen de prouver la nullité d'un acte de vente que de lui reprocher de n'avoir pas la forme d'un testament ou de tout autre acte. Dans cette notice il est question d'une sentence, mais l'acte lui-même n'est pas une sentence.

2° « *Il n'y avait pas de grand sénéchal en Guyenne.* » Cette seconde objection est une bêtise aussi carrée, aussi complète qu'il soit possible d'en voir inventer une par n'importe quel érudit de cabaret, et même de cabaret de province. Autant vaudrait dire qu'il n'y a jamais eu d'archevêques à Bordeaux ou de rois en France. De quelle époque veulent donc parler M. Veuillot et ses savants collaborateurs? Pour les temps modernes, les almanachs nous donnent, jusqu'en 1789, la liste des grands sénéchaux de Guyenne, et les MM. du Périer de Larsan, que nous connaissons tous à Bordeaux, seraient bien ébahis s'ils apprenaient que, de par M. le rédacteur en chef de l'*Univers*, ils sont venus au monde sans père, ou que leur père n'était pas le grand sénéchal de

Guyenne. Quant à l'époque de la domination anglaise en Guyenne, époque qui nous occupe, que M. Veuillot se donne la peine, la première fois qu'il verra *M. Rymer*, de consulter ce savant sur ce sujet. *M. Rymer* lui montrera la liste à peu près complète des sénéchaux de Guyenne, qu'il porte toujours avec lui. Mais M. Veuillot n'a pas besoin d'attendre la visite de *M. Rymer;* qu'il consulte seulement ce que lui-même M. Veuillot a écrit, il verra figurer dans son livre, pages 436 et 438, le nom de deux sénéchaux de Guyenne à une époque très-rapprochée de la date de la susdite sentence. Bien plus, M. Veuillot ne vient-il pas de dire que cet acte est faux, parce qu'on n'y retrouve pas la forme et le style des sentences (de la sénéchaussée de Guyenne)? Si M. Veuillot n'a pas voulu se moquer ouvertement de la crédulité de ses lecteurs, il conviendra que son érudition a éprouvé ici *un certain malheur.*

La troisième preuve est moins curieuse, mais n'est pas plus solide.

3° « *Le sénéchal, s'il avait rendu un pareil jugement, l'aurait signé.* » Nous venons de montrer que cette pièce n'était pas un jugement; mais est-ce bien sérieusement que M. Veuillot voudrait faire croire à ses lecteurs que des grands sénéchaux, qui n'existaient pas, étaient obligés de signer tous les jugements rendus par leurs tribunaux, eux présents ou absents? C'est donc encore un *malheur* qui est arrivé à M. Veuillot.

4° « *La sentence n'aurait pas été rédigée en provençal, mais en latin ou en français.* » En français! L'érudition de M. Veuillot oublie que les Français étaient alors nos ennemis les plus acharnés, et que, si le sénéchal avait voulu s'exprimer dans une langue inintelligible pour ses administrés, il ne pouvait guère faire un choix plus convenable que celui de la langue française. Les rois de France eux-mêmes, dans les rares occasions qu'ils eurent de rendre des ordonnances pour la Guyenne, avaient grand soin de faire expédier ces ordonnances traduites en langue romane, et M. Veuillot n'avait certainement pas défendu aux officiers des rois d'Angleterre d'user de la même précaution.

5° Le dernier argument mis en avant par M. Veuillot est le seul qui ait une apparence de solidité; mais ce n'est réellement qu'une apparence. En 1302, date ajoutée par une main étrangère, et dans une autre langue, au dos de l'acte dont nous nous occupons, il n'y avait, selon le père Anselme et les autres généalogistes, aucun seigneur de Duras du nom de Jean. A mes yeux, les assertions de MM. les généalogistes ne sont pas toutes paroles d'évangile, et, si la sentence du sénéchal était bien authentique, il faudrait rectifier la généalogie des Duras, et voilà tout. Mais j'admets très-volontiers le fait, et il en résulte que la date mise au dos de la sentence est fausse ou qu'elle a été mal lue par celui qui nous l'a transmise. M. Veuillot ne s'en étonnera pas; il sait par expérience qu'il ne suffit pas, pour contester l'authenticité d'un acte, qu'un scribe ou un imprimeur aient retourné ou modifié la panse d'un chiffre. On ne peut pas contester, par exemple, l'authenticité du fameux arrêt du Parlement de Paris contre l'évêque d'Amiens, parce que divers copistes l'ont daté du 1er et du 11 mars 1401, du 1er mars 1407, du 19 mars, 19 mai et 26 mai 1409. Il est arrivé à M. Veuillot lui-même d'imprimer que la sentence du sénéchal de Guyenne était de 1802 au lieu de 1302 : les copistes anciens étaient sujets à l'erreur comme les imprimeurs modernes, et si l'on rejetait comme faux tous les documents qui, par erreur, portent de fausses dates, il faudrait renoncer à écrire l'histoire.

Ainsi, sans me prononcer sur l'authenticité de la sentence du sénéchal de Guyenne, j'ai surabondamment démontré que certains érudits ont d'excellentes raisons pour ne pas entreprendre de signaler les preuves matérielles de la fausseté de cet acte. Je pourrais donc me prévaloir de leur ignorance et maintenir l'authenticité de cette sentence. Mais qu'importe la valeur d'un témoignage de plus ou de moins? L'existence du *droit du seigneur* est prouvée par tant d'autres textes, que je veux bien venir en aide à M. Veuillot, et lui indiquer contre cette sentence un argument qui a beaucoup plus de force que les cinq arguments qu'il a fait valoir. Le voici: En 1302, comme à n'importe quelle autre époque du moyen âge, les nobles et puissants seigneurs féodaux, de Blanquefort ou de toute autre seigneurie, n'avaient aucun besoin de l'intervention du sénéchal pour se faire rendre *justice* d'un vilain. Jean de Durfort, ou tout autre, pouvait aussi facilement faire amener la mariée dans son lit qu'il avait pu la faire conduire en prison; personne ne se serait occupé d'une pareille action. Le *droit du seigneur* n'avait pas besoin d'être écrit dans les chartes, et les seigneurs n'étaient point obligés de plaider pour l'exercer. Une contestation judiciaire eût été un commencement d'affranchissement. Est-ce que les serfs russes ou les nègres de l'Amérique ont des chartes?

Si donc il a existé une transcription ancienne de cette sentence du sénéchal de Guyenne, ce qui serait à la rigueur possible, malgré quelques défauts de la rédaction qui nous est parvenue, cette charte ancienne aurait été néanmoins un acte faux. Seulement, dans cette hypothèse, au lieu d'avoir été fabriqué, comme l'a si ingénieusement imaginé M. Veuillot, pour décrier les Bourbons et une illustre famille; il aurait été fabriqué par une de ces fraudes pieuses que les clercs du moyen âge mettaient si souvent en pratique pour augmenter l'étendue de certaines terres ou les prérogatives de certaines seigneuries. Ainsi, la sentence du sénéchal de Guyenne aurait été inventée, non pas pour permettre aux seigneurs de Blanquefort d'exercer plus commodément leur luxure sur leurs *sujettes*, — encore une fois, il n'avaient pas besoin de titres pour cela, — mais pour faciliter les moyens de prélever plus aisément certains impôts pécuniaires sur des serfs qui avaient trouvé moyen d'obtenir une espèce d'affranchissement. Ce qui donne une apparence de réalité à cette supposition, c'est que les rédacteurs de la nouvelle Coutume de Bordeaux, en 1520, déclarèrent, et ce sur la réclamation du captal de Buch et d'autres hauts barons, que les seigneurs féodaux du pays continueraient à jouir *sur leurs questaux de tels droits qu'ils ont accoustumé, et qu'est contenu en leurs instruments* (article XCVII). Il serait donc possible que la complaisance de quelque *père titrier*, au service des seigneurs de Blanquefort, se soit prêtée à préparer pour ses bons maîtres un *instrument* dont M. Veuillot accuse fort injustement les bonapartistes des premières années de la Restauration.

M. Veuillot pouvait aussi faire valoir, contre l'authenticité de cette sentence, cette circonstance; que le patient et infatigable investigateur de nos anciens titres, l'abbé Baurein, avait déclaré, en 1784 [1], qu'il avait eu occasion de parcourir les titres de la seigneurie de Blanquefort, et que, quoiqu'il se soit élevé à plusieurs reprises contre les droits atroces que les seigneurs exerçaient sur leurs *questaux*, il ne parle pas du droit si extraordinaire réclamé dans cette sentence par les seigneurs de Blanquefort. Ce genre d'érudition ne convient pas à tous les tempéraments. Celui de M. Veuillot, par exemple, aime beaucoup mieux donner un certificat de bonne vie et mœurs à toute la race des Duras et des Durfort, et s'écrier après avoir dressé la liste des fondations pieuses de ces illustres familles, où l'esprit de piété s'est toujours transmis, sans nul doute, de Lucrèce en Lucrèce, et de saints en saints, depuis plus de huit cents ans : « Voilà quels » étaient ces sauvages qui auraient plaidé pour avoir le droit » de violer les nouvelles mariées!... » C'est moins concluant, mais c'est plus commode [2].

[1] Baurein : *Variétés bordelaises*, t. 3, p. 251.

[2] Pour compléter ces renseignements sur la sentence du sénéchal de Guyenne, je crois devoir ajouter, qu'il circulait à Bordeaux des copies manuscrites de cette pièce, et que, dans une de ces copies qui me vient de M. le président Duprat, un de ces magistrats de l'ancienne roche qui savaient allier à une véritable piété cette indépendance de caractère qui déplaît tant à M. Veuillot, se trouve jointe une note que je transcris sans commentaires : « Cette pièce a été sauvée des flammes » par un pur hasard, lorsqu'en exécution du décret qui ordonnoit de » faire brûler tous les titres féodaux, on transporta des Archives sur la » place Dauphine plusieurs charretées de vieux titres qui devoient être

N° 65.

Les seigneurs laïques n'étaient pas seuls désireux de se procurer des titres pour augmenter leurs revenus. Les seigneurs ecclésiastiques se montraient aussi fort empressés et surtout fort adroits dans ce genre d'exercice; je pourrais en fournir des preuves très-curieuses prises dans des actes concernant la seigneurie même de Blanquefort, où presque tous les habitants étaient *questaux;* mais comme ces documents n'ont pas un rapport bien direct avec les droits perçus sur les mariages, je me bornerai à citer, comme exemple, un fait rapporté par M. Veuillot lui-même, d'après les indications du savant président de la *Société de l'École des chartes*, M. Léon Lacabane. Ce fait nous montrera que ce n'était pas toujours l'exemple de Tobie qui avait été l'origine des droits perçus sur les mariages par les ecclésiastiques.

Le 30 décembre 1296, le célèbre jurisconsulte Géraud de *Sabannac* rendit une sentence arbitrale dans une discussion élevée entre les moines et les consuls de la petite ville de Fons, en Quercy. Le prieur et les moines prétendaient qu'ils avaient le droit d'exiger une certaine mesure d'avoine de tous ceux qui se mariaient dans l'étendue de leur seigneurie. Avaient-ils raison? Je serais fort tenté de le croire, d'après la quantité d'exemples analogues qui sont connus; mais les consuls et les habitants soutenant que les moines n'avaient le droit d'exiger cette redevance que des époux auxquels le prieur avait prêté son cheval pour porter la mariée à l'église, et le savant jurisconsulte s'étant rangé de l'avis des consuls de Fons, je suis bien obligé de reconnaître que les moines n'avaient jamais

» livrés aux flammes. Au moment où le feu alloit les dévorer, il se leva
» un vent de sud-ouest si violent qu'un grand nombre de ces papiers fut
» emporté loin du bûcher; entre autres, le singulier jugement que l'on
» vient de copier. Il tomba aux pieds d'un voyageur que la curiosité
» avoit amené à cet étrange auto-da-fé, des mains duquel il est passé
» dans celles de M. de Saint-Amans. »

pris d'autres pitances sur les mariées que celle du cheval avec lequel ils les faisaient *conduire au moustier*. Et je cite le fait comme exemple des fraudes par lesquelles ces pieux religieux du moyen âge trouvaient quelquefois le moyen de faire ériger en coutume générale ce qui n'était d'usage que dans des circonstances exceptionnelles. M. Veuillot a publié le texte de cette sentence [1], transcrit sur l'original lui-même.

N° 66

En Quercy, nous trouvons aussi l'un des faits les plus considérables parmi ceux qui ont répandu partout la croyance au *droit du seigneur :* c'est l'origine ou le motif de la fondation de la ville de Montauban.

La ville de Montauban a été construite tout près de l'emplacement d'une ancienne abbaye, nommée primitivement Montauriol, puis Saint-Théodard, et aujourd'hui complètement détruite. Les moines de Montauriol traitèrent avec tant de dureté leurs sujets, que ceux-ci, s'étant assurés de la protection du comte de Toulouse, ou sollicités par lui, en 1144, quittèrent tous ensemble les domaines de l'abbaye et vinrent se réfugier sur les terres de ce puissant seigneur. Ce fait extraordinaire, quelle qu'en soit la cause, prouve que le comte de Toulouse avait promis aux serfs de l'abbaye de les traiter beaucoup mieux que ne le faisaient les moines, et, pour me servir de l'expression pittoresque employée par M. Veuillot, que la concurrence du comte avait beaucoup baissé ses prix. Heureux temps, où des populations entières abandonnaient tout ce qu'elles possédaient et les terres où elles étaient nées, dans l'espoir de trouver un maître moins cupide et des conditions moins atroces! Cette désertion en masse de toute une population est un fait historique si extraordinaire, que naturellement l'imagination s'est prêtée à trouver une cause

[1] L. Veuillot : *le Droit du Seigneur*, p. 418.

extraordinaire à une action si éloignée des mœurs et des habitudes humaines. Parmi les causes assignées à cette étrange résolution, figure en première ligne l'abus du *droit du seigneur*. Les mariées étaient, dit-on, obligées de passer la première nuit de leurs noces dans l'abbaye, d'où était venu dans le pays cette espèce de proverbe : *mener la mariée au moustier*. Et s'il faut s'en rapporter aux on dit, les mots latins *jus cunni* avaient été employés pour désigner d'une autre manière l'espèce de droit exercé par les moines de Montauriol.

Au point de vue des hommes du XIIe siècle, l'exercice de ce droit, quelque rigoureux qu'on le suppose, n'était pas un motif suffisant pour déterminer toute une population à prendre une résolution aussi énergique ; d'autres considérations ont dû exercer une influence plus considérable ; mais faut-il en conclure que les moines de Montauriol n'ont pas exercé sur leurs serfs le *droit du seigneur*, qui était un adoucissement du servage? J'avoue que je ne vois pas comment le fait si extraordinaire de la désertion de tous les serfs de l'abbaye pourrait servir à le démontrer.

Un prêtre nommé Lebret, prévôt de l'église de Montauban, a essayé de laver les moines de Montauriol de l'accusation qui pesait sur eux et dont les protestants du XVIe siècle avaient fait grand bruit. MM. l'abbé Marcellin et G. Ruck, en rééditant l'*Histoire de Montauban* de Lebret, ont cru devoir donner des preuves d'un autre genre de l'innocence des moines de Montauriol, et M. Veuillot, brochant sur le tout, est venu, tout en approuvant les conclusions de ces messieurs, fournir des preuves encore différentes. Nous allons examiner ces trois manières de voir opposées et arrivant néanmoins au même résultat.

Selon Lebret, les prétendus réformés de Montauban n'ont pas laissé d'attribuer ce grand changement à celui que les Albigeois firent en ce temps-là dans la religion, en haine principalement de ce que l'abbé et les moines de Montauriol, sous prétexte du droit de —, prétendaient faire à leur volonté de toutes les nouvelles mariées. Calomnie grossière..... et quant à ce droit de —[1], ce n'était autre chose que *jus cunni*, c'est-à-dire la faculté de faire battre monnaie. Tous les seigneurs avaient ce droit, ainsi que celui de vie et de mort; ce droit de battre monnaie fut transformé en celui de lever la taille aux quatre cas. Les moines, qui ne se mariaient pas, ne se faisaient point chevaliers, n'étaient point prisonniers de guerre et n'allaient point à la croisade, changèrent vraisemblablement leurs droits contre la redevance qu'ils obligeaient leurs vassaux de leur payer quand ils se mariaient, et que les fiancées apportaient à l'église; d'où est venu le proverbe : *mener la mariée au moustier.*

Le ridicule et la naïveté scientifiques du bon prévôt de l'église de Montauban n'ont pas besoin d'être réfutés. Personne ne les défend, ni M. l'abbé Marcellin, ni M. Veuillot; mais ils nous permettent de constater que du temps de Lebret, et de l'aveu d'un homme non suspect, le proverbe : *mener la mariée au moustier* ne signifiait pas simplement : aller recevoir la bénédiction nuptiale, comme M. Veuillot voudrait le faire croire. Constatons aussi que Lebret avoue que les moines ont exercé le *jus cunni;* que jamais jusqu'alors on n'avait traduit *jus cunni* par *droit de coin*, et qu'il ne s'autorise pas du tout de l'exemple de Tobie pour trouver l'origine de la redevance que les mariées étaient obligées d'apporter aux moines.

MM. l'abbé Marcellin et G. Ruck, dans les notes ajoutées à leur nouvelle édition de Lebret, ont recours, pour disculper les moines de Montauriol, à une argumentation toute différente; la voici : La fondation de Montauban, disent-ils, se rattache immédiatement au fait général de l'établissement des communes. Il n'y eut de véritable opposition au mouvement communal que de la part de ceux qui possédaient, à la fois, le pouvoir spirituel et féodal. Les abbés de Montauriol s'opposèrent donc tant qu'ils le purent à l'affranchissement de

[1] *Histoire de Montauban*... Montauban, 1841, Rethoré, in-8°, t. 1, p. 362.

leurs vassaux; il n'en faut pas davantage pour expliquer l'exaspération de ces vassaux, et l'accusation contre les moines d'avoir exercé un droit honteux. L'esprit méridional aimait beaucoup à s'amuser aux dépens des moines; or, le *jus cunni* emportait deux obligations différentes : mener les fiancées au seigneur pour en faire à sa volonté, et lui payer une redevance pour obtenir l'autorisation de marier une fille. — Les vues historiques de MM. l'abbé Marcellin et G. Ruck me paraissent avoir à peu près la même portée que celles de Lebret, et je ne sais vraiment où ces messieurs ont trouvé cette belle définition du *jus cunni;* mais, ici, je ne juge pas, je raconte. — Si Lebret, disent ces messieurs, avait connu l'histoire du droit de *marquette,* il n'aurait pas hasardé son explication du *jus cunni* que M. le baron Chaudruc de Crazannes a combattue[1], et il aurait compris que, quand bien même le droit de marquette eût été exercé par les moines sur leurs vassaux, ceux-ci n'avaient pas le droit de rompre violemment le lien féodal qui les attachait à l'abbaye. Ils pouvaient se plaindre; on leur eût rendu justice, comme aux habitants d'Amiens, de Souloire, etc.; d'ailleurs, l'accusation portée contre les moines de Saint-Théodard ne repose que sur des traditions.

L'argumentation de M. l'abbé Marcellin et celle de son collaborateur diffèrent essentiellement des raisonnements employés par Lebret. Celui-ci admet l'exercice du *jus cunni* qu'il traduit par *droit de coin;* il ne s'explique pas sur l'existence ou la non-existence du *droit du seigneur.* Les nouveaux éditeurs de Lebret n'admettent pas la traduction de *jus cunni* par *droit de coin,* mais ils admettent l'exercice du *droit du seigneur* par les laïques, et le repoussent seulement par les prêtres. A cette occasion, ils ajoutent qu'il faut qu'il y ait des hommes portant l'audace de l'impudeur bien loin pour concevoir qu'un prêtre puisse bénir un mariage, recommander aux époux de se garder de profaner ce sacrement, et, le soir même, dire publiquement au mari : Donne-moi ta femme, c'est mon

[1] *Revue numismatique de 1853,* t. 18, p. 140.

droit, et que, reparaissant ensuite à l'autel, il explique aux fidèles ces paroles du Testament divin : *Non mœchaberis.*

M. Veuillot a compris toute la faiblesse d'une pareille argumentation. Il fait force compliments à ces messieurs; mais il ajoute : « Leur langage ne sert pas toujours très-bien les » intentions parfaites qui les animent... leur patience est fort » méridionale et n'a pu aller loin... ils croient au *droit du* » *seigneur*, qu'ils appellent sans fondement *jus cunni;* ils » prétendent seulement que les moines de Saint-Théodard » ne l'ont pas exercé. Sur ce point, plusieurs de leurs argu» ments sont bons; mais, quant aux preuves de fait, elles » n'inquiéteraient pas leur adversaire (*lisez :* collaborateur), » M. Mary-Lafon. »

M. Veuillot, obligé de combattre tour à tour ses amis divisés, Lebret d'abord et ses éditeurs ensuite, reprend l'histoire de la fondation de Montauban en sous-œuvre, et justifie ainsi les moines de Montauriol :

Le *droit du seigneur*, dit-il, n'a jamais existé; par conséquent, l'interprétation des mots *jus cunni* donnée par Lebret est très-bonne. Le droit fiscal sur le mariage a reçu *cinquante* noms différents, jamais celui-là. Ainsi donc, vainement M. le baron de Crazannes aura-t-il démontré que jamais le droit de battre monnaie n'a été désigné par les mots *jus cunni*, et que, quand « le droit de battre monnaie aurait été » désigné par ces mots, comme les religieux de Saint-Théo» dard n'ont jamais battu monnaie, il semble en résulter que » le *jus cunni*, qui avait donné lieu au fameux proverbe : » *Mener la mariée au moustier*, n'avait aucun rapport avec » l'action du monnayage. » M. Veuillot, dis-je, prétend que la question est vidée, et que rien ne servirait à M. de Crazannes d'avoir raison sur ce point. M. Veuillot va plus loin : oubliant que le dictionnaire de Ducange est intitulé : *Glossarium ad scriptores mediæ et infimæ latinitatis*, et que par conséquent le savant écrivain n'y a pas admis les mots qui n'ont pas été détournés du véritable sens que la bonne latinité leur avait donné, ose dire : « Si M. le baron de

» Crazannes veut consulter les savants professeurs de l'*École* » *des chartes*, il apprendra d'eux que *cuneus*, *cunus*, *cunnus* » sont le même mot, et que tel en est le *sens ordinaire;* » l'autre sens, le *sens protestant*, ces mots NE L'ONT JAMAIS. » M. Veuillot a-t-il tout à fait perdu la raison, ou croit-il réellement que pas un de ses lecteurs n'a le *sens commun?* C'est ce qu'il est difficile de décider en présence d'une pareille assertion ; autant vaudrait dire que les latins n'ont jamais eu de mot pour désigner la chose indiquée par le *sens protestant*. C'est cependant après cette incroyable facétie qu'il se hâte d'ajouter : « Voilà la question, et elle est vidée. » Alors il triomphe très-naïvement de M. de Crazannes qui n'a pas su voir que dans Ducange le mot *cunus* ou *cuneus* est employé pour signifier *coin;* et faisant une allusion impertinente à un sot conte qu'il a inventé ou réédité pour insulter dom Carpentier, il a l'outrecuidance d'assimiler M. Chaudruc de Crazannes traduisant naturellement une expression qui, selon M. Veuillot, n'a été inventée que pour ridiculiser le clergé, à un stupide et prétendu savant de province qui, selon M. Veuillot, aurait eu la sottise de donner au mot *pectus* ou *pis* une signification obscène. Il y a cependant cette toute petite différence entre les deux exemples : le mot *pis* n'a jamais signifié dans aucune langue la sale chose que l'imagination de M. Veuillot voudrait faire comprendre, tandis que le mot *cunnus* a été choisi précisément à cause de sa saleté pour désigner un droit que M. Veuillot regarde comme imaginaire. Que M. le rédacteur en chef de l'*Univers* soit au moins conséquent avec lui-même, et qu'il reconnaisse que les gens capables d'inventer un nom pour ridiculiser une redevance pieuse, ont été capables d'inventer un nom obscène au lieu d'en emprunter un à l'art du monnayage [1].

[1] Ajoutons que la pudeur est une belle vertu, mais qu'il est fâcheux de la voir servir à la mauvaise foi. Ainsi, nous admettons, très-volontiers, que la pudeur de M. Veuillot a pu le porter à ne pas faire connaître les expressions dont la piété du vénérable prévôt de l'église de Montauban n'avait pas été effrayée, mais la singulière argumentation tirée

Revenons à l'histoire de la fondation de Montauban. Les sujets de l'abbaye de Montauriol, poussés à bout par la dureté du servage établi par les moines, ou suscités par le comte de Toulouse, abandonnèrent les terres de l'abbaye. Ce n'était pas à cause de l'exercice du *jus cunni*, disent MM. Marcellin et Ruck, car plusieurs fois, antérieurement à l'an 1144, ils avaient eu des occasions favorables de se plaindre de l'exercice de ce droit, et rien ne nous apprend qu'ils en eussent profité[1]. C'est une singulière manière d'argumenter, que de dire : Il n'y en reste pas de traces, donc cela n'a pas eu lieu? Et d'ailleurs, ne pouvait-on pas alors répondre aux plaintes des serfs, comme M. Veuillot le fait aujourd'hui : « L'Église autorise cette loi d'ordre public, la société repose là-dessus? » Cependant M. Veuillot trouve, sans doute, l'argument de M. Marcellin très-concluant, car il en fait un semblable, et dit : « Soixante ans avant la révolte des serfs de Montauriol, les moines de l'abbaye avaient fait venir Seguin, abbé de Lachaize-Dieu, pour leur donner une règle plus sévère; comment n'auraient-ils pas abandonné le privilége qu'on veut leur attribuer, s'ils l'avaient eu? » Ainsi, de ce que, soixante ans avant la révolte des serfs, les moines eux-mêmes reconnaissaient qu'il existait dans leur abbaye des désordres qu'il fallait réprimer, M. Veuillot en conclut que ces désordres ou d'autres ne subsistaient pas soixante ans plus tard. C'est toujours le même homme.

Quoi qu'il en soit, les serfs de Montauriol réfugiés à Montauban firent reconnaître leurs droits par le comte de Toulouse.

du texte de Ducange eût-elle été possible, si M. Veuillot avait donné la traduction en langue vulgaire de l'expression *jus cunni?* Or, Lebret s'exprime ainsi : « Quant à ce droit de *connage*, ce n'était autre chose » que *jus cunni*, c'est-à-dire la faculté de faire battre monnaie.... » (Lebret : *Histoire de Montauban*. Montauban, 1668, in-4°, p. 34 et 35.)

[1] En 1119, le pape Calixte II passa à Montauriol en allant à Toulouse pour réformer des désordres introduits dans l'Église. Qui croirait que c'est M. Veuillot lui-même qui nous apprend qu'il y avait des désordres dans l'Église au XIIe siècle?

Dans la charte qui leur fut accordée, et dont MM. Marcellin et Ruck ont publié la traduction [1], on ne dit pas que les serfs ont été exemptés du *jus cunni;* mais on ne mentionne pas davantage beaucoup d'autres servitudes dont ils se trouvaient exempts par leur révolte. Leurs droits n'avaient plus besoin d'être écrits, c'était leur nouveau maître qui avait besoin de faire constater les siens. Puisqu'on n'y trouve pas la mention d'autres droits atroces dont ils furent affranchis, pourquoi y aurait-il eu une exception pour le *jus cunni?* Du reste, si vous voulez raisonner par induction, continuez à suivre l'histoire de la nouvelle commune de Montauban; et lorsque vous aurez vu tous les domaines du puissant comte de Toulouse mis en interdit pour cet asile donné à des serfs fugitifs, et son successeur obligé, de peur de pis, de céder la moitié de ses droits sur la nouvelle ville aux abbés de Montauriol; lorsque vous verrez enfin, cent trois ans plus tard, en 1247, les moines de Montauriol et les capitouls de Montauban faire un traité dans lequel il paraît nécessaire de stipuler que les habitants de la ville pourront prendre femme dans l'abbaye sans qu'il leur soit rien demandé, sinon le repas de l'officiant et de son clerc, ou le montant approximatif de ce repas [2], dites, si vous le croyez réellement, que la tradition attribuant aux droits sur les mariages un des principaux rôles dans la révolte des serfs au XIIe siècle, était tout à fait sans fondement. Quant à moi, je me regarde comme autorisé à compter la fondation de Montauban comme un exemple de plus de l'existence du *droit du seigneur.*

N°s 67 ET 68.

Laroche-Flavin rapporte deux arrêts du Parlement de Tou-

[1] *Histoire de Montauban....*, t. 1, p. 63.

[2] Que totz aquels que voldrian prendre molher al mostier... sia donada de grat, ces tota re que no lo deu esser requereguda, ni demandada. Mas quant lo sagrament del matrimoni sera fags, que un capela ab un clergue ane manjar, sis vol, ab daquel que prendra la molher.... (*Histoire de Montauban....*, t. 1, p. 50.)

louse d'où il résulte que, dans cette partie du Languedoc connue sous le nom de Lauraguais, quelques seigneurs percevaient encore des droits sur les mariages au milieu du XVIe siècle.

Le premier de ces arrêts est daté du 24 janvier 1519 : il défendit à dame Madelaine de Binet d'exiger aucune redevance des gens mariés dans la commune des Bordes.

L'autre arrêt, rendu le 1er mars 1558, défendit à l'abbé de Sorrèze de prélever aucun droit sur les mariages dans sa seigneurie de Villepinte[1].

Comme il n'est question dans ces arrêts d'aucune chose indécente, M. Veuillot en donne le texte exact, et s'étonne beaucoup que les conseillers au Parlement de Toulouse aient eu l'insolence d'empêcher une aussi honnête dame que Madelaine de Binet et un aussi pieux personnage que l'abbé de Sorrèze, d'exiger de leurs sujets des redevances aussi légitimes et aussi modérées. L'histoire des provinces pyrénéennes va nous montrer des exemples qui nous édifieront complétement sur l'origine réelle de tous ces droits perçus sur les mariages.

Nos 69 et 70.

M. Bascle de Lagrèze, que l'Académie de Bordeaux a l'honneur de compter parmi ses membres correspondants, avait dit, dans le *Catalogue des archives de Béarn*, publié en 1854 :

« On aurait peine à comprendre les extravagances de quel-
» ques hommages, si on ne savait que les formules les plus
» bizarres étaient quelquefois exigées comme des actes plus
» complets de soumission. Certains seigneurs de nos vallées
» en ont stipulé d'inouïes..... Dans un dénombrement fourni
» en 1538 par le seigneur de Louvie-Souviron, sont stipulés
» des droits révoltants qu'a le seigneur sur neuf familles du
» lieu d'Aas, dont les individus sont questaux[2]. »

[1] Laroche-Flavin : *Arrêts notables....*; p. 378.
[2] Bascle de Lagrèze : *le Trésor de Pau*, p. 70 et 156.

Quelque temps après la publication du *Catalogue* de M. Bascle de Lagrèze, la discussion à propos du *droit du seigneur* s'étant élevée entre les rédacteurs de l'*Univers* et ceux du *Siècle*, M. Bascle de Lagrèze crut devoir intervenir en faisant connaître les faits inédits qu'il avait déjà annoncés. Il les publia d'abord dans le journal *le Droit*, numéro du 23 juillet 1854, et; plus tard, il en fit l'objet d'une publication à part [1].

Dans un dénombrement donné par le seigneur de Bizanos, le 12 septembre 1674, on lit la clause suivante : « Item, » temps passé lesdits soubmis etoient en telle subjetion que » les predecesseurs dudit denombrant avoient droit toutes fois » et quantes qu'ils prenoient femme en mariage, de coucher » avec l'espouse la nuict plus prochaine des nopces; ce devoir » a esté pourtant converty par ses dits predecesseurs en cest » autre, sçavoir : que les soubmis sont tenus et obligés, » chaque fois qu'il se fait des nopces dans le dit lieu, de lui » porter une poule, un chapon, une epaule de mouton, deux » pains et un gateau, et trois ecuelles d'une sorte de bouillie, » vulgairement *bibaraou* [2]. »

On ne peut pas plus clairement faire connaître l'origine de ces redevances si innocentes et si pieuses, selon M. Veuillot. Le seigneur de Bizanos s'exprime aussi catégoriquement que l'auteur du conte des *Vilains de Verson*, que le rédacteur de la coutume de la terre de Drucat, que le maire du village allemand dont parle J. Grimm, que le seigneur de Mareuil en Ponthieu, que le seigneur de Larivière-Bourdet, en Normandie, etc. Cependant, on trouve quelque chose d'encore plus concluant et d'encore plus précis dans le dénombrement des droits dont jouissait le seigneur de Louvie en 1538. Les habitants du village d'Aas, près les Eaux-Bonnes, dans les montagnes d'Ossau, sont tenus, est-il dit dans ce dénombre-

[1] Bascle de Lagrèze : *Essai sur le Droit du Seigneur*. J'en ai déjà parlé, pag. 2.

[2] *Id.* : *id.*, p. 29.

ment, de mener la mariée au seigneur pour qu'il en fasse à son plaisir, et s'il arrive que le premier-né des enfants de ces mariages soit un mâle, il est franc, parce qu'il a pu être engendré des œuvres dudit seigneur de Louvie en la première nuit de ses susdits plaisirs [1].

Ne doit-on pas être frappé de la ressemblance de cette disposition qui affranchit le fils aîné parce qu'il peut provenir des œuvres du seigneur, avec celles d'un grand nombre de coutumes locales d'Allemagne, de Saxe, de Westphalie, de Picardie, de Flandre, de Hainaut, d'Angleterre, etc., qui donnaient l'héritage paternel au deuxième fils de l'homme serf, lorsqu'en même temps les mêmes coutumes déclaraient que le fils aîné de ces hommes était libre [2]? En tous cas,

[1] Item, que quant auguns de tals maisous qui part dessus seran declarades se mariden, dàban que conescen lors molhers, son tenguts de las presentar per la prumère neyt à nostre dit senhor de Lobie per en far à son plaser, o autrement lor balhar son tribut.

Item, si ben cascun enfant que engendren, lo son tenguts portar certane somme de diners, et si advien que lo prumer nascut sie enfant mascle, es franc, per ço qui pourra star engendrat de las obras deudit senhor de Lobie en la dite prumère neyt de sous susdits plasers. » (*Id.: id.*, p. 27.)

Ce document avait déjà été publié en 1842 par MM. Mazure et Hatoulet. (*Fors de Béarn* : Pau, 1842, in-8°, p. 172.) Mais M. Veuillot, qui a tant cherché et qui a tout vu, ne l'avait pas connu, puisqu'il n'en parle pas. Il explique d'une manière très-naturelle les priviléges extraordinaires qui étaient attribués par une *loi* municipale de Barréges-de-Bigorre (voyez Chomel : *Nuits parisiennes*, 1769, in-8°, t. 1, p. 222, et Jouyneau Desloges : *Mémoires de la Société des antiquaires de France*, t. 1, p. 415) à l'aîné des enfants; quand c'était une fille. Cette fille n'était pas déclarée libre, mais son mari n'avait pas le droit de s'asseoir à la même table qu'elle; elle absorbait presque tout l'héritage, etc.

[2] M. Bouthors, auquel j'emprunte ces citations, car je n'ai pu étudier moi-même les textes allemands d'où elles sont tirées, s'est demandé (*Coutumes locales.....*, t. 1, p. 201) à quelle cause il fallait attribuer cette dérogation si étrange en faveur du cadet, aux lois de succession généralement établies, et il a pensé qu'elle devait venir, chez des peuples guerriers, du désir de contraindre les aînés à compter davantage sur leur courage que sur les soins donnés à la terre pour pourvoir à leur

les textes que nous venons d'examiner me paraissent être autre chose que des couplets d'opéra-comique, reposer sur autre chose que des suppositions prises en l'air; et tous les écrivains, érudits, juristes, philosophes, magistrats, etc., qui ont cru au *droit du seigneur,* pouvaient bien n'être pas aussi sots, aussi ignorants, aussi crédules, aussi criminels, aussi absurdes, aussi abêtis et aussi doués d'un aussi grand excès d'impudence et d'ineptie que M. Veuillot voulait le faire croire.

Dans beaucoup d'autres localités, on trouve une multitude de droits perçus sur les mariages, dont je ne m'occupe pas, et qui très-probablement provenaient, plus ou moins directement, de modifications apportées à l'exercice du *droit du seigneur*. Je ne m'occuperai que d'un seul de ces droits, le *formariage*. C'est un des droits le plus généralement établis; et quoique M. Veuillot en parle avec une grande aisance, il pourrait bien n'être pas aussi étranger au *droit du seigneur* que M. le rédacteur en chef de *l'Univers* semble le croire.

N° 71.

LE FORMARIAGE.

On donne ordinairement le nom de *formariage* au droit que les seigneurs faisaient payer à leurs serfs quand ceux-ci se mariaient hors de la seigneurie ou avec des personnes d'une

établissement, et qu'ils transmettaient les meilleurs de leurs biens aux cadets moins capables par leur âge de s'en procurer par leurs forces. Il me semble que l'existence du *droit du seigneur* expliquerait la chose bien plus naturellement. Les serfs ne devaient-ils pas donner la préférence aux cadets, dont la paternité était certaine et qui devaient rester serfs, sur les aînés dont la paternité était douteuse et qui étaient francs? M. J[n] Anderson (*Transactions of the Society... of Scotland.*, t. 3, p. 72) en donne un autre motif, mais que je n'ai pas à juger; il me suffit de l'indiquer. Je laisse à de plus habiles le soin d'approfondir cette question.

autre condition que la leur. Ce droit variait selon les localités, et quelquefois s'élevait à la somme totale de ce que possédait le serf formarié.

L'étude que je viens de faire de l'origine du droit de prélibation m'a amené à conclure que le *droit du seigneur* se cachait très-souvent sous le nom de *droit de formariage*, et que celui-ci n'était que la forme la plus ordinaire sous laquelle était racheté le droit de prélibation. Mais j'ai hâte de le dire, il est possible que je sois le premier à formuler cette conclusion. Tous les auteurs qui ont parlé du formariage, Laurière, Ducange, etc., qui croient à l'existence du *droit du seigneur*, sont de l'avis de M. Veuillot relativement au formariage, et le regardent comme une chose tout à fait distincte. Je crois être le premier qui donne formellement à ces deux droits une origine commune, et qui affirme que l'un n'a été qu'une dérivation et une atténuation de l'autre.

Cependant j'ai déjà constaté, sous le n° 41, que le savant jésuite Daniel Papebrock attribue au mot *bed-nood*, par lequel on désignait en Belgique le droit de formariage, la même signification que nous donnons au *droit du seigneur*. De plus, le *Glossaire* de Ducange cite un acte de 1235 dans lequel on lit : *Cum vilanus maritat filiam extra villanagium debet tres solidos de culagio*[1]. Or, nous savons, à n'en pas douter, ce que c'était que le *droit de culage*. Dom Carpentier cite plusieurs actes d'où il résulte que le droit de formariage était dû pour toute permission de mariage[2]. Dom Morin, historien du Gatinais, dit assez clairement que le formariage était une redevance payée en *recompensation* de l'ancien *droit du seigneur*, et cite à l'appui *le dit des Vilains de Verson*. M. Michelet dit aussi que le *maritagium* et le *forismaritagium* ont une origine commune, et que ces mots désignaient le même droit perçu quand les époux appartenaient

[1] Ducange : *Glossarium*.... verbo *Culagium*.

[2] Carpentier : *Glossarium novum*.... verbo *Forismaritagium*.

à la même seigneurie, ou quand ils habitaient dans des seigneuries différentes[1].

Ainsi, il résulte déjà de ces remarques que la signification attribuée au mot de *formariage* différait beaucoup dans plusieurs localités; mais je vais plus loin, et j'ajoute que souvent l'expression de *formariage* s'est complètement éloignée de sa signification ordinaire et naturelle, et n'a plus désigné que le *droit du seigneur.*

Le seigneur avait droit de suite sur son serf; ce droit était imprescriptible. Non seulement le serf fugitif perdait tout ce qu'il avait, mais, quelque loin qu'il se fût échappé, quelque long qu'eût été son séjour à l'étranger, son seigneur pouvait toujours le reprendre. Avec une pareille législation, le seigneur n'éprouvait aucun préjudice, lorsqu'un de ces êtres, mâle ou femelle, allait s'accoupler dans une autre seigneurie, car ce mariage, si mariage il y avait, était nul, si le seigneur n'y avait pas consenti; et s'il y avait consenti, les coutumes déterminaient à quel seigneur les enfants devaient appartenir ou comment ils devaient être partagés. Il n'y avait donc eu aucun préjudice pour le seigneur, et ce n'était pas pour l'indemniser de ce prétendu préjudice que le *formariage* avait été établi. Il résulte, au contraire, très-évidemment de deux articles des anciennes coutumes de Bourgogne, dont j'ai parlé (n° 51), que le *formariage* était une indemnité payée en dédommagement du droit de première nuit.

D'après le premier de ces articles, les formariés perdent tout ce qu'ils ont; mais si c'est un homme et qu'il mène sa femme coucher la première nuit dans la seigneurie, il ne perd rien. Donc, il ne perdait ses biens que parce que son seigneur n'avait pas pu exercer ses droits pendant la première nuit du mariage.

Le second article est aussi clair et confirme mieux encore cette interprétation. La femme qui se formariait ne perdait pas ses biens si son mari s'avouait serf du seigneur de sa

[1] Michelet : *Origines....*, p. 263.

femme et venait s'établir dans la seigneurie avant d'avoir couché avec sa femme[1].

Dans l'un et l'autre cas, soit que le seigneur ne perdît rien, soit même qu'il eût acquis un homme de plus, les biens étaient confisqués si le seigneur avait été privé de la possibilité d'exercer son droit de première nuit. Cette circonstance, jointe à l'emploi indifférent du mot *formariage* pour celui de *culage*, *maritagium*, *bed-nood*, etc., m'autorise amplement à compter, comme un exemple de plus de l'existence du *droit du seigneur*, la perception du droit de formariage. Or, le droit de formariage était un des plus fréquents et des plus répandus de tous les droits féodaux.

Il serait facile de prouver la vérité de cette théorie par l'examen des faits; mais je me bornerai à un seul, que M. Veuillot connaît parfaitement, puisqu'il a fourni le sujet d'une des œuvres les plus célèbres de Voltaire.

Les chanoines de Saint-Claude, en Franche-Comté, avaient

[1] Le président Bouhier, dans son *Commentaire sur les coutumes de Bourgogne* (t. 2, p. 461), fait remarquer que, dans le cas prévu par ce dernier article, et c'était aussi l'avis de Chasseneuz, il ne devait être payé aucune indemnité au seigneur, puisque, loin de perdre un de ses serfs, il en acquérait un nouveau. Dans sa candeur de jurisconsulte, — M. Veuillot me permettra cette expression; placé à un point de vue tout opposé du sien, la magistrature et les jurisconsultes m'apparaissent sous un aspect différent. J'ai été élevé et j'ai vécu dans le respect et des lois et des hommes chargés de leur application. J'ai vu de près ces hommes et ces choses, et j'ai trouvé, presque toujours, ces hommes dignes du sacerdoce qui leur était confié. M. Veuillot a des raisons, sans doute, pour en juger autrement; mais je n'en persiste pas moins à dire que, dans sa candeur de jurisconsulte, le président Bouhier, ne soupçonnant rien que de loyal et de légal dans les droits perçus, sous prétexte de formariage, s'étonnait de trouver quelques contrariétés dans la rédaction assez obscure de cet article, où d'ailleurs il avait rencontré un mot qu'il n'avait pas pu lire. Si le savant jurisconsulte avait pu penser, comme ce passage le prouve, que le formariage était aussi une modification du *droit du seigneur*, il est probable que le mot illisible pour lui serait devenu tout à coup très-lisible, et qu'il n'eût pas eu besoin de recourir à de savantes et ingénieuses conjectures pour expliquer une contradiction qui n'était qu'apparente.

pris sur les malheureux habitants de leurs seigneuries une éclatante revanche des répressions que Philippe le Bon avait été obligé de mettre à leur usurpation des droits du suzerain. Les excès de ces moines envers leurs serfs furent portés à un tel point, que Voltaire, qui, M. Veuillot le reconnaît, « craignait de faire avorter les calomnies en les exagérant, » a pu dire en parlant de la conduite de ces religieux : « C'est ce que la rapacité a jamais inventé de plus exécrable, et ce que les brigands n'oseraient même pas imaginer[1]. » Or, parmi les plus *beaux droits* exercés par ces moines, il y en avait un qui peut se rapporter à ce qu'on appelle ordinairement le droit de formariage, mais qui, par la manière dont il était perçu, fournit une preuve évidente de la parfaite conformité du droit de formariage avec le *droit du seigneur* proprement dit. Un mariage étant accompli, toutes les formalités observées, tous les droits perçus, et les époux tranquilles et heureux sous la domination de leurs *bons maîtres,* si ceux-ci parvenaient, n'importe par quel moyen, même en employant des *monitoires,* à se procurer quelques témoins affirmant que la jeune femme avait commis le crime de passer la première nuit de ses noces chez son époux, au lieu de la passer chez son père, elle perdait tous ses droits à la succession paternelle, et les moines s'en emparaient. Quel préjudice avaient-ils éprouvé, si l'on n'admet pas le *droit du seigneur ?*

Du reste, les exemples cités du *droit du seigneur* lui-même sont assez nombreux et assez significatifs pour n'avoir pas besoin du secours que peut lui apporter la perception du droit de formariage. Il en est de même de la confirmation que donne à l'authenticité de ces preuves *la tradition.* Je n'ajoute donc ce dernier article à ce chapitre que pour montrer surabondamment que, dans le système de l'existence du *droit du seigneur,* tout se tient, se lie, s'enchaîne, se coordonne, les faits, les textes, les traditions, tandis que, dans le système opposé, tout est insinuations, présomptions, contradictions.

[1] Voltaire, édition de Beaumarchais, t. 29, p. 467.

N° 72.

LA TRADITION.

Si l'authenticité de quelques-uns des faits que nous venons de passer en revue peut être discutée, la multitude et l'unanimité des traditions qui viennent s'ajouter à tant de preuves incontestables, suffiraient pour démontrer que la croyance au *droit du seigneur* repose sur autre chose que des couplets d'opéra-comique. Si les preuves manquaient, elles ne manquent plus, comme l'a dit M. Henri Martin[1]. Un autre savant aussi spirituel qu'érudit a ajouté : « On n'invente pas ces choses-là. »

D'ailleurs, M. Veuillot a pris le soin d'indiquer lui-même plusieurs traditions. Il fait remarquer leur invraisemblance, mais je ne le remercie pas moins de les avoir révélées, et je leur donne la préférence sur celles que j'aurais pu recueillir moi-même. Elles serviront à prouver que, d'un bout de la France à l'autre, ce fameux opéra-comique avait exercé la même influence, même avant d'avoir été représenté.

Ainsi, M. Veuillot dit qu'il a vu lui-même, sur le territoire d'un ancien prieuré, qu'il ne nomme pas, mais qu'il désigne en assurant que jamais il n'y avait été question d'*aucun* droit du seigneur[2], M. Veuillot, dis-je, affirme qu'il a vu un homme poussant le zèle de la tradition jusqu'à certifier qu'il était *le fils des moines*. M. Veuillot est, nous le savons, grand ennemi du mensonge, sa déclaration ne peut donc être suspectée en quoi que ce soit. Cet homme donc que M. Veuillot a vu, se croyait fils des moines. Son témoignage constaterait non seulement la croyance au *droit du seigneur*, mais à un droit exercé en

[1] *Hist. de France*, t. 5, p. 567.

[2] Le mot *aucun* est évidemment de trop, car presque toute la France était soumise à la fameuse maxime : *Nulle terre sans seigneur*.

commun, chose jusqu'ici nouvelle et qui ne se trouve même pas dans les couplets de l'opéra-comique.

M. le marquis de Pins a trouvé, à ce que dit M. Veuillot, un bon bourgeois de la banlieue de Toulouse, nommé M. Potric, qui lui a raconté que son père ne s'était pas marié dans sa paroisse, parce que cette paroisse appartenait aux moines de Ladorade, qui possédaient *un certain droit* auquel il ne voulait pas se soumettre. « C'était en 1760, disait M. Potric; demandez dans le pays, tout le monde le sait. » Quelle réputation avaient donc ces bons moines pour qu'on leur attribuât partout les mêmes prétentions?

Ailleurs, M. Veuillot nous apprend que, dans le village de Callas, près de Draguignan, il passe pour certain que le dernier seigneur, avant 1789, ayant voulu exercer son droit, fut mis à mort par le mari et la famille de la mariée. M. Veuillot, qui tient beaucoup à ne dire que la vérité, écrivit à M. l'abbé *** qui lui avait révélé le fait; M. l'abbé *** écrivit à M. l'abbé Marié, et M. l'abbé Marié écrivit à M. le greffier de M. le juge de paix du canton de l'arrondissement où se trouve Callas, et voilà ce qu'a répondu M. le greffier de M. le juge de paix du canton de l'arrondissement où se trouve Callas : « Il est bien vrai qu'une tradition répandue en Provence attri- » bue aux anciens seigneurs de Callas la possession du privi- » lége connu sous la qualification de *droit du seigneur;* ainsi » le veut une vilaine opinion, née on ne sait où, établie on » ne sait comment. *Fort heureusement,* cette invention dia- » bolique se trouve implicitement mise à néant par l'histoire » locale; *plus consciencieuse que le roman.* » M. le greffier de M. le juge de paix reconnaît néanmoins que l'histoire locale constate qu'un des seigneurs de Callas fut tué en 1599, par ses sujets, à l'occasion d'outrages faits à une jeune fille. M. le greffier déclare, nous nous en rapportons à sa sagacité, que le *droit du seigneur* n'était pour rien dans cette affaire; mais il reste constaté que la tradition existait anciennement en Provence, comme dans l'Orléanais et le Languedoc.

M. Veuillot a donc cité trois provinces où la tradition s'était conservée; je vais lui en indiquer une autre. Dans l'ancien diocèse de Bazas, les paysans accompagnent de chansons spéciales chacune des cérémonies du mariage religieux; la cérémonie civile n'est suivie d'aucune démonstration. Quelques-unes de ces chansons remontent à une haute antiquité; or, dans la chanson qui se chante pendant que les témoins sont occupés dans la sacristie à la rédaction de l'acte de mariage, on trouve les vers suivants :

Moussu curé n'és pas countén :
Bourré la nobie et mey l'argén.
Moussu curé n'és pas càduc :
Bourré la nobie et mey l'escut....

Pague, nobi, lou marguilley,
Te hara deicha la nobie darrey;
Pague lou, nobi, de boun argén,
Te hara deicha la nobie dedén.

M. Lamarque de Plaisance, qui cite ces vers[1], croit, avec raison, qu'il y a là une malicieuse allusion aux regrets du passé, et cette allusion n'est certainement pas venue dans l'esprit des paysans de Bazas par le souvenir de quelque opéra-comique.

M. Veuillot prétend avoir consulté Renauldon; s'il l'a consulté, il y a vu : « *Droit de marquettes*... J'ai vu des sei- » gneurs qui prétendoient avoir ce droit, mais qui a été, ainsi » que bien d'autres de cette espèce, sagement proscrit par les » arrêts de la Cour[2]. » Si M. Veuillot a lu Renauldon, pour-

[1] Lamarque de Plaisance : *Usages et Chansons populaires de l'ancien Bazadais*. Bordeaux, 1845, Balarac, in-8°, p. 43.

[2] J. Renauldon : *Traité historique et pratique des droits seigneuriaux*. Paris, 1765, Knapen, in-4°, p. 450. Boutaric se sert des mêmes expressions et ajoute : « Les seigneurs laïcs ou ecclésiastiques » se méloient dans la foule et prenoient sans façon, surtout avec les » jeunes filles et les jeunes mariées, des libertés publiques que la décence » des mœurs a proscrites..... » (Boutaric : *Traité des Droits seigneuriaux*. Toulouse, 1775, in-4°, p. 650, 654.)

quoi ne cite-t-il pas ce passage? S'il ne l'a pas lu, pourquoi dit-il qu'il l'a consulté? C'est encore un auteur qui dit J'AI VU; cela doit compter au moins comme tradition, et tout cela est antérieur au fameux opéra-comique. Un autre auteur que M. Veuillot doit aussi connaître, Grimm, s'exprime ainsi : « C'est ce droit atroce et ridicule, connu encore sous le nom de cuissage, monument honteux de nos lois féodales, que l'on réduit, dans les provinces *où il est encore conservé*, à un usage de forme, qui n'a lieu qu'en présence de deux magistrats, et qui devient, par là même, comme tant d'autres également absurdes, un simple signe de vassalité. »

Un autre écrivain dont il m'est permis d'invoquer le témoignage pour constater une tradition, et sans remonter aux sources, puisque M. Veuillot assure l'avoir consulté, un autre écrivain, dis-je, rapporte que lorsque le seigneur de Lahoc se mariait, les femmes de ses vassaux étaient obligées de tenir les pieds de la nouvelle épouse [1].

L'auteur d'un ouvrage du même genre, M. Colin de Plancy [2], prétend qu'en Auvergne, au XIVe siècle, plusieurs vassaux avaient obtenu la commutation du *droit du seigneur* en *droit de cuissage;* qu'en Piémont, au XIIIe siècle, plusieurs seigneurs avaient le droit de passer les trois premières nuits avec la mariée; que le seigneur de Brives-la-Gaillarde ayant signifié à un mari qu'il voulait user de son droit, le mari alla trouver la châtelaine, qui lui permit d'user du droit de représailles. Cet écrivain attribue le droit de cuissage aux chanoines de Saint-Victor de Marseille. Il prétend qu'un seigneur de l'Orléanais ne vendit ce droit que cinq sous, tandis que le seigneur de Bethisy l'avait vendu neuf sous et demi. Il est possible que ces exemples dont je n'ai pu trouver l'origine ne soient pas très-authentiques; mais certainement M. Colin de Plancy ne

[1] Paul de P... (et Regnault Varin) : *Dictionnaire de l'ancien régime et des abus féodaux.* Paris, 1818, in-8°.

[2] Colin de Plancy : *Dictionnaire féodal.* Paris, 1820, in-8°, t. I, p. 167 à 176.

les avait pas inventés; il les avait pris quelque part, et leur existence sert à prouver l'unanimité de la tradition.

Cette universalité s'est manifestée d'une manière plus évidente, en 1789, lors de la convocation des états généraux. Le cahier de l'assemblée de la sénéchaussée de Dijon réclamait l'abolition « du droit de jambage ou de ceux qui le remplacent. » L'article 175 du cahier de la sénéchaussée de Rennes portait : « Abolition gratuite des *chevauchées, quin-*
» *taines, soule, saut de poisson, baiser des mariées*..... et
» autres usages de ce genre aussi outrageux qu'extravagants. »

Souvent aussi, des traditions qui n'ont pas un rapport bien direct au *droit du seigneur*, le font néanmoins pressentir. Plusieurs des traditions d'Auvergne rapportées par M. l'abbé Grivel, chanoine de Saint-Denis et vicaire-général du diocèse de Bordeaux, rentrent dans cette catégorie; je n'en citerai que deux, l'une comique, l'autre tragique, mais qui prouveront que là, comme ailleurs, régnait la toute-puissance du maître sur son serf[1].

Il n'était pas permis aux serfs de la châtellenie de Bourzol de troubler les lièvres du seigneur, même lorsque ceux-ci venaient prendre leur repas dans les jardins de ceux-là. Les paysans se vengèrent de cette sujétion par une petite composition littéraire où se trouve fort plaisamment racontée la conversation d'un des lièvres du seigneur de Bourzol avec un de ses paysans. Que les modernes amis de la féodalité ne se hâtent pas de crier : « Heureux temps, où les seigneurs donnaient des terres sans autre redevance que celle de laisser paître un lièvre dans un potager ou d'empêcher les grenouilles de coasser quand la seigneuresse était en couches; » ce qui, pour le dire en passant, n'arrivait pas toutes les nuits et toujours dans la saison où les grenouilles chantent, car les grenouilles ne coassent pas toute l'année; que M. Veuillot me pardonne ce trait d'érudition tout à fait provincial, mais à

[1] Grivel : *Chroniques du Livradais*. Ambert, 1852, Grangier, in-8°, p. 201 et 345.

côté de ces droits si bénins établis pour fatiguer les grenouilles et faire reposer les lièvres, la législation féodale avait établi d'autres droits, *très-chrétiens* sans doute, mais d'une nature moins débonnaire.

Un voisin du seigneur de Bourzol, le comte de Bosfranchet, avait une fille tellement belle, qu'il imagina que ses sujets n'étaient pas dignes de la regarder et le leur défendit sous peine de mort. *C'était bien peu*, dirait M. Veuillot, puisqu'il pouvait les couper à morceaux, les faire cuire et confisquer leurs biens. Or, le jour du mariage de la noble demoiselle, le fils d'un charbonnier fut découvert caché dans un buisson et cherchant à voir la belle fiancée. Immédiatement appréhendé, il fut lancé dans l'éternité au moyen d'une corde, au moment même où une autre corde sonnait la cloche pour appeler la bénédiction céleste sur le nouveau couple. Le reste de cette légende éminemment dramatique et digne de l'imagination de nos romanciers modernes, constate le souvenir que le charbonnier garda du *bienfait de son maître;* mais croyez-vous que si le comte de Bosfranchet avait dit à ses paysans : Je renonce à vous faire pendre sous le prétexte le plus futile, mais je coucherai le premier avec les femmes que vous épouserez, — il leur aurait imposé une condition onéreuse, abusive et plus immorale?

J'ai déjà parlé (n° 16, pag. 51) d'un acte d'inféodation passé, le 13 juillet 1606, par haut et puissant seigneur messire Jacques de Montmorency, qui, il est vrai, ne mentionne pas expressément le *droit du seigneur*, mais fait comprendre de quelle nature pouvaient être les droits que les seigneurs s'arrogeaient. Par cet acte notarié, le chambellan de Henri IV, le noble descendant du *premier baron chrétien*, donne un fief à maître Louis Varin, à la charge par ledit Varin d'exercer son office de barbier sur les parties honteuses des filles de chambre ou autres servantes qui se marieront dans ladite seigneurie. A la même époque où un Montmorency se permettait de pareilles jovialités, un évêque, un successeur de ce saint Bonnet, « qui fut salué évêque dès le ventre de sa mère, »

Mgr Joachim d'Estaing, celui-là même qui fit un jour enfoncer les portes de sa cathédrale à coups de bélier, un évêque, dis-je, se permettait une jovialité de la même espèce. Un gentilhomme lui demandant une dispense pour son mariage, Sa Grandeur répondit « qu'il ne l'accordoit qu'à condition qu'il seroit cocu. » Les aumôniers, dit Fléchier, ajoutèrent des choses que je n'ose dire; et l'éditeur fait remarquer que c'est sous l'épiscopat de ce célèbre pontife que le plus grand nombre de communautés religieuses s'établit dans le diocèse de Clermont[1].

Ce n'est pas seulement en France que *cette vilaine tradition* voulait que ce droit ait été exercé. Les chrétiens d'Europe qui ont conquis l'Amérique n'ont pas manqué de faire connaître aux sauvages qu'ils subjuguaient, les *beaux droits* dont ils jouissaient en Europe. En conséquence, dans le Canada, le gouverneur de Sark et plusieurs autres seigneurs des environs de Montréal s'étaient réservé le droit de cuissage et jambage; « un droit par lequel il avoit le pouvoir de coucher avec la fiancée, avant d'aller à son mari, la première nuit du mariage, passant, dit-on, trois fois sa cuisse sur elle[2]. » Ce français n'est peut-être pas très-orthodoxe, mais il prouve que le fameux couplet d'opéra-comique avait eu du retentissement jusque dans la patrie des Hurons et des Iroquois. Il en était, sans doute, de même dans d'autres contrées. Le *droit du seigneur* n'avait pas besoin d'être écrit dans les lois en vertu de cet axiome : Qui peut le plus peut le moins. Ainsi, qui pourrait douter que les seigneurs russes n'aient eu le pouvoir d'exercer ce droit sur leurs serves, en présence de cette anecdote de la vie du célèbre réformateur et civilisateur des Russes? Barbara Arsenioff, sœur de la femme de Mentchicoff, était excessivement laide. « Tu es si laide, lui dit Pierre Ier, que personne ne t'a jamais rien demandé; je veux t'en conso-

[1] *Mémoires de Fléchier sur les grands jours d'Auvergne.* Paris, 1844, p. 122 et 413.

[2] J. Anderson : *Transactions of the Society....*, t. 3, p. 65.

ler. » Et malgré la présence des témoins, il eut le courage d'exercer ce singulier droit de prélibation [1].

Les admirateurs posthumes de la féodalité oublient trop qu'une des plus grandes gloires du christianisme est précisément d'avoir affranchi la société de la puanteur des mœurs féodales ; si l'odeur de ces siècles immondes n'avait pas été si fétide, où serait le mérite de nous avoir aidés à en sortir ? Or, M. Veuillot est-il bien bien sûr que, dans les innombrables légendes des saints du moyen âge, il n'y en ait aucune qui mentionne expressément l'existence du *droit du seigneur* ou de droits aussi abusifs et aussi antichrétiens ? Je ne voudrais pas l'assurer, mais il me semble retrouver dans ma mémoire de vagues souvenirs de plusieurs choses analogues. Je n'ai point envie, pour vérifier ce souvenir, de recommencer la lecture de toutes les *légendes sacrées ;* mais voici une légende *moderne* qui ne laisse rien à désirer :

Le seigneur de Baudéan, près Bagnères-de-Bigorre, passait pour exercer impitoyablement son *droit du seigneur*. Une jeune fille de la vallée d'Aure frémissait à l'idée que le jour de son mariage, au lieu d'être pour elle la réalisation d'un rêve de bonheur, serait un jour de désespoir et de honte. Mais près de sa demeure s'élevait la chapelle de Notre-Dame de Bourisp. La jeune Loubet, c'était son nom, fut y prier la sainte Vierge et lui promit la plus belle vache de son troupeau, si elle était préservée de la souillure qui la menaçait. Le cortége nuptial s'acheminait vers l'église, lorsque tout à coup la cloche, au lieu du joyeux carillon, fait entendre le glas funèbre.... le seigneur de Baudéan avait été frappé de mort subite. Cette scène fit une si vive impression dans le pays, dit M. Bascle de Lagrèze [2], qu'on croirait encore qu'elle s'est passée il n'y a que quelques jours. La fille Loubet, dit-on, était de Soulan ; elle se maria dans la maison de Bordes. C'est en arrivant au

[1] Duclos : *Mémoires secrets sur les règnes de Louis XIV et de Louis XV.*

[2] Bascle de Lagrèze : *Essai sur le droit du seigneur*, p. 29.

port de Bayen qu'elle entendit la cloche : Noguès de Vielle prit la vache en *gazaïlle*, et sa famille a continué de servir une redevance à la chapelle de Notre-Dame de Bourisp jusqu'en 1789. La clochette de la vache existe encore, transformée en ustensile de cuisine.

Cette tradition me paraît réunir toutes les conditions de vérité que les dialecticiens et les confesseurs réclament : *Quis, quid, ubi, quibus auxiliis, cur, quomodo, quando.* Pourquoi un témoignage aussi formel transmis par toute une population ne vaudrait-il pas l'assertion d'un chroniqueur plus ou moins instruit ou passionné ? Quelle légende et quelle tradition admettra-t-on si l'on repousse celle-là ? Je pourrais donc la compter comme un fait ; mais on m'accordera au moins que, comme tradition, elle ajoute une certaine force aux faits déjà rapportés, et constate, d'une autre manière, que la croyance au *droit du seigneur* repose sur autre chose que sur un couplet d'opéra-comique.

Je sais que quelques traditions locales peuvent tenir à des circonstances particulières ou à des récits intéressés ; mais la coïncidence et l'ubiquité de toutes les traditions relatives au *droit du seigneur* leur donnent un grand poids. Il y a, d'ailleurs, des traditions plus certaines et plus générales que les traditions qui se perpétuent par les récits, ce sont celles qui se perpétuent par les mœurs. Or, qui pourrait nier qu'aujourd'hui même, malgré les progrès de la civilisation, malgré les efforts incessants de la religion et de la philosophie, on trouve encore une foule de localités, surtout dans les provinces arriérées, où les *servantes* répondent naïvement aux propositions immorales de leur *maître* : « Monsieur n'est-il pas mon maître[1] ? » Dans leur simplicité, ces ignorantes créatures s'imaginent que le mot de *maître* ne peut subsister indépendam-

[1] Decormis (*Recueil de consultations*, Paris, 1735, in f°, t. 2, p. 1993), cite un grand nombre d'auteurs qui soutiennent que la défloration d'une servante par son maître n'entraîne aucune peine, tandis que le même auteur (p. 2000) nous apprend que le domestique qui ravit la fille de son

ment des droits qui leur paraissent être inhérents à cette qualité.

Ainsi, malgré la persévérance avec laquelle ont été détruits tous les contrats qui renfermaient des conditions immorales, nous avons aisément rencontré plus de soixante documents qui contiennent des traces évidentes de l'existence du *droit du seigneur*, en Angleterre, en Écosse, dans les Pays-Bas, en Allemagne, en Italie et dans les différentes provinces du nord, du centre et du midi de la France. Parmi ces soixante documents, il y en a neuf qui mentionnent *la chose* aussi clairement que possible.

1° Dénombrement de 1538, portant que les serfs sont obligés de mener la mariée au seigneur pour qu'il en fasse à son plaisir, et que le premier enfant qui naît de ces mariages, si c'est un mâle, est franc, parce qu'il peut provenir des œuvres du seigneur (n° 70).

maître ne peut pas être admis à l'épouser, et que la mort doit être ordonnée sans rémission.

J.-P. Fontanella (*Tractatus de pactis nuptialibus*, clausula V, pars 1, n° 47), dit que plusieurs jurisconsultes admettaient en principe, ce qui se pratiquait sans loi, qu'il était permis de se servir pour ses plaisirs des femmes de vile condition. Le même auteur (*Decisiones sacri regii senatus Cathaloniæ*. Genève, 1719, Cramer, in-f°, dec. 415, n° 3) indique les docteurs qui ont soutenu que le concubinage avait été permis; voici ses paroles : « *Quoad naturales, tot tantaque admiscent doctores de concubinatu in domo retento permisso, ut pias sane aures notabiliter offendant. Inter christianos enim jam debent esse concubinatus nomen relegatum in remotissimas terras, ubi Deus non cognoscitur.... De eo autem concubinatu in domo retento olim permisso, si plura scire volueris vide apud.... sed non legas quia non potest esse alicujus utilitatis, aut commodi circa res tam turpes versari.* »

Thomas Ittigius, savant théologien (*Historiæ ecclesiasticæ primi a Christo nato seculi selecta capita*. Lipsiæ, 1709, J. Grossius, in-4°, p. 213), se sert aussi de paroles qui peuvent faire comprendre comment on a pu penser pendant longtemps que la jouissance du corps d'une ser-

2° Condamnation, en 1665, d'un gentilhomme qui avait exercé le droit de cuissage (n° 61).

3° Dénombrement de 1674, dans lequel il est déclaré que les ancêtres du dénombrant avaient droit de coucher avec la mariée la première nuit des noces (n° 69).

4° Déclaration d'un président au Parlement de Bordeaux constatant que, pendant qu'il était avocat de l'officialité de l'archevêque de Bourges, son oncle, *il a vu* un curé prétendre qu'il avait droit de première connaissance charnelle sur les mariées de sa paroisse (n° 58).

4° Les maires de village d'une province d'Allemagne avaient le droit de passer la nuit avec la mariée, si le mari ne leur donnait pas une certaine somme (n° 47).

5° Un seigneur normand déclara qu'il avait le droit de coucher avec la mariée (n° 18).

6° Un poète du XIIe siècle explique que le *droit de culage* dû par les vilains de Verson aux moines du Mont-Saint-Michel, consistait à mener la fiancée au seigneur pour qu'il en fasse à sa volonté (n° 11).

vante dépendait de la propriété du maître. « *Libro 8. const. c. 32* » *Paulus introducitur varios canones.... et hæc occurit :* Concubina » cujusdam infidelis serva, si soli suo domino dedita sit, admittatur.... » *Illustrat hunc locum Cotelerius verbis Augustini dicentis :* de con- » cubina quoque si professa fuerit nullum alium se cogniturum, etiamsi » ab illo cui subdita est, dimittatur, omnino dubitatur utrum ad persi- » piendum baptismum non debeat admitti *(Lib. de fide et operibus.* » *c. 19). Mirum esset ea de re Augustinum dubitare, si decreti illius,* » *quod Paulus, in concubinarum gratiam in constitutionibus aposto-* » *licis promulgasse perhibetur, notitiam habuisset. Etsi autem Bovius* » *hoc constitutionum apostolicarum decretum ac ratione excusare ni-* » *tatur,* quod ancilla corporis sui potestatem non habeat ideoque omnis » culpa in dominum ejus redundet, *rectè tamen Dallæus (Lib. de* » *Pseudepigraphis apostolicis. c. 8) ficulneo hoc folio pudendam hanc* » *constitutionem satis obtegi non posse censet....* »

Le célèbre jurisconsulte M. Ayrault a fait un très-curieux plaidoyer rapporté par Papon (liv. 22, ch. 9, art. 13), dans lequel il a établi que lorsqu'une servante se trouve enceinte, si le père n'est pas connu, on doit décider qu'elle est enceinte de son maître.

7° Un seigneur du XIIIe siècle déclara qu'il avait droit de *braconner* les filles et fillettes qui se mariaient, et que, s'il ne les *braconnait* pas, elles devaient lui payer une certaine somme (n° 8).

8° Une coutume de Picardie, rédigée au XVIe siècle, dit que le mari ne peut coucher avec sa femme que lorsque le seigneur a couché avec elle, ou lorsque le mari en a obtenu la permission du seigneur en lui payant le droit de *culage* (n° 1).

Nous avons montré que les droits de *culage*, comme ceux de *formariage*, expressions qui se prenaient quelquefois l'une pour l'autre, étaient si fréquents en Normandie, en Picardie, en Bourgogne, etc., qu'on peut presque dire qu'ils y étaient de droit commun, et que, comme la plupart des autres droits perçus sur les mariages, ils avaient été établis en dédommagement et *recompensation* de l'exercice du *droit du seigneur*.

Nous avons également constaté l'existence du *droit du seigneur* par les traditions universelles, constantes, unanimes, vivaces, soit des récits, soit des mœurs; au pied des Pyrénées, en Gascogne, en Languedoc, en Auvergne, en Provence, en Orléanais, en Picardie, d'un bout à l'autre de la France, et jusque dans nos possessions du Nouveau-Monde[1].

[1] Le *droit du seigneur* a servi de texte à un assez grand nombre de compositions littéraires. Voici la liste de celles que je connais :

1° *Le Droit du Seigneur*, parodie d'*Abensaïd*, en un acte, par Louis de Boissy, joué à l'Opéra-Comique le 28 juin 1735, non imprimée. Le sujet d'*Abensaïd, empereur des Mogols*, tragédie de l'abbé Jean-Bernard Leblanc (jouée en 1735, imprimée en 1736 et 1737, et reprise en 1743), est tiré de la *Bibliothèque orientale*, de M. d'Herbelot, à l'article *Abou-Saïd*, et fondé sur *une loi* qui ordonne à tout sujet de répudier sa femme lorsqu'il plaît au sultan de s'en servir.

2° *Le Droit du Seigneur*, comédie en cinq actes, en vers de dix syllabes, par Voltaire, représentée pour la première fois à Paris, le 18 janvier 1762, sous le titre de *l'Écueil du Sage*. Elle avait été composée en quinze jours, en 1760. Les *Mémoires secrets* de Bachaumont rapportent, à ce sujet, une anecdote assez plaisante. Un jeune homme, inconnu dans les lettres, présenta, comme sienne, la comédie de Voltaire à MM. les comédiens, sous le titre du *Droit du Seigneur*. Elle fut

En présence de tous ces témoignages, en présence de toutes ces traditions, en présence de tous ces mots qui, dans toutes les langues, s'accordent à donner des noms grossiers aux droits perçus sur les mariages, il n'est pas possible de douter que le *droit du seigneur* n'ait existé. Tous les historiens, tous les érudits, tous les juristes, tous les philosophes, tous les écrivains quelconques, ecclésiastiques ou laïques, qui

refusée à l'unanimité. Quelques jours plus tard, Voltaire présenta lui-même la pièce sous le titre de *l'Écueil du Sage*, et MM. les comédiens, avec la même unanimité, la trouvèrent excellente. Lors de la représentation, le public partagea le premier avis de MM. les comédiens; Voltaire remania sa pièce, la réduisit en trois actes, et lui rendit son premier titre, mais elle échoua sous ce second titre comme sous le premier. Voltaire attachait, sans doute, une grande importance à cette pièce, car, âgé de 84 ans, un mois avant sa mort, dix-huit ans après l'avoir composée, il s'en occupait encore en 1778, en se plaignant de ce que Molé refusait *insolemment* d'y jouer son rôle. Elle fut reprise en 1779, et échoua de nouveau. Le manuscrit original est à Saint-Pétersbourg, dans la bibliothèque de l'*Hermitage*. (*Archives des Missions scientifiques*.... Paris, 1853, Deshays, in-8°, p. 48.) Ni les comédiens, ni les nobles, ni les vilains, ne s'imaginèrent que le sujet de la pièce pouvait être contesté.

3° *Le Droit du Seigneur*, opéra-comique en trois actes, paroles de François-Georges Fouquet-Deshayes, dit Desfontaines de Lavallée, musique de Martini et Laval, représenté à Paris, le 17 octobre 1783. Paris, 1784, Ballart, in-8°. « Le sujet de cette comédie, dit Fréron (*Année littéraire*, 1784, t. 1, p. 171), est heureux, et c'est quelque chose qu'un sujet heureux. »

4° *Le Mariage de Figaro ou la Folle Journée*, comédie en cinq actes et en prose, par Caron de Beaumarchais, représentée pour la première fois le 27 avril 1784. La représentation de cette pièce fut une affaire d'état et presque une révolution; elle causa autant de colères que d'applaudissements. Personne, parmi les princes, les nobles, les prêtres et les écrivains qui poursuivirent Beaumarchais de leur haine, n'eut l'idée de reprocher à l'auteur d'avoir mis sur la scène un *droit* qui n'avait jamais existé. Tous, spectateurs, censeurs ou lecteurs, nobles et roturiers, *croyaient* avoir exercé ce droit ou l'avoir subi. M. Gudin, éditeur des Œuvres de Beaumarchais, nous apprend (t. 7, p. 249) que, lorsqu'il allait à Bordeaux avec Beaumarchais, ils s'arrêtaient toujours dans le château d'un grand seigneur, homme excellent, mais qui était

s'étaient occupés de cette question jusqu'à ce jour, l'avaient admis comme incontestable.

La plupart des faits historiques ne pourraient être établis par autant de preuves authentiques, et l'on prouverait plus aisément que Clovis, Pepin ou saint Louis n'ont pas existé. Le livre de M. Veuillot n'est donc que le développement d'un paradoxe, un véritable tour de force littéraire par lequel

haï dans ses terres, parce qu'il y avait vécu comme le *comte Almaviva* dans les siennes.

5° Un poème italien : *Il Fodero o sia il jus sulle spose degli antichi signori sulla fondazione di* NIZZA-DELLA-PAGLIA *nell' alto Monferrato; poema satirico giocoso in ottava rima di veridico Sincer Colombo Giulio:* Paris, 1788, Molini, in-18 de 243 pages. L'auteur de ce poème, dont j'ai parlé, n° 50, page 69, est l'avocat Sincère Rastelli, professeur d'italien, l'une des victimes des mitraillades de Lyon en 1793.

6° *Le Droit de Jambage*, traduction libre de l'italien de Giulio Colombo. Paris, 1790, in-18.

7° *Le Vasselage ou Droit des anciens seigneurs sur les nouvelles épouses*, poème satirico-comique, traduit de l'italien par C. Niort. Paris, 1791, in-12.

8° *Le Nouveau Seigneur de Village*, opéra-comique par M. le baron Auguste Creuzé de Lesser et M. le baron Jean-François Roger (écrivain royaliste), musique de Boïeldieu. Paris, 1815, Barba, in-8°.

9° *Le Droit du Seigneur ou la Fondation de Nice, dans le Haut-Montferrat, aventure du* XIII*e siècle, traduit librement du* FODERO *de Jules Colomb, avec l'histoire de M. Bejaune, et un grand nombre d'anecdotes sur le droit de cuissage et sur les variétés de ce privilége*, par Saint-Albin (Collin de Plancy). Paris, 1820, Th. Grandin, in-12. Je n'ai pu me procurer ce recueil, où j'aurais probablement trouvé quelque indication nouvelle.

10° *Abelina, nouvelle historique du* XVIII*e siècle, suivie des aventures de M. Lebejaune, et d'anecdotes et recherches sur le droit de cuissage*, par Allent (Collin de Plancy). Paris, 1823, Th. Grandin, in-12. M. Querard dit que c'est le même ouvrage que le précédent.

11° *Les Noces de Merluchet*, vaudeville en trois actes, de MM. Delacour (Alfred Lartigue, de Bordeaux) et Jaime, représenté sur le *Théâtre-des-Variétés* le 3 juillet 1854, publié par le *Magasin théâtral illustré*.

12° On trouve dans les œuvres de deux poètes anglais, Beaumont et Fletcher, une comédie qui roule sur le *droit du seigneur*.

M. le rédacteur en chef de l'*Univers* a voulu s'amuser aux dépens de ses lecteurs, et prouver qu'il est possible, pendant quelque temps, de faire passer une vérité pour un mensonge. C'est pour cela qu'après avoir démontré l'existence du *droit du seigneur*, j'ai voulu montrer à ceux qui s'y sont laissé prendre par quels stratagèmes M. Veuillot les avait rendus victimes d'un véritable tour de prestidigitation.

CHAPITRE IV.

ÉRUDITION DE M. VEUILLOT.

Dans les temps vers lesquels M. Veuillot et ses amis voudraient nous ramener, n'était pas érudit qui voulait. Quelquefois il était impossible aux plus grands clercs de se procurer la vue, même momentanée, de tel ou tel manuscrit dont ils avaient entendu parler. Plus tard, quand l'usage de la lecture plus répandu rendit pour ainsi dire indispensable la découverte de l'imprimerie, les écrivains assez heureux pour pouvoir consulter un grand nombre d'auteurs, se firent une espèce de mérite de ce bonheur, et donnèrent orgueilleusement à leurs lecteurs la liste des ouvrages consultés, et dont l'autorité servait de garantie à la leur. La découverte de l'imprimerie a été à l'érudition à peu près ce que la découverte de la poudre a été à l'art de la guerre. Aujourd'hui, le plus petit soldat peut abattre le plus illustre général; de même, avec nos bibliothèques publiques, les livres et la science sont mis à la portée de tous. Quiconque veut s'en mêler, peut farcir son texte de citations d'auteurs qu'il n'a jamais lus et de passages de latin, de grec et d'autres langues qu'il ne comprend pas. L'érudition est donc passée de mode; il n'y a plus que les sots qui s'en vantent et les ignorants qui y croient. Cependant, l'usage de faire précéder un livre de la liste des auteurs consultés a subsisté; mais il a tout à fait changé de but. Ce n'est plus une vaine parade, c'est pour faciliter les recherches et les vérifications, et surtout pour ne pas réimprimer chaque fois le titre et la date exacts des éditions dont on s'est servi.

M. Veuillot ne s'est pas précisément vanté de son érudition;

au contraire, il a eu la précaution de dire : « Je serais fort » embarrassé de passer pour érudit : je dois beaucoup de » témoins que je n'aurais pas eu le temps d'interroger, et dont » j'ignorais même l'existence, à mon parent et ami M. Arthur » Murcier, élève de l'École des chartes, à M. ***, etc. » Mais, malgré cette modestie apparente, M. Veuillot ne serait pas fâché que ses lecteurs eussent une bonne opinion de son érudition collective. En conséquence, il a pompeusement étalé, entre son *avant-propos* et le livre lui-même, une liste bibliographique de près de deux cents ouvrages, dont il prétend s'être servi, et dans lesquels il n'a trouvé qu'*un témoignage unique et suspect*, relatif au *droit du seigneur*. Examinons un moment cette espèce de poudre que M. Veuillot a jugé bon de jeter aux yeux de ses lecteurs.

Dans cette liste, on voit figurer quelques livres dont M. Veuillot ne dit pas un mot dans le cours de son travail ; on y voit aussi plusieurs ouvrages qui, par leur nature, ne pouvaient contenir rien de relatif au *droit du seigneur;* mais leurs titres ainsi alignés à l'entrée du livre, disposent favorablement à penser qu'un homme qui a sincèrement consulté un si grand nombre d'ouvrages, et n'y a trouvé qu'un SEUL témoignage contraire à sa cause, doit évidemment avoir raison. Le procédé dont s'est servi M. Veuillot, en littérature, est à peu près le même stratagème dont se servent sur les grandes routes ces hommes audacieux qui, voulant arrêter seuls plusieurs voyageurs, disposent derrière une haie une rangée de mannequins armés de bâtons, et que la nuit et la frayeur animent. Mais, ici, la nuit et la frayeur manquent, la lumière a été apportée, et nous allons voir de quels singuliers oripeaux sont composés les mannequins de M. le rédacteur en chef de l'*Univers*.

Remarquons d'abord, que, sous prétexte de certaines classifications, M. Veuillot répète plusieurs fois les mêmes ouvrages et même des collections très-considérables. Ainsi, à la page 19, on trouve : *Dom Bouquet*, 20 *vol. in-folio ;* à la page 20 : *Dom Bouquet*, 20 *vol. in-folio. Laurière* est mentionné aux pages 19 et 25; *Brillon* aux pages 20 et 26; *Brodeau* est cité deux fois dans la page 26, etc. Ce n'est donc pas pour faciliter les recherches des curieux que M. Veuillot étale pompeusement cette longue liste d'auteurs plus ou moins consultés; il a un autre but. Ce but nous l'avons déjà deviné, et, d'ailleurs, M. Veuillot va nous le dire lui-même.

Pour faire pendant à la liste des auteurs qu'il a consultés, M. Veuillot donne aussi, dans une autre partie de son ouvrage, une liste des auteurs qui ne parlent pas du *droit du seigneur*. M. Dupin, dit-il, peut consulter Joannes Lucius, Guy Pape, Tiraqueau, Chasseneux, Rebuffe, *Benedicti*, *Papon*, *Geraud de Maynard*, *Laroche-Flavin*, *Simon d'Olive*, Cambolas, *Charondas*, Thaumas de la Thaumassière, *Jacques Brillon*, *les Ordonnances des rois de France*, *Despeisses*, Bacquet, Dupineau, Perreciot..., etc. Il n'y trouvera pas une ordonnance, pas un arrêt qui abolisse soit la coutume elle-même, soit une redevance exigée comme représentation et commutation de ce droit. Cette liste pouvait être très-considérable, mais heureusement M. Veuillot était pressé de nous expliquer l'utilité de ces deux listes, et cette dernière nomenclature est assez courte. M. Veuillot monte donc immédiatement sur ses tréteaux, et, dans un style tout à fait de circonstance, il s'écrie : « *Rien* dans les lois, *rien* » dans les recueils de coutumes, *rien* dans les recueils » d'arrêts... Mon travail est précédé de la liste des ouvrages » que j'ai interrogés...; les neuf dixièmes, et les plus illustres, » ne parlent pas du *maritagium*. Je demande si cet oubli » était possible dans des livres tels que ceux d'*Étienne* » *Pasquier*, Salvaing, Brussel, *Boutaric*, Delamarre, » *Augustin Thierry*, Guizot..., etc. Il y a d'autres livres » dont le silence n'est pas moins significatif; non seulement » *rien* dans les chroniques historiques, mais *rien* dans les » livres de littérature et d'imagination. »

Le raisonnement de M. Veuillot est juste et son procédé commode; mais nous savons maintenant à quoi nous en tenir sur la véracité de ces allégations; nous savons qu'il y a quelque chose dans les auteurs où il prétend qu'il n'y a rien, et nous savons aussi pourquoi ont été publiées ces deux listes.

Plusieurs de ces auteurs qui, selon M. Veuillot, ne parlent pas du *maritagium*, en parlent au contraire d'une manière très-fâcheuse pour la cause de M. Veuillot. *Laroche-Flavin*, *Boutaric*, *les Ordonnances*, etc., fournissent des arguments qui ne sont pas tout à fait à dédaigner. Et, chose singulière, il en est de même de presque tous les auteurs dont M. Veuillot s'est ainsi amusé à rassembler les noms. En voici quelques exemples :

Étienne Pasquier parle des droits perçus par les évêques d'Amiens.

Simon d'Olive parle du droit de cuissage des chanoines de Lyon.

Despeisses cite Chopin, Charondas, les évêques d'Amiens, Evenus, etc.

Charondas parle des évêques d'Amiens, et ajoute : « Et depuis a esté donné autre arrest contre l'abbé de Rebais en semblable espèce. »

Geraud de Maynard dit[1] : « A quoy se rapportent quel-
» ques droicts ridicules et abusifs ou plustot scandaleux :
» comme de prendre argent par un evesque des nouveaux
» mariés pour la premiere licence de coucher avec leurs
» femmes... et pareillement *d'un droict de masle* sur chascun
» qui se marie dans une ville... »

Guillaume Benedicti[2], qui a rapporté l'exemple de ce curé qui prélevait la dîme des devoirs conjugaux..., etc., paraît avoir en vue le *droit du seigneur*, lorsqu'il dit : *Liberta conjugata ire non tenetur ad domum patroni sui : imo quo ad hoc est a jure patronatus exempta.* »

[1] Geraud de Maynard : *Notables et singulières questions*... Paris, 1628, R. Fouet, in-f°, liv. 1, ch. 70, p. 72.

[2] Guillaume Benedicti : *Repetitio in cap. Raynutius*... Lyon, 1522, J. Remy, in-f°, p. 456, n° 74.

Jean Papon[1] s'exprime ainsi : « De façon que ce royaume a demeuré plus de quatre ou cinq cens ans infect de ceste ordure, sans adviser a y donner ordre, et retirer le vice et execration d'iceluy desplaisant a Dieu, et dont la vindicte a esté au dict royaume apperceue... Est execrable, qu'en aucuns endroits d'iceluy royaume, et mesmes en Auvergne, s'est trouvé coustume observée et tolérée que le seigneur du lieu avoit droict de coucher la premiere nuict avec l'espousée. Ce sont actes barbares et brutaux, indignes non seulement de chretiens, mais d'hommes. »

Ne trouvez-vous pas que M. Veuillot était bien fondé à dire : « Jusqu'au commencement du XVIIIe siècle, il ne paraît pas » qu'on se soit mépris sur le vrai sens du *maritagium*... Cette » idée était inconnue en France durant la seconde moitié du » XVIe siècle... C'est en 1704 qu'un dictionnaire... commença » à fausser le jugement public. » Après avoir posé ces jalons, M. Veuillot ajoute : « Oh! oh! voyons Papon! Mais, au titre » indiqué, Papon ne dit rien des religieux de Nevers.... Voilà » l'autorité de Papon, qui, grâce à Rageau, est très-considé- » rable sur la question : « *Voyez Papon; adultère* ». Com- » ment résister à cela?..... Cependant, à un autre endroit, » Papon a parlé des religieux de Nevers.... Je cite : « *Droits* » *ridicules ne doivent être maintenus*.... Nous connaissons » cette ritournelle...., etc. » M. Veuillot, comme on le voit, plaisante très-agréablement; mais il faut convenir que son érudition a éprouvé beaucoup et beaucoup de malheurs; car il n'est pas possible de supposer que ces *erreurs* aient été aussi souvent volontaires.

Il est singulier aussi de remarquer que quelques-uns des auteurs qui, selon M. Veuillot, ne parlent pas du *droit du seigneur*, pouvaient fournir des arguments que M. Veuillot n'a pas su voir. Ainsi, *Houard*[2] indique les divers faits *con-*

[1] J. Papon : *Recueil d'arrêts notables*... Genève, 1637, Chouët, in-4°, l. 22, ch. 9, n° 18, p. 1271.

[2] Houard : *Anciennes lois*..., t. 1, p. 159 et 332.

traires aux bonnes mœurs rapportés par Servin, Bouvot, Papon, Brodeau, Boërius, et, parlant du droit de *marquette*, réfute ce qu'en a dit Skenée. *M. Augustin Thierry*[1] pouvait aussi fournir à M. Veuillot un argument très-fort contre Laurière; mais il était plus commode de déclarer dogmatiquement que tous ces auteurs ne s'en occupent pas, que de les consulter chacun en particulier.

M. le rédacteur en chef de l'*Univers* était donc dispensé de nous dire : « Qui est-ce qui se détournera de son chemin » et de ses affaires pour aller voir Chopin et Brodeau? On » aime mieux croire que d'aller voir, et ceux qui ont eu cette » curiosité n'en parlent plus. » On aurait deviné sa tactique sans qu'il eût pris la peine de la dévoiler. Cette nouvelle énumération des auteurs consultés était donc une autre rangée de *mannequins*.

M. Veuillot ne s'est pas borné à employer ce procédé à l'égard des jurisconsultes; il s'en est aussi servi pour d'autres écrivains. Ainsi, il accuse M. Dupin d'avoir été plus crédule que M. Dulaure. Nous sommes donc obligé de citer les paroles mêmes de M. Dulaure.

Nous ne prétendons pas que M. le rédacteur en chef de l'*Univers* se soit encore, dans cette occasion, servi du moyen coupable dont il a fait un trop fréquent usage : nous voulons bien admettre que ce n'est pas sciemment que M. Veuillot a ainsi avancé le contraire de la vérité; et nous allons essayer d'expliquer comment ce nouveau malheur est arrivé. La pudeur de M. Veuillot avait été mise à une si rude épreuve en supportant la honte de demander publiquement les ouvrages de M. Dulaure, qu'elle s'est persuadé que personne n'affronterait l'humiliation qu'elle avait été obligée de subir. En conséquence, M. Veuillot s'est contenté de consulter les ouvrages de M. Dulaure où il n'était pas question du *droit du seigneur*, et précisément a négligé de demander celui de

[1] Augustin Thierry : *Documents inédits de l'histoire du tiers-état.* Picardie : Amiens, t. 1, p. 462.

ses ouvrages où il devait être question de ce droit. Or, voici ce qu'on lit dans l'*Histoire critique de la Noblesse*[1], chapitre XII : *Triste condition des serfs... droits tyranniques des seigneurs* : « Un droit... enlevoit au nouvel époux la faculté » de jouir des prémices de l'hymen... Les évêques d'Amiens, » les religieux de Saint-Étienne de Nevers, les nobles » chanoines de Lyon, les abbés de Saint-Théodard, etc., » jouissoient dans toute sa plénitude du droit de prélibation. » Ensuite, il indique l'Écosse, le Piémont, les Pays-Bas, le sergent de Souloire, le curé de Bourges, etc. Et, chose remarquable, ce *maniaque* ne falsifie pas le texte de Boërius, et dit que le curé fut condamné à l'amende, au lieu de dire, comme M. Veuillot, que la coutume fut reconnue et changée en amende. Ainsi M. Veuillot « reçoit des leçons de tout le monde, » même de *l'ignorant* M. Lebas et du *maniaque* M. Dulaure. « C'est une jolie position » pour M. le rédacteur en chef d'un journal... parisien !

Les procédés que nous venons d'indiquer sont assez faciles à pratiquer, mais M. Veuillot pouvait en employer un encore plus commode ; il pouvait, comme je le disais tout à l'heure, faire imprimer une liste entièrement composée de livres quelconques, dans lesquels il ne peut et ne doit, par la nature même de ces livres, se trouver rien de relatif à la question débattue. Rien ne l'empêchait d'en tirer les mêmes conséquences qu'il essaie de tirer de la liste des livres qu'il prétend avoir interrogés. Je tiens à justifier mon dire au moins par un exemple, et cet exemple, l'érudition de M. Veuillot l'a rendu aussi comique et aussi grotesque qu'il était possible de l'inventer.

A la fin de l'avant-dernier siècle, par conséquent il y a de cela près de deux cents ans, un savant Anglais, Thomas Rymer, fut chargé par son gouvernement de publier un recueil chronologique d'actes concernant les négociations des

[1] Dulaure : *Histoire critique de la Noblesse*. Paris, 1790, Guillot, in-8°, p. 307.

rois d'Angleterre avec les souverains étrangers, depuis les temps les plus reculés jusqu'aux temps modernes. Il y a eu plusieurs éditions anciennes de ce vaste recueil[1], un des plus importants et des plus connus que l'imprimerie ait produits. Son titre même, assez exactement donné par M. Veuillot, indique suffisamment la nature des actes qu'il contient : *Fœdera, conventiones, litteræ et acta publica inter reges Angliæ et alios quosvis imperatores, reges, pontifices, principes vel communitates.* D'après ce titre, il ne devait donc se trouver dans Rymer rien de relatif aux droits perçus par quelques hobereaux sur les troupeaux humains qui parquaient sur leurs terres ; mais ce recueil est célèbre, l'habile rédacteur en chef de l'*Univers* a cru qu'il lui serait utile d'invoquer son témoignage, et voilà comment il s'y est pris.

En parlant de la sentence du sénéchal de Guyenne qui lui a déjà fait dire tant de jolies choses (voyez n° 60, page 64), M. Veuillot ajoute : « *Monsieur* Rymer a publié à Londres, » en 1816, un recueil de TOUS les actes du gouvernement » d'Édouard Ier. Non seulement la pièce « curieuse » ne s'y » trouve pas[2], mais il n'y a rien qui s'y rapporte de loin ou » de près. »

Prendre Rymer pour un contemporain vaut bien la fable du Singe et du Pirée : c'est trop joli pour y ajouter aucun commentaire. Je suis seulement fâché que M. Veuillot nous ait prévenus qu'il s'était fait aider par un élève de l'*École des chartes ;* j'aurais bien voulu qu'un écrivain qui gourmande avec tant d'orgueil les savants passés, présents et futurs eût été capable de trouver cela à lui tout seul. Les érudits de province ne se consoleront jamais qu'il ait fallu la réunion de plusieurs savants parisiens pour produire cette délicieuse bouffonnerie. M. Veuillot a bien raison d'adresser aux autres cette apostrophe biblique : *Ante loquaris disce !*

[1] La première édition parut à Londres en 1704, une autre en 1727, une autre à la Haye en 1739. Une nouvelle édition commencée à Londres en 1816 n'a pas été achevée.

[2] M. Veuillot n'oublie jamais ses tréteaux.

Il y a cependant quelque chose de plus honteux que l'ignorance, c'est la mauvaise foi. Or, quand M. Veuillot et ses aides ont dit que *monsieur* Rymer avait publié *tous les actes* du gouvernement d'Édouard Ier (un roi au lieu de tous les rois d'Angleterre), ils savaient parfaitement que ce recueil ne pouvait pas contenir tous les actes du gouvernement de ce monarque, et que, dans tous les cas, ce recueil ne devait pas publier les sentences rendues par les officiers de justice des provinces entre des particuliers. M. Veuillot, en agissant ainsi, a donc fait pire qu'une maladresse, il a sciemment et volontairement trompé ses lecteurs avec cette légèreté et cette assurance de ceux qu'il appelle si gracieusement des *érudits de cabaret*.

Si quelques parleurs méritent le nom d'*érudits de cabaret*, ce sont certainement ces discoureurs ignorants qui se persuadent que leurs auditeurs en savent encore moins qu'eux, et que, quelles que soient les sornettes qu'ils débitent, elles seront avalées, comme les boissons frelatées des cabaretiers sont ingurgitées par les gosiers habitués à ces sortes de choses. Or, nos lecteurs n'ont peut-être pas oublié tout ce qu'a écrit M. Veuillot sur les peines inouïes que lui a données la découverte du texte du fameux arrêt du 19 mars 1409 (voyez n° 9, page 39). En racontant ses doléances factices, M. Veuillot se croyait sans doute dans un cabaret, entouré de ces grossiers appétits dont nous parlions tout à l'heure, car, sans cela, il n'aurait pas osé dire à ses lecteurs que les Archives nationales sont tenues avec si peu d'ordre, qu'en s'y présentant muni des indications exactes données par Boyer, Ducange, Laurière, etc., il est difficile d'y découvrir le document qu'elles concernent. Puisqu'il s'agissait d'un arrêt du Parlement de Paris, tout le monde devait savoir qu'il se trouverait aux Archives nationales, dans la section judiciaire. En arrivant dans ce dépôt, muni des indications données par ceux *qui ont fait la fortune de cet arrêt*, non seulement les savants employés des archives, mais le moindre garçon de bureau, pouvaient, sans hésiter, mettre la main sur le document demandé. Ainsi, en écoutant le récit des mésaventures de M. Veuillot à la recherche de ce fameux document, tous ceux qui ont mis le pied aux *Archives*, et qui savent ce que sont de pareils dépôts, auront cru entendre un *érudit de cabaret* racontant comme quoi il a eu la plus grande peine à trouver dans son dictionnaire qu'*omelette* s'écrit sans *h* ou *fricassée* sans *p*.

M. Veuillot a éprouvé quelques malheurs semblables, à propos des citations des textes dont il s'est servi pour établir que le moyen âge était l'époque la plus belle et la plus heureuse de notre histoire. Nous reviendrons plus tard sur ce sujet : ici, nous nous bornerons à dire que M. Veuillot a eu tort de prendre, comme il l'a fait, à droite et à gauche, et par conséquent à tort et à travers, tous les témoignages, les demi-témoignages, les fragments de témoignages, qu'il croyait propres à faire triompher sa cause. Toutes les époques ont fourni leur contingent d'exemples isolés de vertus et de crimes, M. Veuillot l'a reconnu lui-même. En citant les uns on ne détruit pas les autres. Cependant, aussitôt que M. Veuillot a trouvé, n'importe où, un passage, une phrase, un mot qu'il croit utile à sa cause, il s'en empare, le met en saillie et crie de toutes ses forces : « Voyez! voilà ce siècle, voilà cette époque! » Il oublie qu'il y a très-loin de la théorie formulée dans tel ou tel canon, aux mœurs et aux habitudes générales de toute une époque. Il arrive souvent que plusieurs témoignages, même des canons, sont en complète contradiction entre eux. C'est un point sur lequel je reviendrai, mais je ne veux pas laisser passer cette occasion sans démontrer à M. Veuillot combien son système est défectueux.

Avec ce bonheur d'érudition qui lui est habituel, M. le rédacteur en chef de l'*Univers* a cité l'exemple de saint Dunstan qui excommunia un seigneur coupable d'inceste. Ce seigneur se plaignit au Pape, et le Pape manda à l'archevêque de réconcilier ce seigneur. Saint Dunstan résista et fit bien; mais faut-il croire, d'après cette anecdote rapportée par M. Veuillot, qu'il y eut un temps où les papes approuvaient l'inceste? De même, lorsque M. Veuillot trouve dans l'histoire du moyen âge quelques exemples de chasteté ou de pudeur, ce n'est pas une raison suffisante pour affirmer que le moyen âge était l'époque privilégiée de la pudeur.

Cependant M. Veuillot prend toujours des faits isolés pour règle générale, et comme, s'il a beaucoup d'esprit et de souplesse, il manque très-souvent de jugement et de critique, presque toujours les exemples qu'il choisit peuvent se retourner contre la proposition qu'il veut faire prévaloir. Le récit d'une prétendue mésaventure arrivée à un érudit de province, et que M. Veuillot cite ou invente pour donner une idée de la manière dont une bévue peut donner cours à des opinions erronées, va nous en fournir un exemple particulièrement curieux.

Le *savantissime* rédacteur en chef de l'*Univers,* voulant montrer comment s'est grossièrement mépris l'*ignorantissime* dom Carpentier, qui, comme tous les bénédictins, n'aimait pas le moyen âge, à ce que dit M. Veuillot, et faire comprendre à ses lecteurs jusqu'à quel degré de sottise peuvent descendre des écrivains qui (comme dom Carpentier, sans doute) travaillent souvent sans mettre leurs élucubrations en regard des documents qu'ils interprètent, ni *leur conscience en regard des hommes qu'ils calomnient* (c'est M. Veuillot qui écrit cela !); M. Veuillot, dis-je, voulant s'égayer à propos d'une prétendue méprise de dom Carpentier, raconte une mésaventure arrivée à un tout petit savant de province. Ce *savant,* ayant vu en note, sur la marge d'un registre municipal qu'il ne savait pas lire, qu'une reine avait prêté serment à un archevêque, une main sur les Évangiles et l'autre sur la virilité de l'archevêque, avait cru à la réalité du fait : il composa un mémoire là-dessus, et colporta cette sottise jusqu'aux oreilles de son préfet. Cet éminent administrateur se trouvait fort heureusement et tout fraîchement nourri de la lecture de Laurière, et il lui dit : « Monsieur un tel, vous avez choppé. » L'archéologue apporta le registre, que M. le préfet ne put pas déchiffrer; mais, en homme prudent, il mit sous clé le manuscrit, et quand vint à passer un élève de l'*École des chartes,* il se trouva que la reine en question avait prêté serment une main sur le texte sacré, et l'autre sur *le pis*, c'est-à-dire sur la poitrine. Et M. Veuillot de rire, et de mettre, pour faire rire aux dépens de ce pauvre savant de province : « Ha ! ha ! *Pis? Pectus.* » Il est fort permis d'essayer de faire rire ses lecteurs, même en risquant de les faire rire à ses dépens. Aussi, je me bornerai à présenter quelques courtes observations à propos de cette anecdote.

Comment ce tout petit savant avait-il pu faire un mémoire, *fruit de ses veilles* et contenant l'analyse de quelques registres *qu'il ne savait pas lire?*

Comment, puisque le mot *pis* n'a jamais signifié, à aucune époque, dans aucun pays, autre chose que *poitrine,* comment un érudit, quelque provincial qu'il eût été, rencontrant un mot qu'il ne connaissait pas, a-t-il pu croire que ce mot signifiait précisément une chose indécente?

Comment, parce que ce mot pouvait désigner une partie du corps indécente, s'est-il imaginé que cette partie du corps appartenait non pas au corps du jureur, mais au corps de celui qui recevait le serment?

Toutes ces choses sont peu probables; mais, fussent-elles aussi vraies qu'elles sont invraisemblables, — de quoi ne sont-ils pas capables, ces malheureux érudits de province? — toutes ces choses, dis-je, fussent-elles aussi vraies qu'elles sont invraisemblables, j'en serais bien fâché pour l'inventeur de l'anecdote, mais la prestation d'un serment dans la forme indiquée par le récit de M. Veuillot serait presque aussi indécente et tout aussi ridicule que celle qui avait, dit-on, été imaginée par le tout petit savant de province. Si la féodalité eût réellement admis cette manière de rendre hommage, une main sur l'Évangile et l'autre sur la poitrine du *seigneur,* il n'y aurait pas eu peut-être trop d'indécence à voir une femme poser une main sur la poitrine d'un archevêque; mais M. Veuillot avouera qu'il eût été passablement ridicule et indécent, lorsque les rôles auraient été intervertis, de voir un archevêque mettre une main sur l'Évangile et l'autre sur le *pis* plus ou moins voilé d'une femme. L'anecdote est donc au moins maladroitement racontée [1].

Quant à l'indécence elle-même, la chose se fût-elle passée comme l'avait imaginé le tout petit savant de province, elle ne présentait rien qui dût beaucoup surprendre l'*éminent savant* parisien. Ne connaît-il pas la manière dont prêtait serment, en justice, la femme qui avait été violée, dans le même pays où fût écrit ce prétendu canon dont nous nous occuperons plus tard, et qui, selon M. Veuillot, défendait même à un mari de voir le corps de sa femme nue? Howel le Bon, prince de la partie méridionale du Pays de Galles, fit deux fois le voyage de Rome pour s'assurer que rien, dans les lois qu'il allait publier, n'était contraire aux statuts de l'Église; néanmoins il décida que la femme violée qui voudrait obtenir une réparation légale de l'injure qui lui avait été faite, serait obligée de prêter serment en posant une main sur l'Évangile et tenant de l'autre main le membre dont elle avait reçu l'outrage et le déshonneur [2].

[1] Cependant cette dernière forme de la cérémonie n'aurait eu rien de bien choquant pour la pudeur de ces siècles si chastes selon M. Veuillot. Pour en juger, les lecteurs n'ont qu'à regarder l'*Histoire de Charles cinquième*, par l'abbé de Choisy (Paris, 1689, in 4°, p. 1); ils y verront la représentation, d'après un ancien manuscrit, du sacre de Jeanne de Bourbon, femme de Charles V, et la plus belle princesse de son siècle. Elle est représentée à genoux devant Mgr Jean de Craon, archevêque de Rheims, sa robe de soie et sa chemise ouvertes jusqu'à la ceinture, et là, dans l'église, en face de l'autel, en présence d'autres évêques, de prêtres et de la multitude, Mgr l'archevêque lui frictionne *le pis* d'huile bénite. La seule pudeur que le moyen âge y mettait, c'est que, lorsqu'il s'agissait du sacre d'un roi, l'archevêque se servait de l'huile de la Sainte-Ampoule, tandis que, pour une reine, il n'employait que de l'huile ordinaire. Voyez Godefroy : *Le Cérémonial françois*, Paris, 1649, in-f°, t. 1, p. 49 : « *Notandum quod tunica reginæ* » *et camisia debent esse apertæ usque ad corrigiam et dominus ar-* » *chiepiscopus debet inungere eam oleo in capite et in pectore.* »

[2] « *Si mulier stuprata lege cum illo agere velit, membro virili* » *sinistra prehenso et dextra reliquiis sanctorum imposita juret super* » *illas quod is per vim isto membro vitiaverit, et quod dedecus contu-*

Je cite le fait sans m'occuper de savoir si ces lois d'Howel le Bon n'ont pas été fabriquées avec l'intention de nuire à la réputation et à la pudeur du xe siècle ; mais que M. Veuillot reconnaisse au moins qu'il ne faut pas juger d'un siècle par un fait particulier, et, s'il est en train de concessions, qu'il m'accorde en même temps que ce sot conte du savant au *pis* n'est qu'une de ces anecdotes plus ou moins bien inventées et risibles que les jeunes érudits font circuler entre eux pour se distraire de l'aridité de leurs études. C'est le pendant de l'histoire des deux loups qui se sont battus jusqu'à ce qu'il ne restât plus des combattants que les deux queues ; du chien du Juif-Errant, dont les jambes, à force de marcher, s'étaient usées jusqu'au torse, et de mille autres inepties semblables. M. Veuillot a reçu de plein vent celle du *pis*, et l'a racontée sérieusement comme il l'avait reçue.

Je ne me serais pas aussi longtemps arrêté à une pareille facétie, si M. Veuillot ne s'en était servi pour tourner en ridicule l'un de nos plus illustres bénédictins, et, faisant d'une pierre deux coups, n'avait essayé de s'en servir pour jeter de la défaveur sur le travail de l'un des plus respectables archéologues modernes, M. le baron Chaudruc de Crazannes.

Le fait est que l'érudition de M. Veuillot n'est pas de la même étoffe que celle des adversaires qu'il s'est donnés. Il prend ses renseignements au hasard, en l'air, partout ; pourvu qu'il les croie utiles, ils lui paraissent bons, il ne se soucie même pas qu'ils se combattent et se détruisent les uns les autres. Encore, s'il en restait les queues, comme des deux loups dont nous parlions tout à l'heure ! mais M. Veuillot se contente à moins. Ainsi, pour dénigrer et faire paraître inepte

» *meliam sibi et genti suæ et Domino intulerit.* » (Peignot : *Tableau des mœurs au* xe *siècle.* Paris, 1832, Crapelet, in-8°, p. 24.) Les lois d'Howel se trouvent aussi dans le recueil de Robert : *The ancient Laws of Cambria* ; et dans *Ancient Laws and Institutions of Wales*, edited by A. Owen. 1841, in-f°. Les rabbins prétendent, dit-on, que les Hébreux, par respect pour la circoncision, prêtaient aussi serment en posant la main sur cette portion du corps du grand prêtre.

le savant et pieux président Boyer, M. Veuillot a imaginé de tirer des arguments du lieu de la naissance et de l'époque de la mort de notre illustre compatriote. Il veut prouver par là que le dévot magistrat *devait être* publiquement ou *secrètement* huguenot. En conséquence, page 216, il le fait naître à *Montpellier* et mourir en 1539, et, page 365, il le fait naître à *Montauban* et travailler en 1550. J'ai déjà montré que l'érudition de M. Veuillot avait éprouvé beaucoup de *malheurs;* ces petites distractions prouvent aussi que son érudition *n'a pas de chance;* nous ne devons donc pas nous étonner que M. le rédacteur en chef de l'*Univers* n'aime pas les bénédictins; ils ne savaient pas travailler dans ce genre.

Nous avons dit, en parlant du droit de *marquette*, comment M. Veuillot en était venu à prendre le seizième roi d'Écosse pour le seizième roi du nom d'Evenus. Nous avons dit comment il avait soutenu qu'il n'y avait pas de sénéchal en Guyenne; que les sénéchaux signaient toutes les sentences de leurs tribunaux; qu'en Guyenne, du temps des Anglais, ils rédigeaient leurs sentences en langue française, etc. Nous ne voulons pas récapituler ici tous les malheurs de l'érudition de M. Veuillot déjà signalés ou qui seront signalés dans les chapitres suivants; nous nous bornerons, pour achever de faire apprécier à sa valeur la nature de cette érudition *religieuse*, à rapporter un seul autre fait, un tout petit malheur, mais qui caractérise le génie de celui à qui il est arrivé.

M. Veuillot cite le nom de M. Louandre, auteur de l'*Histoire d'Abbeville*, et il ajoute en note : « La justice m'oblige » à dire qu'un travail postérieur de M. Louandre.... indique » de notables progrès dans le style, dans les études et dans » l'esprit de l'auteur. » C'est-à-dire que M. Veuillot prend M. Ch. Louandre, l'un de nos écrivains et de nos érudits les plus distingués, pour M. J.-F. Louandre, son père, auteur de l'*Histoire d'Abbeville*. Ne croyez pas que ce soit par malice que M. le rédacteur en chef de l'*Univers* a fait un compliment à M. Louandre fils pour donner un soufflet sur la joue de M. Louandre père; c'est tout simplement pour se donner un rnis d'érudition. M. Veuillot a tout vu, tout connu, et il a tous les ouvrages qu'il cite, avec tant d'attention, qu'il a marqué *de notables progrès dans le style, dans les études dans l'esprit de l'auteur.* Seulement, par malheur, il ne st pas aperçu que le père et le fils faisaient deux personnes qu'ils écrivaient chacun à sa manière.

M. Veuillot assure qu'il a consulté les historiens, les pères l'Église, les jurisconsultes, les annotateurs, glossateurs, mmentateurs, etc.; mais puisqu'il ne connaît ni l'époque ni nature des œuvres de *monsieur* Rymer, les moins instruits percevront qu'il fait de l'histoire à la mécanique et de rudition à la vapeur. Et quand nous voyons un écrivain qu'on ut certainement appeler un saltimbanque d'érudition, injur et traiter du haut de sa grandeur, non seulement les mmes les plus éminents de l'érudition laïque, mais les plus inents de ces savants religieux qui ont sauvé les lettres, et n pourrait dire la religion elle-même, si elle avait pu périr, us restons confondus d'une pareille croyance en la stupidité s lecteurs.

CHAPITRE V.

THÉORIE DES INJURES EMPLOYÉE PAR M. VEUILLOT.

Nous venons de faire voir de quelles guenilles d'érudition M. Veuillot a essayé de se vêtir; nous allons le montrer mettant en pratique un stratagème plus triste encore. M. Veuillot ne se contente pas de se poser en vainqueur et de chanter lui-même ses louanges, il poursuit des injures les plus odieuses tous ceux qui de près ou de loin ont soutenu une opinion contraire à la sienne. C'est le même caractère se développant sous deux faces différentes : l'orgueil de soi, le mépris d'autrui.

L'auteur du *Droit du Seigneur* proclame à plusieurs reprises qu'il a enfin tranché la question qui avait trompé tant d'hommes illustres, éminents, profonds. « Je suis assuré, » dit-il, d'avoir mis cette vérité en pleine lumière. J'en ai » pour garant le silence que plusieurs journaux, qui parlaient » jadis du *droit du seigneur* très-volontiers et de grand » appétit, ont gardé devant ma démonstration... Cette erreur » ne reprendra pas sans peine et ne fournira plus un poison » si sûr... Je ne veux pas qu'on revienne jamais là-dessus. » Et il injurie d'avance tous ceux qui seraient assez hardis pour ne pas courber la tête sous ses erreurs, son ignorance et sa colère. « Ce sont des gens qui ne peuvent connaître la vérité » que pour la haïr davantage : arracher une plante vénéneuse » du vaste champ des erreurs publiques, c'est les appauvrir... » Ailleurs il ajoute : « Ceux qui ne savent pas cela et qui veu- » lent parler du moyen âge, ont besoin d'étudier encore; ceux

» qui le savent et qui le taisent ou le nient, se feront unanimement
» mement mépriser, d'ici à fort peu de temps....[1] »

Tout cela est superbe. Cependant, le succès de M. Veuillot eût-il été aussi certain qu'il voudrait le faire croire, et nous savons maintenant à quoi nous en tenir, il n'y aurait pas à s'enorgueillir beaucoup de ce tour de force littéraire. Il y a longtemps que, dans ces espèces d'exercices que M. Veuillot regarde peut-être comme incomparables et inouïs, de hardis jongleurs ont exécuté des tours bien autrement merveilleux. Pour détruire l'influence et la gloire de cette époque contre laquelle tant de *petits serpents à tête folle* usent inutilement leurs dents, un véritable jésuite, un homme d'un vrai mérite et d'une érudition étonnante, avait imaginé, il y a déjà près de deux siècles, un système bien autrement efficace que tous les stratagèmes inventés par les modernes et irrévérentieux détracteurs de l'époque où vécut saint Ignace de Loyola. Ainsi, rien n'était plus simple que le système du père Hardouin. Il soutenait que pas un des grands écrivains et des hommes illustres de l'antiquité n'avait existé, et que les œuvres d'Hésiode, d'Aristote, de Virgile, d'Horace, etc., avaient été inventées et fabriquées par des moines du XIIIe siècle. La Renaissance était entièrement sapée par sa base. Qu'avait-on besoin de s'évertuer à prouver que Socrate était un *paltoquet* et Démosthènes un *polisson ?* Apelles et Phidias eux-mêmes n'avaient jamais existé. Le futur abbé Gaume et ses amis n'avaient plus rien à faire, et M. Veuillot conviendra que le tour était plus fort que d'essayer de faire passer le XIIIe siècle pour une époque sublime de vertu et de pudeur. Par malheur, quels que soient le nombre réel et l'habileté des religieux faussaires de ce XIIIe siècle si vanté, le révérend père Hardouin ne put parvenir à prouver tout à fait que ces *bons* moines eussent été capables de tant de sublimes supercheries. Cet échec a eu deux résultats particulièrement désagréables pour M. Veuillot

[1] Probablement quand le livre de M. Veuillot sera regardé comme un livre de science et de bonne foi.

et ses amis : les adversaires de la Renaissance sont obligés de continuer leur croisade contre l'Antiquité, et M. Veuillot et consorts auront le chagrin, quelque tour de force qu'ils exécutent, de n'atteindre jamais à la hauteur où s'est élevé le père Hardouin.

M. le rédacteur en chef de l'*Univers*, il faut le reconnaître, a de quoi se consoler ; il a pris une revanche éclatante dans le nombre et la violence des injures qu'il adresse sous toutes les formes à tous ceux qui ont une opinion contraire à la sienne. Il a tenu à justifier le titre qui lui a été donné de *maître passé dans la stratégie de l'invective*, et tous les insulteurs, y compris Gaspard Schopp [1], ont été distancés. La violence des injures débitées par M. Veuillot est poussée à un tel point, qu'elle triture et confond dans l'ordure des mêmes outrages les Ducange, les Laurière, les Carpentier, les Boyer, les Montesquieu avec des écrivains traités d'*érudits de cabaret*. M. Veuillot espère, en enveloppant ainsi de ses injures les plus humbles littérateurs et les patriarches de la science, persuader à tous qu'il est également supérieur aux uns et aux autres. Malheureusement pour lui, si la voix qui sort de des-

[1] Dans la longue nomenclature des hommes qui, depuis le temps où vécut Homère jusqu'à nos jours, ont mis leur gloire à détruire celle des autres, aucun écrivain ne rappelle mieux, sauf quelques modifications, le rôle moderne de M. Veuillot que celui de l'allemand Gaspard Schopp, plus connu sous le nom de *Scioppius*. Il était devenu l'effroi et le fléau des érudits du XVIIe siècle. Hardi jusqu'à l'effronterie, insolent et cynique, il faisait sa gloire de n'épargner ni la qualité, ni le mérite; il s'attaquait aux plus honnêtes gens avec autant de plaisir que d'impudence. Son injuste sévérité était poussée au point d'être une espèce de consolation pour ceux qu'il attaquait; car il critiquait le style de Cicéron, et si on eût voulu, il eût prouvé que Caton était un méchant et César un mauvais soldat. Protestant converti, éditeur de livres licencieux, il avait été aussi ami qu'il devint ennemi passionné des jésuites. Orgueilleux au delà de toute expression, il offrit aux protestants de retourner avec eux. Cependant il reçut les éloges et les faveurs de plusieurs papes, de plusieurs cardinaux et d'un grand nombre de princes et de hauts personnages catholiques.

sous cette prétendue peau de lion est sonore et retentissante, la longueur des oreilles que nous venons de découvrir nous rassure beaucoup sur les dangers que peuvent faire courir les dents et les pieds d'un pareil personnage. C'est fort heureux, car, dans son délire, M. Veuillot lance l'invective sans regarder sur qui elle tombera. Peu lui importe que ce soit sur l'un des siens; il se croit quitte en lui faisant quelques excuses. La cause qu'il sert est si juste et si belle, que, lors même qu'il lui immolerait quelques-uns de ses amis, ces victimes involontaires n'auraient aucun droit de se plaindre; M. Veuillot leur répondrait comme ce saint prélat de cette sublime époque, qui, donnant l'ordre de faire périr tous les habitants, catholiques ou hérétiques, d'une ville, disait : « Brûlez-les tous : le » bon Dieu reconnaîtra bien les siens. »

Nous avons déjà parlé de quelques-unes des injures, menaces et excuses adressées à M. Bouthors; du singulier compliment fait à M. Ch. Louandre; des injures gratuites et inutiles faites à tous les *tenants et aboutissants* de la *Bibliothèque historique*. Commençons la curieuse énumération des principales invectives adressées à une multitude d'écrivains de tous rangs par celles qu'il a *vomies* (c'est une expression de M. Veuillot) sur le magistrat qui a été la cause involontaire de cette discussion.

M. DUPIN AÎNÉ.

Il est difficile de donner une idée exacte de la nature et surtout de la multiplicité des injures, des sarcasmes, des plaisanteries, des grossièretés qui, sous toutes les formes, d'en haut, d'en bas, de côté, de partout, tombent, pleuvent et frappent sur M. Dupin, depuis le commencement jusqu'à la fin du livre de M. Veuillot. Si, dans sa longue carrière, M. Dupin a eu quelques fautes à se reprocher, un pareil acharnement et de pareilles invectives doivent être une bien douce consolation pour lui. Il faut qu'il ait rendu bien des ser-

services pour que certaines gens le détestent à ce point. Dans l'impossibilité où je me trouve, à moins de copier le volume entier, de faire connaître toutes les injures adressées à M. Dupin, je vais en donner une idée en transcrivant quelques-uns des principaux passages.

« Les audacieuses et scandaleuses assertions de M. Dupin » ont été l'occasion du présent travail. — J'ignore pourquoi » M. Dupin a voulu cultiver cette plante vénéneuse en pleine » académie.... Est-il excusable d'avoir abordé un pareil sujet » sans l'étudier.... *ante loquaris disce!* — Un avocat et un » académicien n'est qu'un manœuvre, si à la connaissance » des lois il ne joint pas celle de la littérature et en particu- » lier de l'histoire. — Quand il s'agit de l'honneur des ancê- » tres, de l'honneur de l'Église...., un seul témoignage lui » suffit.... pour les diffamer dans les académies, dans les » journaux, partout où il pourra pousser les restes de sa » voix.

» Ce que l'on peut remettre à quelque folliculaire..., il est » juste, il est nécessaire d'en demander compte à l'ancien » procureur général..... Parce que M. Dupin est en retraite, » faut-il que l'Église serve de plastron à ses velléités d'ancien » jouteur ? — L'homme d'État étudie le mal dans le passé.... » il n'en fait pas le divertissement d'une opinion ignorante et » abêtie.... Noblesse oblige. Plusieurs de notre temps ne l'ont » guère compris. Sans transition, des plus hautes magistra- » tures ils passent aux fonctions de Trissotin. M. Dupin » embouche sa vieille clarinette d'avocat libéral....

» Aucun des vieux juristes, y compris Laurière, n'a osé en » tirer les conclusions qu'en tire M. Dupin. Pour en venir là, » il a fallu la fourberie du XVIIIe siècle et la crasse ignorance... » du temps où nous vivons. Des hommes animés du plus » mauvais esprit.... se sont encore imposé une réserve qui » étonne lorsqu'on lit des auteurs comme M. Dupin.... Il est » fâcheux pour M. Dupin d'avoir eu moins de retenue que le » brutal Diderot..., que Dulaure, oui, Dulaure, ce maniaque. » — M. Dupin reçoit des leçons de tout le monde. Il accepte

» ce qu'ont rejeté les chroniqueurs les plus crédules, il affirme » ce que n'ont pas voulu dire les écrivains les plus passionnés..... Quand il ose prétendre que les faits hideux qu'il lui » plaît d'imputer à l'Église... sont écrits dans les *lois*, où ils » sont qualifiés *droits*..., Voltaire, l'effronterie et le mensonge incarnés, Voltaire lui-même, par la seule raison qu'il » n'est pas stupide et qu'il craindrait sans doute de faire » avorter la calomnie en l'outrant à ce point, Voltaire se lève, » proteste et s'écrie : « Je dis que la chose est impossible ! » » Plus crédule que Dulaure, plus passionné que Voltaire, » plus ignorant que M. Lebas, M. Dupin prend là une jolie » position de retraite !..... »

Ces citations écourtées ne donneront qu'une idée bien imparfaite de la violence et de la fréquence des injures adressées à M. Dupin. Il y a certain passage où M. Veuillot, faisant le portrait du juriste, dont M. Dupin est, selon lui, le type et la figure, va jusqu'à dire : « Il ne connaît rien d'injuste, dès » qu'il peut s'appuyer d'un texte de loi, fût-ce une loi qu'il a » faite, ou d'un arrêt, quand même il l'aurait rendu. »

Pourquoi M. Veuillot, ce Voltaire dévot, cherche-t-il ainsi à transformer M. Dupin en une espèce de victime chargée de toutes les iniquités de la croyance au *droit du seigneur* ? M. Dupin n'a fait que raconter, comme M. Bouthors et autres, l'anecdote empruntée à Boërius *par* TOUS *ceux* qui ont parlé du *droit du seigneur*. « C'est une chose vraiment désolante, » dit M. Veuillot lui-même, de voir des hommes d'un vrai » mérite, des chrétiens, attester aveuglément la réalité de » faits qu'il serait cent fois plus naturel de mettre en doute, » même lorsqu'ils paraîtraient démontrés [1]. » Pourquoi donc,

[1] On dirait qne M. Veuillot voudrait, comme je ne sais plus quel personnage, établir en principe que lorsqu'on voit un ecclésiastique commettre une faute, on doit plutôt croire que le témoignage de nos yeux nous trompe, que de croire à la réalité de ce que nous voyons. Ce que ce saint personnage, dont le nom m'échappe, voulait établir comme un principe général pour toutes les actions des ecclésiastiques, un docteur célèbre, Jean Almenar, n'a pas craint de le formuler pour un cas par-

puisque cette erreur est si répandue, puisque tous les historiens, tous les jurisconsultes, des catholiques et des prêtres même l'ont cru, puisque M. Veuillot, après M. J.-J. Raëpsaet, est jusqu'ici à peu près le seul écrivain qui se soit aperçu de la fausseté de cette croyance; pourquoi M. Veuillot fait-il un crime à M. Dupin d'avoir partagé une erreur commune, générale, universelle? Est-ce que ce serait précisément à cause de la haute position sociale que M. Dupin a occupée, et parce que M. Veuillot croit sérieusement, comme il le dit, qu'il n'y a de liberté possible que là où il reste du respect, et que, lorsque le respect a péri, *le monde appartient à la force qui lui impose l'adulation?* C'est peut-être là que M. Veuillot veut nous mener; car, sans sortir du sujet de ce livre, et sans nous arrêter à la persistance systématique avec laquelle M. le rédacteur en chef de l'*Univers* attaque ailleurs toutes nos gloires, écoutons, ici, des menaces d'un autre genre.

Nous nous sommes imaginé jusqu'ici que l'Église a été appelée une mère parce que, comme une mère, elle est indulgente, aimante, dévouée; mais laissons parler le nouveau pape laïque, et, selon lui, il faut effacer cette pensée de nos bouches et de nos cœurs. L'Église, donc, est une mère..... *parce qu'on ne peut l'insulter impunément!* M. Veuillot pouvait ajouter : parce qu'elle peut faire brûler ses enfants dans ce monde et dans l'autre. Inquisiteur attardé, M. le rédacteur en chef de l'*Univers* croyait dire du nouveau, il n'a fait que parodier le mot que nos sans-culottes lui ont mâché : « *Sois mon fils, ou je te tue.* »

« Le caractère particulier à notre époque, disait naguère un écrivain bordelais, c'est le déplacement du respect au profit des vanités individuelles. » En effet, aucun temps ne fut plus

ticulier, dans un livre plusieurs fois réimprimé sous ce titre : *De Morbo gallico.* Ainsi, selon Almenar, si un ecclésiastique est atteint d'une maladie vénérienne, on ne doit pas croire qu'elle a été occasionnée par la même voie que sur les autres hommes, mais par la corruption de l'air. *Perquam causam piè credendum est evenisse in presbiteris et religiosis.* (*Biographie universelle*, t. 1, p. 603.)

fécond que le nôtre en manque de respect. Selon les sectes ou les partis auxquels on appartient, on insulte les rois, on *déniche* les saints, les philosophes sont transformés en brutes ; les corporations, soit civiles, soit religieuses, sont considérées comme des bandes de brigands ; l'esprit et le génie lui-même ne sont pas épargnés. Nous avons *démoli* Racine, maintenant c'est Corneille, c'est Lafontaine, c'est Béranger, c'est Voltaire, c'est Montesquieu. Un de nos ancêtres disait à nos pères opprimés : « Les grands ne nous paraissent grands que parce que nous sommes à genoux. » Nous nous sommes levés, et maintenant, trouvant notre taille trop petite, nous essayons de raccourcir tout ce qui la dépasse.

Revenons à M. Dupin. M. Veuillot ne peut lui pardonner d'avoir dit si *mensongèrement*, comme nous l'avons vu (chap. 3, p. 29, n°s 1 et 6), que le livre de M. Bouthors contient des textes authentiques de coutumes ou *de lois* dans lesquels le *maritagium* est appelé *droit;* il arrive peu à peu à rendre M. Dupin personnellement responsable du fait rapporté par le président Boyer et accepté *par tous ceux* qui se sont occupés de cette matière, et il dit : « Nous n'avons pas encore abordé le » fait allégué *par M. Dupin,* et déjà il semble que la con- » viction du lecteur doit lui donner un démenti. Dans cette » législation religieuse sur le mariage, où trouver place pour » le scandale dont il a jugé bon d'égayer les oreilles et d'il- » lustrer les procès-verbaux de l'Académie des sciences mo- » rales? Notez qu'il ne se contente pas de dire en gros : « cer- » tains seigneurs... » non, c'est un curé, le propre curé de la » fille mariée, qui plaide.... M. Dupin a un texte, il le cite, » le traduit, le souligne sans broncher.... En sorte qu'il y » avait des curés qui.... exigeaient l'adultère et le sacrilége ! » M. Dupin croit cela, lui légiste, lui académicien, lui ma- » gistrat, il croit cette épouvantable sottise? »

Nous savons à quoi nous en tenir sur le fait en lui-même et la manière dont M. Veuillot l'a travesti ; mais pourquoi donc M. Dupin ne le croirait-il pas? Puisque des légistes, des académiciens, des magistrats, des prêtres, des évêques même l'ont cru[1], pourquoi M. Dupin serait-il obligé d'empêcher M. Veuillot d'être le premier à penser différemment que tous les écrivains les plus honorables de ce siècle et des trois siècles qui l'ont précédé? Au lieu de ce nom si affreux pour vous de M. Dupin, mettez les noms de Châteaubriand, de Marchangy, de Pastoret, des prêtres auteurs du *Dictionnaire de Trévoux*, de l'illustre et éloquent évêque de Nimes, et toute cette fureur factice sera forcée de s'apaiser comme la vague brisée s'étend et meurt sur des rives fangeuses, en répandant une odeur nauséabonde et fétide. Écoutons donc encore ces vagues gonflées de mensonges, de bêtises et d'impertinences, et menaçant de leur dégoûtante écume tous nos plus beaux génies sous le nom de M. Dupin. « Être jurisconsulte et » ignorer les lois, être académicien et ignorer l'histoire, être » auteur d'un Manuel de droit ecclésiastique et ignorer la

[1] M. Veuillot lui-même reconnaît, en plusieurs passages de son livre, que la croyance au *droit du seigneur* était accréditée parmi de très-honnêtes gens. Il cite l'abbé Velly, les prêtres, jésuites et autres rédacteurs du *Dictionnaire de Trévoux*; la plume sérieuse et convaincue de M. Lavallée; le recueil dirigé par M. Cartier et enrichi de la collaboration de M. Charles Lenormant, etc. Il est utile de mettre, en outre, sous les yeux des lecteurs quelques passages d'écrivains du *parti catholique* qui ont partagé *l'ineptie*, *l'ignorance*, *la stupidité et l'excès d'impudence* qu'il faut, selon M. Veuillot, pour croire à une aussi épouvantable sottise.

L'immortel auteur du *Génie du Christianisme*, Châteaubriand, s'exprime ainsi : « Le châtelain se réservoit le droit de marckette; des curés » même réclamoient ce droit; des évêques le convertissoient en argent. » (*Études historiq.* Paris, 1831, t. 3, p. 183.)

M. de Marchangy, écrivain distingué, magistrat célèbre, entre autres par les poursuites qu'il dirigea contre le chansonnier populaire que déteste tant aujourd'hui M. Veuillot, dit : « Les évêques et les gros » abbés qui n'exigeaient pas de coucher la première nuit avec la nou- » velle mariée, droit que souvent ils réclamaient, le remplaçaient par » un impôt... » (*La Gaule poétique*, t. 6, p. 510.)

M. le marquis de Pastoret, dans la préface du t. 18 des *Ordonnances des Rois de France*, apprécie ainsi les siècles que M. Veuillot trouve si sublimes : « Les contributions exigées par les seigneurs étoient plus » humiliantes et n'étoient pas moins universelles : ils suivoient, enve-

» religion : *hélas!* Mais s'affranchir encore du devoir de la » réflexion, des secrètes gênes de l'équité, des intimes pro- » testations du bon sens, et, parce que l'on croit voir jour à » remuer contre l'Église quelques-uns de ces vieux scandales » qui sont toujours bien venus dans les estaminets, n'examiner » rien, passer outre, se lâcher sa fantaisie : *holà!* ceci crie » justice. C'est pousser trop loin le *droit du seigneur;* et plus » on est académicien et personnage, plus on a de grades, de » renommée et de complaisants, plus aussi doit-on répondre » d'un pareil abus. Pour ma petite part, puisque j'ai M. Dupin » sous la main, je ne lui ferai pas grâce, je lui demanderai » compte de tout, et je ne le laisserai aller qu'après lui avoir » bien prouvé qu'il n'avait aucun prétexte pour se tromper si » grossièrement. »

Un simple jeu de mot suffit maintenant pour répondre à ces fureurs préméditées : M. Dupin, c'est vrai, n'avait pas de

» loppoient, étreignoient pour ainsi dire leurs redevables dans toutes » leurs facultés et dans toutes leurs actions, dans leurs personnes, dans » leur temps, dans un travail nécessaire à leur subsistance et à celle » de leur famille, dans les premiers besoins de la vie... Il étoit un autre » droit si honteux, qu'on rougit même de se le rappeler. Une redevance » pécuniaire fut substituée *presque partout* à l'obligation imposée par » la plus absurde tyrannie aux époux que venoient d'unir la Religion » et la Loi. »

Un grand savant du grand siècle, Ménage, auquel M. Veuillot reconnaîtra au moins quelque érudition, rappelle l'histoire d'Evenus III et de Malcolm III; et, malgré ce qu'en disent Boethius, Schœneus, etc., prétend que chez les Vénitiens le mot *marcheta* a la même signification que le mot *pucelage*. Il entre à ce sujet dans des détails techniques que je n'ai pas besoin de répéter. *(Dictionnaire étymologique.)*

Enfin, l'une des gloires les plus incontestées de l'Église et de la littérature de la France, le célèbre évêque de Nismes, Fléchier, a rapporté un fait qui s'était pour ainsi dire passé sous ses yeux, et que j'ai enregistré (chap. 3, n° 57, p. 78).

M. Veuillot n'avait donc aucun droit de prendre ainsi M. Dupin à partie et de le rendre responsable d'une opinion si ancienne et si généralement adoptée. S'il l'a fait, et la manière dont il l'a fait le constate encore mieux, c'est qu'il avait un motif particulier et que je m'abstiens de qualifier.

prétextes; mais il avait des *textes* que M. Veuillot chercherait en vain à dissimuler. *De mendacio ineruditionis tuæ confundere!* C'est M. Veuillot qui cite ce passage de la Bible ; qu'il me permette de lui citer cet autre passage : *Suavis est homini panis mendacii, et postea implebitur os ejus calculo.* (Prov., ch. 2, v. 17.) Je reviendrai tout à l'heure sur ces allégations où M. Dupin sert toujours de plastron à M. Veuillot pour frapper sur le président Boyer, et je réfuterai encore d'une autre manière ces coups donnés à faux et de travers. Je continue ici à m'occuper plus spécialement de ce qui concerne M. Dupin.

Un peu plus loin donc, M. le rédacteur en chef de l'*Univers*, frappant sur l'ancien procureur général à la Cour de cassation pour atteindre l'ancien président au Parlement de Bordeaux, ajoute : « M. Dupin devrait connaître assez les lois et » la procédure du moyen âge, c'est chose de son métier, pour » savoir : premièrement, que les curés n'étaient pas seigneurs » féodaux..... ; secondement, que si, par un cas rare et pro» bablement unique, le curé en question avait été seigneur » féodal de sa paroisse, il n'aurait pas plaidé devant le métro» politain, c'est-à-dire en cour spirituelle, mais devant la » cour féodale.... ». Or, M. Dupin, n'ayant fait que citer les paroles du président Boyer, c'est à celui-ci que reviennent les reproches adressés à celui-là. Le *dévot* défenseur du moyen âge s'est donc imaginé qu'il suffisait d'affubler le président Boyer de la robe de M. Dupin pour empêcher les spectateurs d'éclater d'un rire homérique en voyant un folliculaire moderne reprocher à un professeur de *droit canon* de ne pas connaître les lois qu'il commente, et à l'homme des temps féodaux de ne pas connaître le gouvernement auquel il obéissait. Il faut vraiment que M. Veuillot croie ses lecteurs bien *dégagés de l'humiliation du bon sens!*

Mais, quand il s'agirait de M. Dupin lui-même, n'est-ce pas réellement bien comique d'entendre M. Veuillot, le M. Veuillot que nous connaissons, celui qui a déjà reproché à M. Dupin de n'avoir pas étudié les œuvres de *ce vrai savant* M. J.-J.

Raëpsaet, revenir encore sur le même sujet et donner des leçons à l'illustre auteur de tant d'ouvrages de jurisprudence, sur *les choses de son métier?* Eh bien, puisque vous y revenez, M. Gros-Jean, et voulez absolument en remontrer à votre curé, arrêtons-nous un moment à vos niaiseries.

Lorsque furent publiées, d'après vous, en 1838, les *œuvres posthumes* du vrai savant et du grand jurisconsulte dont M. Dupin aurait dû étudier les ouvrages, l'ancien magistrat que vous renvoyez si cavalièrement sur les bancs était inscrit au tableau des avocats depuis trente-six ans, il avait été revêtu des plus hautes fonctions dans l'ordre judiciaire et dans l'ordre politique; il avait 55 ans, et c'était peut-être un peu tard pour se mettre à étudier même les ouvrages d'un *vrai jurisconsulte*[1] de votre goût; mais heureusement pour votre impertinence, une des bévues familières à votre érudition a rendu beaucoup moins grotesque qu'elle en a l'air votre admonestation à M. Dupin.

La dissertation sur *l'origine et la nature des droits de première nuit* par le vrai savant et grand jurisconsulte que vous avez si bien étudié, n'est pas une de ses œuvres posthumes, comme vous le donnez à entendre (page XXVII). Les œuvres de M. Raëpsaet ont été publiées en 1838, sous ce titre: *OEuvres complètes... suivies des OEuvres posthumes*. C'est bien différent; et les *Recherches sur l'origine.... des droits de première nuit*, opuscule d'à peine 28 pages, sont une des premières productions de l'auteur. Ainsi, il n'eût pas été, à la rigueur, impossible que les avocats jeunes en 1817 eussent pu connaître et étudier la petite brochure du savant belge, s'ils eussent eu le bonheur d'avoir pour guide un professeur, comme M. Veuillot, capable de conseiller à leurs jeunes imaginations de méditer un sujet d'une utilité si pratique et d'une chasteté aussi évidente que ce qui se rap-

[1] Aucun des ouvrages de M. Jean-Joseph Raëpsaet ne peut être compté pour un ouvrage de jurisprudence proprement dite; dans les bibliothèques, ils sont classés à l'*histoire* et non pas au *droit*.

porte au *droit du seigneur*. Les professeurs de l'*École de droit* eurent tort, sans doute, de leur conseiller d'étudier d'autres livres; et ce n'est que trente-et-un ans plus tard que le génie de M. Veuillot a eu l'heureuse idée de ramasser cette vieille défroque du défunt savant belge pour en tirer parti.

Il paraît, d'ailleurs, que M. Veuillot, tout en recommandant aux autres d'étudier les œuvres du vrai savant belge, n'a pas jugé à propos d'adopter pour son compte les principaux arguments dont s'était servi M. Raëpsaet. Une grande partie de ce que ce vrai savant dit sur l'établissement de la féodalité en Ecosse a paru si ridicule à M. Veuillot lui-même, que, se trouvant déjà riche en ce genre, il n'a pas voulu charger son livre des ridicules des autres. Mais, par un de ces *malheurs* auxquels M. Veuillot est sujet, la dissertation de M. Raëpsaet est principalement destinée à démontrer que le célèbre curé de Bourges devait plaider en *cour spirituelle*, et même, si le lecteur ne l'a pas oublié, à prouver qu'on ne doit pas plus s'étonner de sa prétention que de le voir plaider pour son droit aux obsèques. Et c'est précisément pour avoir dit que le curé plaidait en cour spirituelle que M. Dupin a été si amèrement repris, par ce vrai savant et grand juriconsulte M. Veuillot, de ne pas savoir les choses de son métier. Que faut-il conclure de cette contradiction entre les opinions de ces deux vrais savants? — Que vrais savants et vrais savants il y a, et que M. Raëpsaet et M. Veuillot sont deux vrais savants d'espèces différentes.

LES MAGISTRATS.

J'aurais dû peut-être commencer l'examen de la série des injures distribuées par M. Veuillot à tous ceux qui, de près ou de loin, ont adopté l'existence du *droit du seigneur*, par l'examen des injures adressées à la magistrature en général, au lieu de commencer par les invectives débitées contre un de ses membres les plus éminents; mais le relevé des injures jetées contre M. Dupin eût perdu beaucoup de son sel, si j'avais dit d'abord que c'était chez M. Veuillot l'effet d'un parti pris, ou d'une monomanie. M. Dupin avait été la principale et première victime de ce débordement d'invectives; il était juste de lui donner le petit dédommagement de l'en faire sortir le premier.

Que M. Veuillot et ses amis gardent une certaine rancune à la magistrature, ce représentant naturel du pouvoir civil, chargé de réprimer les empiètements incessants du pouvoir ecclésiastique, cela se conçoit d'autant plus aisément, qu'à tous les griefs inhérents à la nature même de ses fonctions, la magistrature française a ajouté le tort grave d'inventer les libertés de l'Église gallicane, cette espèce de droit de marquette prélevé par l'État sur l'épouse de Jésus-Christ; mais que cette rancune se change en haine, et en haine assez violente pour tracer de la magistrature et des magistrats le hideux portrait qu'en a fait M. Veuillot, c'est une aberration qu'on ne peut s'expliquer que par le parti pris dont nous parlions tout à l'heure : *de détruire le respect pour conduire à l'adulation*.

Sans me présenter comme un défenseur absolu de tous les parlements et de tous les magistrats; sans oublier que quelquefois la toge de la justice a pu, elle aussi, comme la robe du lévite, recouvrir la faiblesse et même le vice, je puis affirmer que jamais aucune classe de la société n'a rendu de plus fréquents hommages à la vertu et de plus importants services à la patrie, que la classe des magistrats et des juristes. S'ils se sont montrés hommes comme les autres, loin de s'étonner qu'ils aient commis des erreurs ou des fautes, il faut s'émerveiller, au contraire, qu'avec la coutume invétérée de ne pas donner les fonctions aux plus habiles et aux plus dignes, mais de les vendre aux plus offrants, il n'en soit pas résulté des conséquences plus fâcheuses. Des fonctionnaires placés entre l'intérêt de leur pécule et l'honneur de leur charge, ont pu faillir quelquefois; mais il faut reconnaître que, malgré des abus inévitables, et pour ainsi dire constitutifs, la plupart de ces hommes, qui pouvaient n'être que des ignorants ou des misérables, se sont montrés, revêtus de la toge, dignes de leurs fonctions. L'esprit de corps et le costume produisent des effets très-facilement appréciables, sous la robe du prêtre et sous l'uniforme du soldat. Il en fut de même sous la toge de la magistrature. Presque toujours, ces hommes recrutés d'une manière si déplorable se sont montrés instruits, intègres, dignes de la haute position qu'ils occupaient. La plupart ont été de véritables géants; personnification héroïque de l'érudition, de la science, de la probité, de la grandeur d'âme et de toutes les vertus. Ces hommes vraiment antiques, magistrats ou juristes, vivaient comme s'ils étaient nés au milieu des grands hommes dont ils parlaient la langue aussi facilement que celle qu'ils créaient pour nous : c'étaient Lhôpital, Pithou, Pasquier, Molé, Dumoulin, Daguesseau, Malesherbes, Desèze... Or, voici le portrait que fait de nos juristes et de nos magistrats M. Veuillot :

« La justice, toujours jalouse de la religion, a toujours travaillé à la rendre serve. Elle a cru que la loi humaine pouvait remplacer la loi divine. L'homme de loi n'aime ni le prêtre, ni le noble, ni le soldat : il ne connaît rien d'injuste dès qu'il peut s'appuyer sur un texte de loi, fût-ce une loi qu'il a faite. » Ce tableau n'est rien encore auprès de l'incroyable accusation que M. Veuillot va formuler. A propos d'un arrêt du Parlement, inséré par un évêque de Paris dans ses statuts synodaux, M. Veuillot demande pourquoi les anciens et les nouveaux juristes ne parlent pas de cet arrêt, et il ajoute : « Est-ce la suite d'une première distraction ou d'un premier calcul? Je n'ai rien à décider là-dessus. J'ai conçu autant de doutes sur la sincérité des juristes que sur l'exactitude des érudits!... » Jamais, peut-être, la passion du dénigrement et l'habitude du mensonge n'ont conduit à une pareille absurdité. Quoi? il y aurait eu une conjuration tacite contre le clergé entre les juristes de diverses époques et de diverses localités, et le but de cette conjuration eût été de dissimuler l'existence d'un arrêt? Vous avez vu cela? vous croyez cela? Mais ces hommes étaient donc tous de vrais coquins, et cet arrêt était donc un document bien important? Mais vous nous avez dit vous-même : « Il n'y a là, on le voit, » rien de grave; c'est un simple tarif dont certains articles » sont révisés et d'autres supprimés; il faudrait de la bonne » volonté pour y trouver la preuve du droit de première con- » naissance charnelle. » Si cet arrêt n'est pas très-fâcheux pour le clergé, il n'est pas non plus sa justification évidente; pourquoi donc ce complot miraculeux, ce premier calcul mystérieux? Est-ce que la nature de cet arrêt le faisait entrer dans le plan des recueils cités? Est-ce que le titre de juriste oblige à parler de tout à propos de tout? Et Boërius, par exemple, devait-il parler de la révision d'un simple tarif des droits perçus par les évêques d'Amiens dans un chapitre intitulé : *De clerico adultero* [1]?

LAURIÈRE.

Voilà pour les magistrats en général. Voyons comment M. Veuillot traite quelques juristes et érudits en particulier.

Après M. Dupin, aucun juriste n'a excité plus violemment la colère de M. Veuillot que le célèbre érudit nommé Eusèbe-Jacob de Laurière. Élève d'un jésuite, il a laissé une réputation de science et de probité aussi étendue qu'éclatante. Il débrouilla le chaos de notre vieille procédure et se rendit l'oracle de l'ancienne jurisprudence. Dans les questions épineuses et difficiles, on avait recours à lui comme à un juge souverain. Le gouvernement de ce roi dévot qui révoqua l'édit de Nantes le chargea de publier l'immense et magnifique collection des ordonnances des rois de France. Toute cette gloire et tous ces travaux n'imposent guère de respect, nous devons nous y attendre, au folliculaire moderne, auteur

[1] Le président Boyer a cependant cité l'arrêt de 1409, mais cela n'empêche pas M. Veuillot de dire que cet arrêt n'a pas été d'abord aussi célèbre qu'il le fut plus tard, sachant très-bien que le président Boyer l'avait interprété dans le même sens que Laurière et deux siècles auparavant.

du livre si grotesquement érudit que nous examinons. « Laurière, dit-il, vivait à une époque fort peu ingénue, et » n'était lui-même rien moins qu'ingénu. » M. Veuillot veut nous rappeler, sans doute, que Laurière était élève d'un jésuite; mais, pour tout le reste, M. le rédacteur en chef de l'*Univers* s'exprime, sur le compte de cet illustre érudit, de la manière la plus irréfléchie. Tantôt Laurière est à peu près le seul auteur d'une calomnie complotée contre l'Église; tantôt, au contraire, Laurière n'a rien dit de ce qu'on lui fait dire. M. Veuillot s'exprime ainsi : « En insérant l'arrêt de 1409 » dans son *Glossaire* sous l'ignoble mot qui caractérise le pré- » tendu droit du seigneur, Laurière a commis une faute gros- » sière ou une méchanceté grossière qui a été reproduite » ensuite par sottise ou par un sentiment coupable... C'est en » 1704 que le *Glossaire* commença à fausser le jugement » public... Moyennant quelques renvois..., Laurière finit par » faire un amalgame où le fabuleux, le faux, l'incertain et le » vrai se mêlaient assez pour tromper des yeux qui ne deman- » daient plus à voir..... » Plus loin, le même M. Veuillot nous dit : « Cet auteur, écrit M. Dupin avec une assurance admi- » rable, cite plusieurs autres exemples pour d'autres pays que » la France. — Ne dirait-on pas que M. Dupin vient de lire » le *Glossaire du droit français*, et qu'il y a vu de ses yeux, » outre plusieurs exemples d'incontinence légale des curés et » évêques féodaux, le fameux arrêt de 1409; et que cet arrêt » supprime positivement le droit de première connaissance » charnelle? Eh bien, *il n'a pas ouvert Laurière, et Lau-* » *rière ne donne pas l'arrêt.* »

C'est vrai, Laurière ne donne pas le *texte* même de l'arrêt; mais il en donne l'*analyse*, et M. Veuillot lui-même, immédiatement, copie le texte de cette analyse !!... Que dire d'une pareille argumentation? L'esprit se refuse à croire que ce soit sciemment que M. Veuillot ait accumulé tant d'erreurs en un seul passage. Continuons : Vous croiriez volontiers, d'après la phrase ci-dessus, *que Laurière ne cite pas plusieurs exemples pour d'autres pays que la France;* mais vous n'avez pas oublié la manière dont le même M. Veuillot a traité le même Laurière pour avoir inventé l'exemple des deux seigneuries du Piémont qui s'étaient données à la Savoie. Laurière a, en outre, parlé des exemples tirés de l'histoire d'Écosse, de l'histoire de Belgique, etc. C'est à ne pas en croire ses yeux, et cependant ce n'est pas tout encore. M. Veuillot reproche à M. Dupin de donner à entendre que l'arrêt de 1409 *supprime positivement le droit de première connaissance charnelle;* eh bien! voici les paroles mêmes de M. Dupin, telles que M. Veuillot les a transcrites: «Pour » la *représentation* du même droit, les officiers de l'évêque » d'Amiens se contentaient d'exiger *une indemnité.* » Ne serait-ce pas le cas de s'écrier avec l'orateur romain: « *Quousque tandem abutere patientiâ nostrâ!* » Les *distractions* de M. le rédacteur en chef de *l'Univers* sont tellement évidentes, que j'ose à peine maintenant faire remarquer le compliment qu'il adresse avec *une aisance admirable* à tous ceux qui se sont occupés du *droit du seigneur,* à des hommes d'un vrai mérite, à de véritables chrétiens. « Cette » *faute grossière* ou cette *méchanceté grossière,* dit-il, a » été reproduite ensuite par *sottise* ou par un *sentiment cou-* » *pable.* »

DUCANGE ET LES BÉNÉDICTINS.

A votre tour donc, vénérable Ducange! La postérité vous érige des statues; mais voilà comment M. Veuillot récompense ou votre *sottise* ou vos *sentiments coupables.*

« Trente ans après le *Glossaire* de Laurière, parut la se- » conde édition (lisez la quatrième) du *Glossaire* de Ducange, » travail immense, mais d'où la critique est souvent absente » et où même elle ne pouvait se rencontrer. » Il faut prendre justement le contre-pied de la proposition de M. Veuillot, et dire: où la précision et la sûreté de la critique sont encore plus remarquables que l'immensité de l'érudition. Mais M. Veuillot, qui reconnaît cependant que Ducange était aussi *bon chrétien* que *grand savant*, ajoute, pour tromper ses lecteurs : « Ducange était mort depuis longtemps lorsque cette *seconde* » édition fut publiée par des hommes fort inférieurs à lui. Le » moyen âge n'était pas en faveur chez eux.... » Or, ces hommes, c'étaient ces illustres religieux bénédictins de la congrégation de Saint-Maur, qu'une communion de sentiments et d'études avait unis d'une sainte et noble amitié à Laurière, à Ducange, à tous ceux qu'animait le véritable amour de la science, et qui, mettant de côté tout esprit de corps et de rivalité littéraire, consacraient généreusement les immenses ressources de leur érudition et celles de l'ordre tout entier à compléter le travail et augmenter la gloire d'un laïque, sans que les noms de ces collaborateurs posthumes dussent être connus du public. Généreuse abnégation, confraternité touchante, le cœur de M. Veuillot ne vous comprend pas : « Le moyen âge, dit-il, n'était pas en faveur chez ces hommes. » Ils ne le connaissaient pas comme vous, M. Veuillot? Qu'est-ce, en effet, que la science des Mabillon, des Montfaucon, des Carpentier, auprès de celle de MM. Murcier, Aubineau, Veuillot et autres amis de *monsieur* Rymer? M. le rédacteur en chef de l'*Univers* essaie donc de faire croire que ces hommes, *inférieurs* à Ducange, profitèrent de la circonstance pour ajouter au texte primitif tout ce qui, de près ou de loin, se rattachait au *maritagium*, et qu'il ne faut pas attribuer la même autorité aux articles ajoutés par ces hommes inférieurs, qu'aux articles émanés du *bon chrétien* Ducange. Et pourquoi donc? Les faits sont comme les chiffres, et ce n'est pas la main qui les écrit qui fait leur valeur, c'est leur authenticité. Mais le malheur qui poursuit partout M. Veuillot a encore voulu qu'en citant des faits qui, selon lui, n'auraient pas été allégués par Ducange, M. Veuillot ait cité précisément des faits rapportés par ce bon chrétien lui-même.

Donnons encore une preuve qui établira que l'érudition de M. Veuillot n'a pas de chance. Ducange, qui connaissait probablement aussi bien les mœurs du moyen âge que les connaissent les amis de *monsieur* Rymer, s'exprime ainsi à propos des droits perçus sur les mariages : « Les évêques d'Amiens s'occupaient moins du soin des âmes que d'augmenter leur revenus par tous les moyens possibles. [1] » Ainsi, M. Veuillot, qui n'est pas d'accord sur la manière de juger le moyen âge avec le vrai savant M. Raëpsaet, ne l'est pas non plus avec le bon chrétien et grand savant Ducange. C'est un malheur... pour M. Raëpsaet et Ducange.

M. Veuillot n'est pas chrétien et savant comme les bénédictins : aussi il ne se contente pas de traiter de sot et de méchant un de leurs plus illustres religieux, c'est la corporation tout entière qui, selon lui, n'aime pas le moyen âge. Qu'est-ce donc qu'aimer une époque, si ce n'est l'étudier et la faire connaître ; lui consacrer son temps, sa science, ses ressources, et l'illustrer enfin par les plus gigantesques et les plus magnifiques travaux que jamais l'esprit humain ait exécutés ? Ah ! M. Veuillot, vous avez cruellement *choppé* en disant que les bénédictins *n'aimaient* pas le moyen âge ; vous vouliez dire qu'ils ne l'*admiraient* pas : c'est bien différent. Vous pensiez aux jésuites, et vous avez pris un ordre religieux pour une époque.

LE PRÉSIDENT BOYER.

Nous avons dit que M. Veuillot s'est plu à frapper sur M. Dupin pour atteindre plus sûrement l'un des plus illustres jurisconsultes du XVIe siècle ; qu'il s'obstine à nommer Boërius pour ridiculiser plus aisément l'auteur de l'anecdote si célèbre du curé de Bourges. Pour mieux faire ressortir l'intention de

[1] *Episcopi qui... non tam animarum curæ, quam reditibus per fas et nefas ampliandis invigilabant.* (Glossarium....., *verbo* Marcheta.) C'est la même pensée qu'exprimait le pieux et savant Guy Coquille, lorsque, pour faire comprendre à quel point les ecclésiastiques se montraient avides, il emprunte à un écrivain du moyen âge (Boccace) un conte dans lequel il est dit qu'un juif, ayant vu les désordres qui régnaient à Rome, se convertit immédiatement, en disant qu'il fallait, en effet, que notre religion eût une origine divine pour résister à la dépravation et autres excès de ses chefs et de ses ministres.

M. Veuillot, examinons par quelle circonstance le président Boyer fut amené à enregistrer l'exemple autour duquel il s'est fait tant de bruit.

Nicolas Boyer a composé un livre de droit fort célèbre, quoi qu'en dise M. Veuillot (il a eu un grand nombre d'éditions en France, en Allemagne, etc.), et il y a rassemblé, comme c'était la coutume des jurisconsultes de cette époque, tout ce qu'une immense érudition pouvait lui fournir, se rapportant de près ou de loin aux sujets dont il s'occupait. « Documents précieux, dit ailleurs M. Veuillot, car ce sont les meilleurs mémoires contemporains et les plus intéressantes sources historiques. » Dans un chapitre écrit en 1520 et intitulé : *De clerico adultero*, le président Boyer examine si un clerc qui avait commis un adultère avec la femme d'un huissier au Parlement de Bordeaux, chez lequel il était employé, pouvait ou non, pour ce fait, être enlevé à la juridiction ecclésiastique et livré à la justice royale. C'était alors une question importente, car le clergé de ce temps accordait une scandaleuse protection aux criminels recouverts de sa robe. Boyer discute longuement la difficulté, raconte la peine à laquelle la femme fut condamnée, et, là-dessus, il cite toutes les peines infligées aux adultères, à différentes époques et dans divers pays. Il indique les peuples chez lesquels l'adultère était permis en certains cas, et se trouve ainsi amené à parler de l'arrêt du Parlement de Paris contre l'évêque d'Amiens, et enfin du fait si extraordinaire *qu'il a vu* juger à Bourges. Il est évident qu'il connaît parfaitement toute l'étrangeté de ce fait, et qu'il en parle précisément à cause de son étrangeté.

Voyons maintenant ce qu'était le président Boyer. Né à Montpellier, en 1469, et par conséquent bien avant que le protestantisme eût éclaté, il épousa la nièce du pieux archevêque de Bourges, Guillaume dit de Cambray, quatrième du nom, qui, lui aussi, avait été conseiller au Parlement de Paris. Cet oncle laissa tous ses biens aux pauvres, et fut remplacé en 1505, dans son siége primatial, par un bâtard royal, à peine âgé de dix-huit ans et qui n'était pas encore prêtre. Le crédit de l'oncle procura au neveu la place d'avocat de la cour métropolitaine de Bourges, et c'est en cette qualité que Nicolas Boyer composa son commentaire sur les *règles du droit pontifical;* qu'il dédia à l'archevêque de Bourges, et que le plus grand jurisconsulte du XVIe siècc, Charles Dumoulin, ne dédaigna pas de rééditer en 1547. Ailleurs, en parlant du commentaire de Boyer sur la coutume de Berry, Charles Dumoulin, qui probablement s'y connaissait aussi bien que M. Veuillot, cite Boërius comme un auteur très-habile (*doctissimus*).

Nicolas Boyer publia aussi un traité de la *Vie des Hermites* et un *Traité des Séditions*. Ce dernier ouvrage est principalement destiné, comme le dit Boyer lui-même, aux magistrats chargés de poursuivre les séditions qui, « maintenant, » se font souvent contre les officiers du roi très-chrétien, et, » ce qui est pire, contre la majesté éternelle de Dieu.[1] » Plus tard, choisi par le roi pour faire partie du grand conseil, il fut ensuite nommé président au Parlement de Bordeaux, et mourut en 1539, non pas à l'hôpital, comme le dit M. Veuillot, mais demandant, par humilité, d'être enterré à l'hôpital fondé par Vital Carle. Boyer laissait ses biens à cet hôpital, en même temps qu'il léguait sa bibliothèque à ses collègues du Parlement de Bordeaux.

Ces grands hommes parlementaires n'écrivaient pas à la hâte, comme certains folliculaires de notre époque qui rétractent le lendemain les sottises et les injures débitées la veille. Dévoués tout entiers à leurs devoirs de magistrats et de chrétiens, ils consacraient les longues et pénibles veilles de leur existence à l'espèce de sacerdoce dont ils étaient revêtus; c'était pour eux qu'ils écrivaient d'abord, au lieu d'écrire à la hâte pour éblouir ou tromper les autres. C'est ainsi que Nicolas Boyer s'occupa jusqu'à son dernier jour d'élucider

[1] *Cum longe gravius sit æternam quam temporalem offendere majestatem.* Boyer a copié les paroles mêmes de l'empereur Athanase, dans sa fameuse authentique contre les Gazares, Patarins, Léonistes, etc., recueillies dans le Code de Justinien, liv. 1, tit. V, l. X.

quelques-unes des questions de droit les plus importantes. A sa mort, ses écrits furent confiés par sa veuve à quelques-uns des collègues et des émules de l'homme de bien qui venait de mourir. Pour juger de la piété du défunt et de celle des éditeurs de ses œuvres, il suffit de voir les éloges que ceux-ci donnaient à celui-là : « Si je voulais, dit l'un d'eux, faire » connaître complètement sa piété et sa religion, ce livre ne » suffirait pas. Je me contenterai de dire qu'*il détestait sur-* » *tout ces nouveaux hérétiques* dont la bouche est pleine de » blasphèmes, et qu'il était si ardent à la prière, que tous ses » collègues et toute la population bordelaise peuvent attester » comme moi que son livre d'heures ne le quittait jamais...[1] » Nicolas Boyer était donc non seulement un homme pieux, mais un homme d'une piété peu ordinaire, et qui détestait surtout les protestants. Donnons maintenant la parole à M. le rédacteur en chef de *l'Univers*, et voyons comment il apprécie le savant et pieux magistrat dont s'enorgueillissent depuis quatre siècles Montpellier, Bourges, Paris et Bordeaux :

« Le texte de Boërius est inepte ou ineptement interprété, » voilà tout. Faisons connaissance avec ce personnage. » Boërius, en français Nicolas de Bohier (nous continuerons » néanmoins à l'appeler Nicolas Boyer), était un homme de » robe farci de mauvais latin, qui avait, disent les biographes, » plus d'érudition que de bon sens... Né à Montpellier..., » professeur à Bourges, il mourut président à Bordeaux en » 1539. Mauvaise origine, mauvaise profession, mauvaise » époque pour la vérité ! Feller rapporte que Nicolas de Bohier » mourut à l'hôpital, laissant les pauvres ses héritiers ; malgré » ce trait de charité ou de pénitence, il *a pu* être, durant » une partie de sa vie, assez peu catholique. L'attestation qu'il

[1] « *Tantum id dixero eum odisse cane pejus et angue, novum nescio quod hominum genus qui cum in animo meras hæreses circumferant, meras blasphemias evomant.... Quam fuerit assiduus in precibus fundendis ad Deum abunde norint collegæ mei, novit universus populus burdigalensis : nunquam de manibus libellum horarium deponebat...* » (Joan. Alemii : *Vita Nicolai Boërii.*)

» donne contre les mœurs du clergé, quoique unique en son » genre, est bien dans le goût général du Palais à cette » époque. Beaucoup de légistes ou de parlementaires étaient » huguenots publiquement ou secrètement... *Il est possible* » aussi que les ouvrages de Bohier publiés après sa mort... » aient été revus et corrigés par des mains protestantes... Les » mots *primam habere carnalem sponsæ cognitionem* me » paraissent inexplicables autrement pour l'honneur du pré- » sident de Bordeaux. Ou cette phrase est simplement une » malpropre invention de sectaire, ou Boërius était le plus » grand sot du monde, s'il a cru tout de bon (Boyer dit : *J'ai* » *vu*) qu'un curé, plaidant à la cour du métropolitain, avait » prétendu soit au droit de première connaissance charnelle, » soit à une redevance pour représentation de ce droit. Et ce » qui *est fort possible* encore, ce qui est peut-être la seule » interprétation juste de ce texte, c'est que Boërius a noté, » sans y entendre le moindre mal, parce qu'il n'y en avait » point, un fait tout simple, dont l'ignorance moderne a fait » seule une monstruosité. »

Si nous ne connaissions pas comment M. Veuillot a l'habitude de dissimuler la vérité, nous pourrions peut-être croire qu'il a été assez léger pour ne pas lire lui-même le texte unique, à ce qu'il dit, qui contrarie son système, et que réellement M. Veuillot ne sait pas à quelle occasion le président Boyer a été amené à citer ces faits extraordinaires. Nous voudrions le croire pour l'honneur des lettres; mais la manière dont M. Veuillot s'est conduit à l'égard des textes cités par MM. Bouthors, Delisle, Michelet, etc., nous a donné la mesure de la bonne foi que nous devions attendre de *cet illustre chef* des défenseurs du moyen âge, et l'examen des paroles de M. Veuillot à l'occasion du président Boyer nous force de rester au même niveau et à retourner contre lui ses propres paroles : *De mendacio ineruditionis tuæ confundere...;* ou bien : *Apprehenderunt mendacium et noluerunt reverti...;* ou bien encore : *Quia posuimus mendacium spem nostram et mendacio protecti sumus.*

Les *malheurs* de M. Veuillot ne se bornent pas à être ainsi frappé des armes qu'il aiguisait pour les autres. Comme nous l'avons dit, le savant neveu de l'archevêque de Bourges était attaché à la cour métropolitaine de son oncle; c'est en cette qualité et probablement sur ses conclusions qu'il *a vu* condamner à l'amende cet impudent curé. Nicolas Boyer fut, en outre, membre du grand conseil à Paris, président au Parlement à Bordeaux; la gloire de ses ouvrages de jurisprudence civile, féodale, canonique, s'est répandue dans toute l'Europe; et M. Veuillot, cet ami de *monsieur* Rymer, ose lui reprocher, en même temps qu'à M. Dupin, de ne connaître ni le droit coutumier, ni le droit ecclésiastique, ni *le grand art de se taire sur les choses qu'il ne connaît pas*. C'est alors qu'il lui apprend ce que c'était que le *droit du Seigneur Dieu,* et que, joignant à ce jeu de mot, qu'on peut qualifier d'impie, une grotesque et plate pasquinade, il nous représente un certain *Dupinus* plaidant pour avoir le droit de première connaissance charnelle d'une omelette, et prétend que ce ne serait *ni plus faux, ni plus sot* que le texte de *Boërius.* Ailleurs, M. Veuillot, pour achever de ridiculiser cet *inepte* jurisconsulte, ajoute, à propos de ces mots écrits par le président Boyer dans une circonstance toute différente [1] : « J'ai entendu dire et tenir pour certain que quelques seigneurs » gascons... »; M. Veuillot, dis-je, se hâte d'ajouter : « *D'au-* » *tres disent Normands !* » Comme cette plaisanterie est mordante et de bon goût ! Voyez-vous ce M. Veuillot que nous connaissons faisant comparaître devant le siége grotesque d'où il débite ses invectives et ses mensonges le vénérable jurisconsulte, et lorsque celui-ci, après avoir affirmé un fait qu'*il a vu,* ajoute : *J'ai entendu dire que quelques seigneurs gascons,* le folliculaire, sans respect pour l'auréole glorieuse dont quatre siècles ont couronné cette tête illustre, l'apostrophe par ce *spirituel* lazzi : « Quelques seigneurs gascons?

[1] M. Veuillot ne confond pas sans doute le droit de mettre une jambe dans le lit de la mariée avec le droit de première connaissance charnelle.

D'autres disent Normands ! » Si ce n'est pas l'esprit et le genre des érudits de cabaret, cette espèce n'existe pas ! Eh bien ! *maître renard*, vous vous êtes trompé, cette fois vous avez dit la vérité. Oui ! d'autres disent Normands, d'autres disent Picards, d'autres disent Écossais, d'autres disent Allemands, d'autres disent Italiens. La voix unanime de toutes les populations, le témoignage de tous les écrivains s'élèvent contre l'opinion que l'audace de vos injures et l'effronterie de vos assertions ne feront pas prévaloir.

Cependant, le *savant* rédacteur en chef de l'*Univers* ne laisse pas encore tranquille cet *inepte* et *sot* président au Parlement de Bordeaux, il a une provision de *distractions* en réserve ; voulez-vous en voir une autre preuve ? écoutez. En parlant du *droit du seigneur,* M. Veuillot demande à quelle époque ce droit a existé, et il répond : « *Boërius a entendu* » *dire.* » Un peu plus loin il dit encore : « *On allègue le ouï-* » *dire de Boërius.* » Or, recourez au texte de Boyer cité par M. Veuillot lui-même, et vous y trouverez : « J'ai vu moi-même. » *Et ipse vidi !!!*

Ah ! menteur et sot de Boërius, vous vous imaginiez en faire accroire à M. Veuillot en disant : *J'ai vu ?* A d'autres, vieux huguenot déguisé ! M. le rédacteur en chef de l'*Univers* vous apprendra votre métier. Il n'aura pour cela qu'à ajouter quelques impertinences à quelques invectives, et le tour sera fait.

LES PROTESTANTS.

La classe des juristes n'est pas la seule que M. Veuillot déteste et injurie ; et comme il ne recule devant aucun argument, quel qu'il puisse être, quand il le croit utile à sa cause, s'il n'ose pas tout à fait accuser les chrétiens protestants d'être plus dépravés sous le rapport des mœurs que les chrétiens catholiques, il laisse clairement entrevoir qu'il en a bonne envie.

« Les hérésiarques, dit-il, ressemblent beaucoup aux débau- » chés ; et ç'a été le plus souvent la même chose. Luther,

» Rabelais! Peu d'hérésiarques se sont rendus célèbres par la » pureté de leurs mœurs; peu de débauchés sont remarqua- » bles par la pureté de leur doctrine.... » M. le rédacteur en chef de l'*Univers* oublie évidemment l'histoire de beaucoup de papes, cardinaux, évêques, abbés, moines, etc., dont l'orthodoxie n'a jamais été attaquée; mais laissons-lui la parole pour nous faire mieux comprendre sa pensée dans une petite anecdote. « La bonne sœur Jeanne de Jussie peint avec » naïveté cette grande raison de la Réforme (la chair), en » racontant une scène qui se reproduisait *partout où la nou-* » *velle foi trouvait des apôtres.* Un religieux défroqué com- » mença *à vilipender la sainte Église et l'estat de reli-* » *gion et virginité, et après le sermon il espousa une femme* » *de mauvaise renommée.* » Puisque cette femme était hérétique, il était inutile de dire qu'elle avait de mauvaises mœurs: mais puisque M. Veuillot voulait se rendre l'écho d'absurdes et odieuses calomnies dont quelques dévots catholiques, à l'exemple des dévots païens, ont cru nécessaire d'accuser leurs adversaires religieux, il pouvait citer cent témoignages plus authentiques et plus graves que celui de la bonne sœur Jeanne de Jussie. Les dévots païens accusaient les chrétiens de la primitive Église de s'assembler dans des lieux obscurs pour éteindre les flambeaux et se livrer à leur impudicité. Les catholiques du XVIe siècle firent souvent un reproche analogue aux protestants. Je me contenterai d'en citer un exemple tiré des registres du Parlement de Bordeaux, qui va se trouver ainsi réhabilité dans l'esprit de M. Veuillot.

« Le 10 juillet 1560, le sieur Descars a referré à la cour... » qu'il y a assemblées et prédications de nuyt, lesquelles finies, » l'on tuë les chandeles et besognoit les femmes.... a esté » ordonné qu'il sera informé... [1] »

Ce nouvel exemple prouve que rien n'est nouveau. La mé-

[1] Je suis étonné que M. Veuillot n'ait pas ajouté, pour prouver combien l'hérésie est une chose abominable, qu'il est reconnu dans nos campagnes que les protestants *ont les dents velues.*

chanceté et l'irréflexion sont de tous les temps. Les prêtres de Jupiter, Jeanne de Jussie et M. Veuillot se servent des mêmes procédés.

LES RAMASSEURS D'ORDURES : MONTAGNE, MONTESQUIEU.

Juristes et magistrats, bénédictins et érudits, philosophes et protestants ne suffisaient pas à épuiser les trésors d'injures et d'invectives dont dispose M. Veuillot. Il lui fallait un nouveau débouché et de nouvelles victimes. Il a donc inventé un nouvel et vaste parti littéraire qu'il crée tout exprès pour les besoins de sa cause, comme il a inventé et créé la grande conspiration tacite des juristes et des érudits des XVIe et XVIIe siècles, précurseurs et alliés des philosophes et même de ce nouveau parti : *le grand parti des ramasseurs d'ordures.*

Dans cette classe nouvelle, M. le rédacteur en chef de l'*Univers* range les savants de province ; *les menteurs qui, se provoquant...., vomissent ingénument en public leur érudition de cabaret ;* les maniaques, les auteurs si décriés qu'il faut une certaine dose d'assurance pour affronter l'humiliation de demander leurs livres dans une bibliothèque publique ; et non seulement les plus grands noms des lettres modernes, mais les noms de deux des plus glorieux génies dont s'honore Bordeaux : Montagne et Montesquieu.

La gloire de tels hommes n'a pas besoin d'être défendue, mais il m'a semblé qu'en signalant les motifs qui ont pu déterminer M. Veuillot à faire intervenir dans ce débat Montagne et Montesquieu, je ferais mieux apprécier la valeur et la portée des injures adressées par le *dévot* écrivain à tant de personnages distingués et illustres.

« Deux grands ramasseurs d'ordures, dit M. Veuillot, placés
» l'un et l'autre à la lisière du moyen âge, au moment où la
» calomnie a commencé de poindre, et qui ont écrit par plaisir
» tout ce qu'ils ont trouvé de plus sale dans l'histoire, dans la
» tradition et dans leur imagination, Rabelais et Montaigne, ne

» disent rien du *maritagium*. On peut juger s'ils auraient né-
» gligé cette aubaine. »

Il résulte de ces paroles que M. Veuillot ne connaît ni l'histoire, ni les *Essais*. Je me bornerai à faire remarquer la manière dont M. Veuillot a étudié Montagne. Nous venons de voir comment M. Veuillot, pensant que notre philosophe n'avait pas parlé du *maritagium*, s'était fait une arme de ce silence; mais voici qu'un ecclésiastique prévient M. Veuillot que Montagne a parlé de ce droit, et M. le rédacteur en chef de l'*Univers*, sans chercher à vérifier le fait, accepte sans examen le dire de son correspondant ecclésiastique. Que lui importe? Tout autre que M. Veuillot eût éprouvé quelque embarras, M. Veuillot n'en éprouve aucun. Il triomphait du silence de Montagne, il triomphera aussi facilement de son témoignage. Examinons cette nouvelle manière de procéder.

Sur l'indication qui lui a été fournie, M. Veuillot a eu recours aux *Essais;* il n'a pas su ou n'a pas voulu y trouver le passage où il est réellement question du droit de prélibation; mais, dans le chapitre où Montagne a rassemblé les exemples de coutumes les plus éloignées des nôtres, il a cru découvrir le passage que lui indiquait son correspondant; alors M. le rédacteur en chef de l'*Univers* cite deux ou trois de ces coutumes extravagantes, puis il ajoute : « Montagne a-t-il réellement cru cela ?... Que sais-je?... » et le tour est fait. M. Veuillot n'est-il pas un habile homme? Qu'on lui dise oui ou non, blanc ou noir, peu importe; il escamote un témoignage comme une muscade, et ses auditeurs sont toujours assurés d'être attrapés.

Pour éviter à M. Veuillot la peine de feuilleter une troisième fois Montagne et permettre à nos lecteurs de constater que ni le premier, ni le second argument de M. Veuillot ne pouvait s'appliquer au passage que le correspondant de M. Veuillot avait probablement en vue, transcrivons le passage suivant : « Et avoient les Romains en coustume, revenant de voyage,
» d'envoyer au devant en la maison faire sçavoir leur arrivée
» aux femmes pour ne les surprendre. Et pourtant a introduit

» certaine nation que le prêtre ouvre le pas à l'espousée le » jour des noces, pour oter au marié le doute et la curiosité » de chercher en ce premier essai si elle vient à lui vierge ou » blessée d'une amour étrangère[1]. »

Cette nation dont Montagne ne dit pas le nom ne pourrait-elle pas être celle du curé de Bourges, des chanoines de Lyon et des évêques d'Amiens? Que sais-je? Je me trompe fort, ou cette interrogation ne suffit plus pour réfuter une assertion si précise.

Si l'on avait pu dire à Montagne : Il viendra un temps où un homme, docteur sans grades, prêtre sans sacerdoce, défenseur officieux et presque officiel du clergé, se fera une réputation de piété et de religion, et pourtant cet homme, voulant combattre un ouvrage nouveau, poussera l'impudence jusqu'à nier l'existence des textes qui font l'objet de la discussion; notre philosophe, qui connaissait les replis honteux du cœur humain, aurait néanmoins hésité à répondre : Que sais-je? Aujourd'hui ce doute ne lui serait plus permis; notre siècle a vu s'agrandir le domaine du mensonge! N'est-il pas naturel que l'auteur de ce progrès déteste le moraliste dont le livre commence par ces mots : « Ceci est un livre de bonne foi, » et qui ajoutait : « En vérité, le mentir est un » maudit vice... Si nous en connaissions l'horreur et le poids, » nous le poursuivrions a feu plus justement que d'autres » crimes[2]. » Nécessairement, pour M. Veuillot, Montagne est un *ramasseur d'ordures*.

S'il était permis de supposer que M. Veuillot ait lu Montagne, je m'expliquerais d'une autre manière pourquoi ces injures lui sont prodiguées. On lit dans les *Essais* que la découverte de l'Amérique par un peuple catholique a été accompagnée de tant de cruautés, de ruses et de bassesses, qu'elles ont fait manquer l'occasion de donner tout un monde à la civilisation. Le philosophe regrette qu'une si belle con-

[1] Montagne : *Essais*, liv. 3, ch. 5.

[2] *Id.* : *id.*, liv. 1, ch. 9.

quête ne soit pas tombée aux mains des Grecs, ou des Romains, qui en eussent tiré un bien meilleur parti. Or, tout le monde sait ce que sont devenus, sous le régime que M. Veuillot préconise, les églises autrefois si populeuses et si florissantes et de l'Asie et de l'Afrique. Reprocher à ce régime d'avoir aussi perdu l'Amérique, c'est montrer que des quatre parties du monde il en a perdu trois. N'est-ce pas pour cela que Montagne est traité de ramasseur d'ordures? — Que sais-je?

« Montesquieu, dit M. Veuillot, ce galant successeur de » Boërius, condamne Boërius et M. Dupin. Il parle de notre » affaire dans l'*Esprit des Lois* en style des *Lettres persa-* » *nes.* Si M. Dupin a lu l'*Esprit des Lois*, je m'étonne qu'il » ait oublié ce passage sur les empiètements du clergé : *On* » *ne pouvoit pas coucher ensemble la première nuit des* » *noces, ni même les deux suivantes, sans en avoir acheté* » *la permission.* C'étaient bien ces trois nuits-là qu'il fallait » *choisir, car pour les autres on n'aurait pas donné* » *beaucoup d'argent.* »

Je ne vois pas trop en quoi Montesquieu s'occupe ainsi de *notre affaire* et condamne *son galant prédécesseur,* le vénérable président Boyer. Montesquieu n'examine point, dans ce passage, si le *droit du seigneur* existait, ce qui est notre affaire; il fait une réflexion sur l'adresse avec laquelle des évêques, *non galants,* avaient établi des droits sur les mariages. Néanmoins, M. Veuillot triomphe fort aisément, comme on le voit, de Montesquieu, du président Boyer et de M. Dupin. Il les insulte même tous les trois, en passant, par la citation de vers d'Horace, dont le sens est à peu près celui-ci : « Mêlez à vos conseils quelques sottises, il est bon de rire un peu. » M. Veuillot ajoute, il est vrai, un petite malice à l'adresse de M. Dupin, et dit : « Et puis Montesquieu avait de l'esprit! » Mais il est évident que Montesquieu n'a pas été amené sous la rampe uniquement pour donner occasion à cette innocente comparaison de son esprit avec celui de M. Dupin, ou pour être repris de s'être servi du style des

Lettres persanes dans l'*Esprit des Lois*[1]. Montesquieu n'a pas seulement de l'esprit, il a du génie, et je me suis douté qu'à côté de cette phrase *galante*, il y avait quelques-uns de ces traits profonds si nombreux dans l'*Esprit des Lois*, et dont M. Veuillot avait été blessé ; j'ai donc eu recours à l'*Esprit des Lois* ; et j'ai trouvé à côté de la phrase ridiculisée, celle-ci : « Ces abus étoient intolérables... Nous les » connoissons par les arrêts qui les réformèrent. L'épaisse » ignorance les avoit introduits ; une espèce de clarté parut, » et ils ne furent plus. On peut juger par le *silence du clergé* » qu'il alla lui-même au-devant de la *correction*[2]. »

Cette fois, il nous semble que Montesquieu s'occupe un peu plus de *notre affaire*, et qu'il ne condamne pas beaucoup Boërius et M. Dupin. Je m'étais douté que ce n'était pas sans motif que M. Veuillot se plaignait de l'emploi d'un style trop galant ; il voulait empêcher d'y aller voir et d'y trouver ce *silence du clergé* qui aurait peut-être dû servir de leçon à M. le rédacteur en chef de *l'Univers*.

M. Veuillot avait d'autant plus d'intérêt à empêcher de remarquer ce solennel appel à ce silence significatif du clergé, qu'il n'oubliait pas que, depuis la publication de l'*Esprit des Lois*, il s'était passé des faits importants, une révolution, et que, dans cette révolution, le clergé ne s'était pas borné à protester d'avance par son silence contre la cause ridicule que M. Veuillot s'amuse à soutenir, mais qu'il avait agi, et

[1] Ce n'est peut-être pas un très-grand malheur pour Montesquieu de s'être souvenu du style des *Lettres persanes*. N'a pas ce style-là qui veut. Les *Lettres persanes* ont déjà eu plus d'éditions que n'en auront jamais tous les livres de certains écrivains très-fiers de leurs mérites. Elles se réimpriment encore, après plus d'un siècle, en toutes les langues et chez tous les peuples. Beaucoup de bons juges prétendent que leur style a autant de force et peut-être plus de portée que le style de l'*Esprit des Lois*. Il est certain que d'*illustres* folliculaires qui vendent la célébrité de leur nom pour être mise en tête de petits livres, seraient fort embarrassés si leur libraire leur commandait un livre en style des *Lettres persanes*.

[2] Montesquieu : *Esprit des Lois*, liv. 28, ch. 41.

agi d'une manière bien plus significative que par son silence.

Lorsque le souvenir de toutes les infamies, resté dans la mémoire d'un peuple éclairé par la religion et la philosophie, fit éclater enfin la révolution de 1789 (révolution formulée par ce cri du peuple que, du reste, M. Veuillot approuve et prétend tiré des commandements de Dieu : *L'insurrection est le plus saint des devoirs*), dans la nuit célèbre du 4 août, lorsque le député Lequen de Kerengal s'écria, aux applaudissements de toute l'assemblée : « Qu'on nous apporte ces titres, qui outragent non seulement la pudeur, mais l'humanité, pour que nous en fassions un bûcher, » tous les assistants se rappelèrent ces droits hideux des seigneurs, dont les députés Legrand et Lapoule leur firent un si horrible tableau[1]; et non seulement les députés de la noblesse, mais ceux du clergé, et ceux-là même qui frémissaient le plus des mouvements de la Révolution, se réunirent tout à coup à ceux qui en avaient dirigé ou accéléré la marche, et, dans un enthousiasme impossible à décrire, vinrent tous à l'envi faire le sacrifice de tous droits exigés *sous prétexte de permission pour des choses qui sont libres de droit commun*. Ce sont les termes mêmes du décret du 8 février 1790. Or, il y avait là tous les députés du clergé : des prêtres, des docteurs, des évêques, des cardinaux, de quoi composer un concile; ils étaient 356 représentants réels et officiels de l'Église de France; la

[1] M. Lapoule prétendit que des seigneurs féodaux avaient poussé *le bienfait du maître,* comme dit M. Veuillot, jusqu'à ne se réserver que le droit d'éventrer deux de leurs serfs pour réchauffer leurs pieds dans leurs entrailles quand ils revenaient de la chasse. Que deux, *c'était bien peu !* Vrai ou faux, le fait avait été allégué en pleine Assemblée nationale. M. Veuillot a beau dire qu'il n'a vu ce fait allégué que dans une *Encyclopédie* à l'usage de la jeunesse, qu'il apprenne l'histoire s'il ne la sait pas; mais qu'il ne se serve pas de son ignorance pour insulter ceux qui la savent. La répétition du même procédé pourrait faire supposer qu'il n'est pas aussi naïf qu'il veut le paraître. Le fait se trouve rapporté, entre autres, dans Dulaure, que M. Veuillot *avoue* avoir lu.

plupart de ces ecclésiastiques étaient disposés à faire le sacrifice de leur vie, comme ils le firent quelques jours après pour ne pas mentir à leurs consciences; beaucoup avaient connu M. de Montesquieu, tous avaient lu l'*Esprit des Lois* et connaissaient cette allusion au silence du clergé, et pas un de ces hommes, prêts à affronter l'échafaud, ne se leva pour protester, pas un n'osa dire que ces droits n'avaient pas existé. Tous, entraînés par un élan de généreuse commisération, se levèrent pour y renoncer. Ils étaient donc tous abêtis, stupides, ineptes, ces grands ancêtres, ces nobles victimes de leur foi! — M. Veuillot, cet illustre chef, ne leur avait pas encore appris leur leçon.

M. Veuillot révèle peut-être sa pensée secrète dans la phrase qui termine son avant-dernier chapitre. La voici : « Je le répète, ce qui est infiniment plus grossier, plus indécent et » plus immoral que toutes les grossièretés, les indécences et » les immoralités de tous les temps, c'est l'industrie qui produit de pareils livres. » M. Veuillot ne pouvait-il pas aussi bien dire : L'immoralité, l'indécence, la grossièreté, c'est la raison, c'est la science, c'est la vérité? Ce sont les choses qu'il poursuit sous le nom du *parti des ramasseurs d'ordures*. Quiconque révèle un fait honteux de ces êtres dégradés qui se servent de la religion pour assouvir des passions ignobles, celui-là est un ramasseur d'ordures. Ceux qui font les ordures, les autorisent ou les exploitent, sont les bons. Anathème sur ceux qui les signalent ou les font disparaître! Il me paraît néanmoins qu'entre le *grand parti* des ramasseurs d'ordures et le *petit parti* de ceux qui les font, il y a une différence considérable et toute en faveur du *grand parti*. Je prie donc M. Veuillot de me ranger dans la première catégorie.

Il y a cependant une espèce de ramasseurs d'ordures que le *pieux* rédacteur en chef de l'*Univers* affectionne sans doute, et dans laquelle je ne me soucie pas d'être confondu : c'est celle de ces personnes d'une dévotion caractérisée dans les lignes que je vais mettre en note, afin que tous ceux dont l'estomac n'est pas à l'épreuve des plus violentes nausées puissent se dispenser de les lire[1].

Maintenant, récapitulons les noms des illustres et vénérables pontifes, magistrats, érudits, qui, de par le M. Veuillot que nous connaissons, ont été punis de *l'excès de leur impudence* ou *de la bonne volonté de leur ignorance, menteurs* qui, sans nécessité, *ont vomi en public leur érudition de cabaret;* ils vont, en comparaissant ensemble devant nous, nous donner encore le spectacle *d'une ignorance sauvage* ou *d'un sauvage parti pris de mentir.*

Nous avons cité les noms de M. le vicomte de Châteaubriand, de M. le marquis de Pastoret, de M. de Marchangy, du célèbre évêque de Nîmes, le grand Fléchier, et d'autres noms illustres. N'oublions pas la longue kyrielle de ces écrivains moins célèbres, si bénévolement insultés par M. Veuillot à propos de la sentence du sénéchal de Guyenne : MM. Miot

[1] Jean ***, un pécheur converti à qui Dieu a accordé de grandes grâces, rend compte, dans ses lettres à son directeur, de la manière dont ces grâces ont été opérées : « Quand vous eûtes la bonté de m'avertir, mon père, de mon éloignement pour les personnes malpropres..., je commençai à manger sans me laver les mains, après avoir touché des choses malpropres... Pour me punir de ma trop grande délicatesse, il me vint dans l'idée de baiser le premier crachat que je trouverois... Quand le moment fut venu, je trouvai un assez grand crachat auprès de moi... Je surmontai ma répugnance..., et pris la résolution de le faire cinq fois en mettant exprès un intervalle, parce que cela est plus pénible que de baiser cinq fois de suite un crachat. Je préférai aussi le faire à l'église, parce que j'y avais plus de répugnance, à cause que je ne savois pas de qui cela étoit..., etc. » L'auteur cite en note l'exemple de saint François-Xavier, qui, se trouvant dans un hôpital à Venise, en présence d'un malheureux presque entièrement rongé d'un chancre vilain et puant, fut transporté d'une si sainte indignation contre la répugnance qu'il éprouvait, que, se jetant sur ce cadavre à demi pourri, il l'embrassa, le baisa, colla sa bouche sur les plaies d'où découlait un pus gluant et verdâtre, et en suça, à diverses reprises, toute la boue, les vers et l'ordure qui en distillait. (*Abrégé de la vie et des sentiments de Jean ***, avec un Recueil de ses lettres.* Bordeaux, 1802, P. Beaume, in-12, p. 396, 397.)

de Melito, le comte de Volney, Gossuin, Chevalier, Cauchois-Lemaire, Mérilhou, Arnault, Courier *et autres.*

Nous avons mentionné M. Alloury, M. Bouthors, M. Vallein, M. Dupin, Eusèbe de Laurière, Ducange, dom Carpentier, le président Boyer, Michel de Montagne, Montesquieu, les bénédictins, les protestants, les parlements, les juristes, les *ramasseurs d'ordures;* il faut joindre à cette liste les académies, surtout l'Académie des sciences morales; mais l'Académie française n'est pas épargnée, pourquoi le serait-elle? « ce » parlement de babioles où l'on récite des fables...., où l'on » entre avant d'avoir écrit un livre en bon français, et même » après avoir fait preuve d'une entière incapacité d'écrire. »

Dans les injures distribuées par M. Veuillot, personne ne s'étonnera d'en trouver quelques-unes à l'adresse de Voltaire, *l'effronterie et le mensonge incarnés;* mais, sur un pareil sujet, M. Veuillot ne pouvait se traîner dans l'ornière si commune et se laisser distancer par les *aboyeurs* subalternes. Il a été assez heureux pour trouver quelques injures qui s'éloignent des formes vulgaires. Ainsi, il dit quelque part : « On se demande comment un homme a pu se mépriser lui-» même au point d'écrire de telles choses. » Ailleurs, il prédit l'arrivée prochaine d'un temps où d'honnêtes gens paieront l'amende à la requête d'autres gens qu'ils auront traités de *voltairiens.* Notre prophète oublie que d'honnêtes gens ont déjà payé l'amende à la requête d'autres citoyens qu'ils avaient traités de *jésuites.* Mais ce qui est très-curieux, c'est que la thèse soutenue par M. Veuillot est pour ainsi dire la même qu'une portion de celle du philosophe de Ferney. Le livre de M. le rédacteur en chef de l'*Univers* est une espèce d'amplification de l'article du *Dictionnaire philosophique.* Seulement, avec une adresse merveilleuse, M. le rédacteur en chef de l'*Univers* a eu le talent de rejeter sur les emprunteurs du style de Voltaire les assertions du philosophe qui s'éloignent un peu des vues du journaliste moderne.

Ainsi, Voltaire a dit à peu près tout ce que M. Veuillot reproche à M. Dupin, à M. Lebas, à M. Mary-Lafon, etc. « Il

» est étonnant que, dans l'Europe chrétienne, on ait fait très-
» longtemps *une espèce de loi féodale*, et que du moins on
» ait regardé comme un droit coutumier l'usage d'avoir le
» pucelage de sa vassale. La première nuit des noces de la
» fille du villain appartenait sans contredit au seigneur......
» Les seigneurs, il est vrai, ne statuèrent pas que les femmes
» de leurs villains leur appartiendraient; ils se bornèrent aux
» filles.... Il est indubitable que des abbés, des évêques.... »
Dans tout cela, M. Veuillot n'a voulu remarquer que l'espèce d'ironie par laquelle Voltaire termine cet article, et veut nous faire croire qu'il prend au sérieux ces mots de Voltaire : « Mais, remarquons bien que cet excès de tyrannie ne fut ja-
» mais approuvé par une loi publique.... Je dis que la chose
» est impossible, etc. » Cependant, comme une multitude de témoignages constatent qu'il y a eu des lois de ce genre, il en résulte que M. Veuillot, qui n'est pas aussi candide qu'il voudrait bien le paraître, a essayé de nous faire prendre pour une assertion sérieuse une de ces ironies habituelles au malicieux écrivain qui, ici, niait les faits pour avoir occasion d'en parler, comme un peu plus loin, en faisant semblant de se moquer d'Hérodote et de Diodore de Sicile, il se moque des livres saints sans s'exposer à une *lettre de cachet* ou à quelque chose de plus désagréable. Voltaire prodiguait les affirmations, tout en criant que la chose était impossible. Tout le monde sait que le plus grand nombre des lois ont été faites par des maîtres qui n'avaient à consulter que leurs passions ou leurs erreurs. Ainsi, quand Voltaire écrivait qu'il est impossible de montrer une loi contre les mœurs, il savait parfaitement que ses lecteurs ne donneraient pas à ses paroles l'interprétation que M. Veuillot voudrait leur donner. Voltaire peut avoir été tout ce qu'on voudra, mais il ne disait pas de sottises.

M. le rédacteur de l'*Univers* n'a pas perdu une aussi bonne occasion d'injurier Rabelais, Luther, Molière, *ce banni*, Diderot, Saintfoix, Fontanieu, Beaumarchais, Dulaure, *ce maniaque*.... M. Michelet ne doit pas s'étonner d'avoir son

tour. « C'est le père de cette école qui joue avec les pro-
» blèmes historiques comme les hercules de la foire avec leurs
» poids de carton. On y cherche les traits de génie, les mots
» à effet, et l'on trébuche lourdement en faisant des gam-
» bades.... »

Attendez, voici encore les auteurs du *Dictionnaire de Trévoux* avec ceux du *Charivari*, Rutebœuf et Pierre Cardinal, l'abbé Velly et Garran de Coulon. Parmi les noms modernes, c'est un pêle-mêle encore plus comique. C'est M. Napoléon Landais et M. de Laboulaye, de l'Institut; M. Philarète Chasles et le peintre Jacquand; les deux bibliophiles Leber et Paul Lacroix; un élève de la *loyale École des chartes*, M. Ludovic Lalanne; MM. Louandre, père ou fils; MM. Fellens, Charles Lenormant, Girault de Saint-Fargeau, Chaudruc de Crazannes, Aristide Guilbert, Cartier, Lavallée, l'abbé Marcellin, G. Ruck..... M. Mary-Lafon, l'un des rédacteurs du *Moniteur universel*, a surtout déplu à M. Veuillot. « Il n'y a vu
» que l'occasion de quelques quolibets fort plats, comme tout
» ce qui sort de sa savante plume....; il répète en quelques
» mots toutes les absurdités connues.... S'il n'a pas résolu
» cette difficulté, il faut qu'il n'y ait pas songé, car rien ne
» l'embarrasse... Voilà proprement l'érudition de cabaret; et
» elle est particulièrement désagréable lorsqu'elle s'accompa-
» gne de ce ridicule bel esprit, dont le contentement et l'as-
» surance semblent croître à mesure qu'il babille plus à faux. »

Cependant, ces aménités n'approchent pas de celles dont M. Veuillot a honoré M. Lebas, autre membre de l'Institut. « M. Lebas est un grand ramasseur de ces sortes de choses;
» il les prend sans aucune espèce de choix, les manipule sans
» aucune espèce d'art, et il en farcit des livres qui n'ont aucune
» espèce de mérite; il est membre de l'Institut... (Son livre)
» est la véritable maladrerie de l'esprit humain...; c'est un
» tissu d'ordures et de blasphèmes... » Ailleurs, M. Veuillot s'exprime ainsi : « plus ignorant que M. Lebas. » Eh bien, cet ignorant M. Lebas, « qui ne sait pas même le nom des té-
» moins qu'il invoque, » a eu le mérite de ne pas défigurer

leurs textes; et si M. Veuillot, en infligeant à M. Lebas « le » châtiment de se relire, » avait voulu voir, il aurait vu dans le livre de cet ignorant que *in emendam condemnatus* ne veut pas dire *changé en amende.*

Si quelques lecteurs, en lisant mon livre, ont été surpris de la vivacité de quelques-unes de mes expressions en parlant de M. Veuillot, cette récapitulation des injures débitées dans le *Droit du Seigneur* me servira d'excuse. Dans une discussion, il est difficile, quelque désir qu'on en ait, de ne pas se laisser entraîner au mauvais exemple. Et puis j'habite les bords de la Dordogne, mon caractère et mon style s'en ressentent : « *habent aliquam Dordonianitatem.* »

LES AMIS DE M. VEUILLOT.

Comme compensation et pour égayer un moment le lecteur, suivant le précepte d'Horace cité par M. Veuillot[1], je vais enregistrer les éloges donnés par M. le rédacteur en chef de l'*Univers* à quelques-uns de ses amis. Cette liste, beaucoup plus courte que la première, nous montrera que la plume si acérée et si ardente pour l'injure est molle et flasque pour la louange, et prouvera surabondamment que le parti des proscrits par M. Veuillot est de beaucoup préférable au parti de ses élus.

C'est d'abord M. Arthur Murcier, parent, ami et collaborateur de M. le rédacteur en chef de l'*Univers*, élève de la *loyale* École des chartes; c'est sans doute lui qui a aidé M. Veuillot à connaître *monsieur* Rymer, à juger des progrès de M. Louandre père par les travaux de M. Louandre fils; à faire naître Boërius à Montpellier et à Montauban, etc.; mais M. Veuillot ne le dit pas. C'est peut-être aussi M. Murcier qui a aidé M. Veuillot à connaître ce *vrai savant*, M. J.-J. Raëpsaet, qui fit imprimer ses œuvres *posthumes* dans sa jeunesse,

[1] *Misce stultitiam consiliis brevem;*
Dulce est desipere in loco.

et qui soutient des thèses tellement absurdes, que M. Veuillot lui-même est obligé de les abandonner.

Puis vient M. l'abbé Gosselin, vicaire de Péronne, qui prépare un travail pour prouver que le refus de sépulture aux *intestats* avait été établi dans l'intérêt des pauvres (ecclésiastiques?);

M. Léopold Delisle, que je regrette d'être obligé d'inscrire dans cette liste;

M. L. Moreau, qui a fait une *traduction incomparable* d'un ouvrage de saint Augustin, et voilà à peu près tout, avec les deux éloges qui suivent et qui me paraissent aussi *incomparables* :

1° « Je demande à M. Quantin la permission de suivre l'ar- » ticle de son *Dictionnaire*... L'esprit dans lequel est écrit » cet ouvrage me persuade que l'auteur voudra bien me prêter » sa science en vue de l'usage que j'en fais... » La phrase est aussi jolie que l'usage que M. Veuillot fait de la science, mais je me persuade que M. le rédacteur en chef de l'*Univers* avait oublié que la science de M. Quantin a été mise en *dictionnaire* précisément pour être vendue à quiconque en a besoin.

2° M. Veuillot a imaginé que le plus bel éloge à faire d'un ouvrage de M. l'abbé A. Arnaud, autre célébrité incomparable, était de citer un passage de cet ouvrage *où le texte quelquefois si difficile de saint Paul est expliqué avec autant de science que de clarté;* voici le modèle qu'il a choisi : « Or, l'Esprit dit ouvertement que, dans les derniers temps, » plusieurs abandonneront la foi, suivant des esprits d'erreur » et des doctrines diaboliques enseignées par des imposteurs » pleins d'hypocrisie, dont la conscience est noircie de crimes, » qui interdiront le mariage. » Comme traduction, c'est aussi platement exact que toutes les traductions publiées avant celle de M. l'abbé A. Arnaud, mais il me paraît singulièrement curieux de voir M. Veuillot, si difficile pour le français de nos meilleurs écrivains, s'enthousiasmer pour un pareil morceau.

CHAPITRE VI.

LE MOYEN AGE OU LES SIÈCLES SUBLIMES.

Qu'est-ce que le moyen âge? On admet généralement que ce nom a été choisi pour désigner l'époque comprise entre la destruction de la civilisation antique et la naissance de la civilisation moderne. Sans cela, que signifierait ce mot, et pourquoi nommerait-on cette époque *âge du milieu?* Cependant certains esprits veulent conserver le mot et changer l'idée qui s'y rattache. M. Veuillot est de ce nombre. Un des proscripteurs d'Aristide donnait pour raison qu'il était ennuyé de l'entendre appeler *le Juste;* M. Veuillot raisonne comme ce paysan d'Athènes : il y a trop longtemps que le moyen âge passe pour une époque intermédiaire, cela l'ennuie, et il *vote* pour que désormais le moyen âge passe pour l'époque culminante et le modèle de la véritable civilisation. M. le rédacteur en chef de l'*Univers* veut nous persuader qu'une société (je me sers des expressions empruntées par lui à M. Benjamin Guérard) fondée par une cohue de peuples divers d'origine, de mœurs, de langage, les uns conquérants, les autres conquis, tous également dégradés, et n'ayant à mettre en commun que des ruines et des vices, ait donné l'exemple de toutes les vertus, et soit devenue le modèle le plus parfait du bonheur que le christianisme peut procurer. De telle sorte que le christianisme et le XIIIe siècle seraient pour ainsi dire solidaires, et que qui n'aimerait pas le XIIIe siècle ne devrait pas aimer le christianisme. C'est un homme terrible que ce M. Veuillot! Heureusement, Aristide s'appelle encore *le Juste,* et, quel que soit le nombre des partisans du XIIIe siècle, le moyen âge sera toujours le moyen âge. Il est donc permis d'espérer encore que cette époque n'a pas donné le dernier mot de la perfectibilité de la civilisation chrétienne.

« Les commencements du moyen âge, dit M. Veuillot, sont » laborieux et terribles; sa fin est triste, *peut-être méritée;* » son milieu fut sublime. Je le prends là. Jamais l'esprit » humain n'a déployé plus de vigueur et l'âme humaine plus » d'amour. » *La fin méritée* d'une époque? Que veulent dire ces mots sonores et vides de sens? Cette époque, si elle n'avait pas mérité sa fin, durerait peut-être encore? Mais ne nous arrêtons pas à des mots, laissons continuer M. Veuillot. « Le XIIIe siècle fonda pour la France six siècles de gloire. » Quoi? *la fin méritée* du moyen âge que vous trouvez si triste a été une époque de gloire? Le XVIe siècle fut une époque de gloire? Le XVIIIe et le XIXe siècle sont des siècles de gloire? Si c'est une gloire de s'être éloigné du XIIIe siècle, sur quoi discutons-nous? Le IIe siècle (M. Veuillot comprendra pourquoi je ne parle pas du Ier) est bien plus glorieux que le XIIIe, puisque, au lieu de six siècles, il en a fondé dix-huit qui tous ont eu une fin méritée.

Quelque barbares que ces siècles aient été, pendant leur durée, l'esprit humain n'a pas été complètement abruti; l'essence divine de l'homme s'y est révélée par quelques lueurs que le contraste de la nuit qui les entourait rend plus brillantes; mais de prétendus penseurs sont-ils bien fondés à venir nous dire que ces éclairs blafards sont plus éclatants que le soleil? La critique moderne a découvert dans les documents du moyen âge quelques renseignements inespérés et trop négligés; mais à cause de ces découvertes faut-il que, partant de là, un enthousiasme, réel ou supposé, proclame que dans cette époque tout est sublime, et qu'on doit préférer, par exemple, l'incohérent ramassis en langage barbare d'une législation encore plus barbare, les *establissements de saint Louis* à tout le *corpus juris,* à cette législation chef-d'œuvre de l'esprit humain qui, par la seule force de sa beauté et de sa raison, a soumis le monde barbare et régit encore le monde civilisé? Cependant M. Veuillot pousse l'aberration et l'oubli de la chose dont il parle, jusqu'à citer en preuve du bonheur procuré par le moyen âge, la *trève de Dieu! La trève de Dieu!* Mais ce nom seul ne rappelle-t-il pas l'époque de la plus effroyable corruption qui fut jamais..., et, pour me servir de vos expressions, « le plus prodigieux chaos où soit tombée l'humanité? » C'est ce monstrueux désordre qui rendit nécessaire la *trève de Dieu*, ainsi nommée parce qu'il était défendu pendant certains jours, et par conséquent permis pendant les autres, de tuer, de piller, de violer, d'incendier... Et vous citez la *trève de Dieu* comme une preuve du bonheur dont on jouissait au moyen âge!..... Vous êtes un bien terrible ami.

« Si cet enthousiasme rétrospectif, » disait M. A. Franck, avec une énergie que je suis heureux de reproduire, « n'était » qu'un sujet d'exercice pour le talent de bien dire, ou un » hommage rendu aux vertus et au génie de nos ancêtres, j'y » applaudirais de grand cœur; mais il cache des idées mal- » saines et des sentiments injustes, car il n'est pas autre chose » au fond qu'une protestation contre le droit, qu'une insulte » à la raison publique.[1] »

On me pardonnera donc de consacrer quelques mots de réponse aux étranges assertions de M. Veuillot.

LA PUDEUR.

Un auteur célèbre et dont certain parti n'osera qu'à demi contester l'autorité, Châteaubriand, avait pour ainsi dire deviné les Veuillot de notre époque, et dans une espèce d'inspiration prophétique, il a dit : « L'histoire moderne doit prendre soin de détruire un mensonge, non des chroniqueurs, qui » sont unanimes sur la corruption des bas siècles, mais de » l'ignorance et de l'esprit de parti des temps où nous vivons. » On s'est figuré que si le moyen âge était barbare, du moins » la morale et la religion faisaient le contre-poids de la bar- » barie; on se représente les anciennes familles grossières

[1] *Moniteur universel* du 2 mars 1856.

» sans doute, mais assises dans une sainte union à l'âtre domestique, avec toute la simplicité de l'âge d'or. Rien n'est » plus contraire à la vérité [1]. » L'auteur du *Génie du Christianisme* cite, à l'appui de son assertion, une foule de preuves incontestables, auxquelles peuvent avoir recours les curieux ; je vais essayer d'en fournir quelques autres.

Si l'on ne change pas la signification des mots, si l'on n'appelle pas pudeur cette grossière naïveté qui nomme tout par son nom et ne rougit de rien, précisément parce qu'elle ignore la pudeur, quels siècles manquèrent plus de pudeur que les siècles du moyen âge ? Les livres de prières eux-mêmes étaient ornés de figures dont la police de nos jours ne permettrait pas l'exposition. Les nudités les plus crues s'étalaient sur les murs des églises, dans les fêtes publiques, jusque dans les processions [2].

Dans la sainte chapelle de Vic-le-Comte, en Auvergne, on voyait au-dessus de l'autel une Vierge ayant à sa droite Adam et à sa gauche Ève, entièrement nus. Une des mains d'Adam commettait une épouvantable obscénité [3]. Une des stalles de l'église de Bourg-Achard, arrondissement de Pont-Audemer, représente un sujet tellement obscène, qu'un auteur moderne n'a pas même osé le décrire [4] ; mais, sans chercher dans les

[1] Châteaubriand : *Études sur l'Histoire de France.*

[2] En 1224, la veuve de Philippe-Auguste, la reine de Jérusalem et Blanche de Castille parurent à une procession :

« Aveuc li la reyne Blanche
Et la reyne Berengière
A compaingnie grant et fière
De genz privées et estranges,
Par Paris, nuz piez et en langes,
Que nule des trois n'ot chemise... »

(Guillaume Guyart : *Branche des royaux lignages : Chroniques nationales françaises*, édit. de Verdière, t. 7, p. 344, v. 7953.)

[3] Legrand d'Aussy : *Voyage fait en 1787... en Auvergne.* Paris, an III, in-8°, t. 1, p. 246.

[4] E.-H. Langlois : *Stalles de la cathédrale de Rouen.* Rouen, 1838, Periaux, in-8°, p. 159 et 176. « On est tout étonné, dit l'auteur, de

autres provinces des preuves qui constatent que l'imagination des bâtisseurs de nos églises ne laissait pour ainsi dire rien à envier aux décorateurs des anciens lupanars, je puis citer les sculptures d'une douzaine d'églises des environs de Bordeaux, où l'on trouve encore de ces représentations aussi hideuses que grossières[1].

En 1490, on représenta à Paris et à Angers un célèbre mystère composé par Jean Michel. Dans la scène du crucifiement, les saintes femmes y traversaient la foule des juifs et s'approchaient de Jésus, déjà dépouillé de ses vêtements. Marie Salomé faisait remarquer à ses sœurs cette nudité et, *l'actrice* qui représentait la sainte Vierge, prenant un voile, en ceignait les reins de *l'acteur* qui faisait le Christ[2].

rencontrer dans nos temples chrétiens ces *obscena*... Ce poète appartenait à l'époque la plus signalée par les turpitudes..., époque qui comprend le règne de saint Louis. » Il est fort possible que l'auteur de la stalle que M. Langlois n'a pas osé décrire fût un de ces religieux artistes qui, connaissant l'hébreu, a voulu représenter la traduction mot à mot de ces paroles de la femme impudique de la Bible : « *Veni inebriemur uberibus et fruamur cupitis amplexibus.* » (*Proverb.*, ch. 7, v. 18).

[1] Voyez, entre autres, les églises d'Aillas, Berson, Cadillac, Cestas, Courpiac, Loupiac, Lugagnac, Saint-Martin-de-Sescas, Montprinblanc, Paillet, Puch, etc. On peut consulter à ce sujet : *Influence architectonique de l'église de N.-D. de la Sauve,* par M. Léo Drouyn *(Actes de l'Académie de Bordeaux, 1853),* et les autres publications archéologiques de cet artiste aussi habile que consciencieux.

[2] Les révérends pères jésuites, s'il faut en croire Barbier d'Aucourt (*l'Onguent pour la brûlure*, réimprimé à la suite des *Enluminures*, Liége, 1683, Jaq. Lenoir), avaient conservé les traditions *pudiques* des *mystères*.

Dans l'énigme exposée le 1er juillet 1663 dans l'église du collége de Clermont, ils

« Mirent Cupidon sur l'autel
A la place de l'immortel...
Tous les dieux de l'ancienne fable
Folâtraient sans habillement
A l'ombre du Saint-Sacrement.
Jupiter, le maître des nues,
Avait les jambes toutes nues,

La littérature, ce miroir fidèle des mœurs, est tellement remplie de mots et de récits obscènes, que les plus intrépides collectionneurs modernes n'ont pas osé jusqu'ici les réimprimer dans toute leur crudité[1]. Les femmes ou les filles, les plus grandes comme les plus petites, y sont presque toujours représentées comme de véritables prostituées, uniquement occupées de se donner à leurs amants. S'il y est parlé d'un curé ou d'un moine, c'est toujours comme d'un homme souillé de luxure; et cependant, dans le chapitre même où M. Veuillot nous apprend que, pour des crimes qui ne méritaient pas la mort, on faisait courir des femmes toutes nues à travers la ville[2], il veut nous persuader que c'était par pudeur que dans certaines localités on noyait les femmes au lieu de les pendre. J'engage M. Veuillot, pour s'édifier sur ce sujet, à lire, dans les plaidoyers de Servin, les horribles détails du procès d'une pauvre femme accusée de sortilége; il y verra comment les juges, *assistés du curé*, Me Nicolas

Et l'on aurait franchement dit
Qu'il venait de sortir du lit.
Junon, cette déesse alerte,
Était librement découverte,
Et montrait de certains appas
Que la pudeur ne nomme pas... »

[1] Les biographes prétendent qu'un poëme sur la sainte Vierge : *De puritate conceptionis D. Virginis*, par le moine Robert Gaguin, l'un de nos historiens les plus connus, est rempli des idées les plus sales et des expressions les plus indécentes.

[2] La collection des ordonnances des rois de France mentionne une vingtaine de coutumes où la peine des adultères était de courir nus dans la ville. En Lorraine, au XIVe siècle, on livrait les condamnés aux prévôts, entièrement nus; l'usage prévalut cependant de leur laisser leur chemise. A Basle, en 1297, un ecclésiastique fut condamné à être chatré, et la partie de son corps dont il fut privé fut exposée en public. (Hullman : *Stadteiwesen der Mittelalters*. Bonn, 1829, t. 4, p. 262, d'après les *Annales de Colmar*.) Une charte du XIIIe siècle, citée par Ducange (verbo *Putagium*), dit : « La fame qui dira vilonnée à autre.... portera la pierre toute nue en sa chemise et celle la poindra après an la nage (fesse) d'un aiguillon. »

Roussel, ordonnèrent d'abord que Jeanne Simoni fût tondue et rasée de tout le poil qu'elle avait sur elle, puis entièrement dépouillée et jetée trois fois dans l'eau. La malheureuse mourut entre les mains de ces prétendus juges, qui, l'ayant tuée si *pudiquement* avant de la juger, firent ensuite exécuter leur sentence sur son cadavre. M. Veuillot est néanmoins persuadé qu'il lui a suffi de trouver une coutume où l'on noyait les femmes au lieu de les pendre, pour prouver que le moyen âge était l'époque de la pudeur; il s'affermit dans sa victoire, et là-dessus, comparant les costumes des femmes du XIIIe siècle avec celui des femmes de nos jours, il s'élève avec force contre « ces épaules nues, ces poitrines livrées aux regards de la foule, *ces cheveux effrontés !...* » Oh! Molière, dans votre *audace de banni*, vous croyez avoir suffisamment caractérisé le Tartuffe par ces vers :

> Avant que de parler, prenez-moi ce mouchoir...
> .... Couvrez ce sein que je ne saurois voir.
> Par de pareils objets les âmes sont blessées...

Que vos vers sont pâles et ternes auprès de *ces cheveux effrontés !*

Fier de son triomphe, M. le rédacteur en chef de l'*Univers* fait à cette occasion une magnifique prosopopée; il s'adresse à l'un de ces chastes maris du moyen âge qui, conformément au précepte du *Pénitentiel* de Théodore de Cantorbury, « mouraient fidèles à la mère de leurs enfants, n'ayant jamais » vu que la noble beauté de son visage [1]. »

Ce précepte de Théodore est-il bien authentique? A-t-il été bien exactement observé? Pourquoi pas? Je veux en cette occasion venir en aide à M. Veuillot, et lui citer une anecdote que peut-être il ne connaît pas, et qui constate que le précepte du *Pénitentiel* a été mis en pratique au moins une fois.

Le sire Aubert de Cany était un de ces maris pudibonds sui-

[1] *Maritus non debet uxorem suam nudam videre.* (Luc d'Achery : *Spicilegium*, t. IX.)

vant à la lettre le précepte qui défend de regarder sa femme nue. Sa femme, oui ; mais la femme d'un autre, le *Pénitentiel* ne le dit pas. Un jour donc que le sire de Cany alla voir son ami, cet aimable prince, Louis d'Orléans, que le non moins aimable duc de Bourgogne fit si *gentilment* assassiner, le duc d'Orléans était en partie de plaisir ; et comme il connaissait très-particulièrement la manière dont le sire de Cany suivait à l'égard de sa femme le précepte du *Pénitentiel*, il proposa au pudique mari de lui faire voir le plus beau corps de femme qu'il eût jamais rencontré, à une condition, que son noble visage resterait couvert. Le sire de Cany admira beaucoup, mais ne reconnut pas le corps de Mariette d'Anghien, sa femme, qui déjà portait dans ses flancs l'un des plus glorieux bâtards dont s'enorgueillit le moyen âge, *le tendre et beau Dunois* [1].

En échange de cette pudique anecdote, M. Veuillot m'accordera, je l'espère, que les rois, princes et hobereaux du moyen âge, tout en suivant le précepte du *Pénitentiel*, élevaient leurs bâtards dans leur famille, et que de ces nobles bâtards descendent quelques-unes des plus illustres races de la noblesse moderne. C'est fâcheux, je l'avoue ; mais, n'en déplaise à M. Veuillot, les faits sont là et nous obligent même à reconnaître que, contrairement à l'esprit du christianisme, un préjugé fort enraciné au moyen âge, et qui subsiste de nos jours avec une certaine force, faisait donner par tous, même par des prêtres et par des roturiers, une préférence marquée à la descendance illégitime de cette effrontée Mariette d'Anghien sur la descendance légitime de ce pudique seigneur de Cany. Une boutade très-connue, vraie ou supposée, d'une grande dame moderne, prouve surabondamment que les préceptes de pudeur et de piété, semés par le moyen âge, sont

[1] M. Veuillot ne doit pas chicaner sur la date relativement moderne de l'anecdote relative à Mariette d'Anghien ; la même aventure est racontée dans un ancien fabliau publié par Barbazan, sous ce titre : *les Deux Changeurs*, et mise en vers par un des chastes rimeurs de cette époque pudique.

parvenus vivaces jusqu'à nos jours. Catherine de Chabot, fille du marquis de Mirebeau, s'excusait près d'une de ses nobles amies, la baronne de Ferrières, et rejetait sur son état de grossesse l'obligation d'épouser un homme d'une condition inférieure. — « Hé ! madame, lui répondit celle-ci, quatre ou cinq bâtards vous déshonoreraient moins qu'une telle mésalliance ! »

Dans toutes les *coutumes*, il y avait un article à part concernant les bâtards. C'était un des plus beaux revenus des seigneuries féodales. D'ailleurs, l'Église laissait aux princes et même à de simples particuliers le droit de légitimer les bâtards [1], et les conciles d'Auvergne et de Poitiers, à ce que dit Hauteserre, firent cette faveur aux fils des prêtres et de leurs concubines, de pouvoir être faits prêtres en entrant d'abord dans un ordre religieux [2].

C'est ainsi que les heureux contemporains du moyen âge, profondément instruits de l'histoire du peuple de Dieu, avaient trouvé le moyen d'honorer également les différents personnages bibliques. En l'honneur de Sara, femme de Tobie, « dont » le nom plane sur le mariage chrétien comme l'exemple char» mant et parfait des vertus qu'il faut s'y proposer », et dont le souvenir, selon l'expression un peu païenne de M. Veuillot, *présidait aux mariages*, nos ancêtres payaient à leurs prêtres une redevance pour ne pas s'abstenir de leurs femmes

[1] Le 20 janvier 1330, l'empereur Louis de Bavière donna à plusieurs gentilshommes le pouvoir *héréditaire* de légitimer toute espèce de bâtards, même ceux qui provenaient d'un inceste : « *Etiam ex damnato coïtu seu incestis nuptiis procreatos.* » Laroque : *Traité de la noblesse*, Rouen, 1734, in-4°, p. 470.

[2] *Filii presbyterorum et concubinarum ad presbyteratum non promoveantur nisi priùs ad religiosam vitam transierint...* (Hauteserre, *De ducibus*, p. 171 et 165.) La logique avait déterminé les jurisconsultes anglais à admettre un singulier privilége pour les bâtards des serfs; comme ils ne pouvaient hériter des biens de leurs parents, la loi les exemptait d'hériter de leur servitude et les déclarait libres. « Nul bastard poet estre villeine, si non que il voyle. » (Houard : *Anciennes loix françoises*, t. 1, p. 264.)

pendant les trois premières nuits; en l'honneur de Sara, femme d'Abraham, qui, sans doute, ne recommanda pas à son mari de s'abstenir pendant trois nuits de la concubine qu'elle lui donna [1], les prêtres permettaient à leurs pénitents d'élever dans le domicile conjugal tous les petits Ismaëls qu'il jugeaient à propos d'y faire venir. Les docteurs alléguaient, en faveur des bâtards, qu'il y en avait dans la généalogie de Jésus-Christ, et que le Sauveur ne dédaignait pas ce lignage, puisqu'il se disait lui-même descendant d'Abraham et de David.

La littérature du moyen âge nous offre plusieurs exemples de ces habitudes patriarcales. Entre plusieurs que je pourrais citer, je me bornerai à analyser le *Lai du Fresne*, par Marie de France. Nous y verrons que l'usage de bénir le lit des époux remontait au moins jusqu'au temps des Croisades.

Une grande dame était accouchée, par malheur, de deux filles à la fois, et jugea à propos d'en abandonner une; mais ne voulant pas la faire périr, désirant qu'elle fût reconnue comme fille de haut lignagé, elle la fit déposer à la porte d'un couvent, enveloppée dans une magnifique étoffe de soie que son mari avait rapportée de Constantinople. La jeune fille, élevée par l'abbesse du couvent, devint tellement accomplie en beauté et en *vertus*, qu'un seigneur du voisinage en fit sa concubine. Buron et Fresne, c'étaient les noms des amants, vécurent longtemps heureux; mais les vassaux de Buron exigèrent impérieusement que leur seigneur prît une femme légitime, et Buron demanda précisément la sœur jumelle de Fresne. Le jour du mariage, la vertueuse concubine, qui, nouvelle Griselidis, devait rester au château, trouva que les étoffes

[1] On peut dire que c'était presque un usage patriarcal que les femmes légitimes fournissent ainsi de concubines leurs maris. La sainte Bible cite, indépendamment de Sara qui amena Agar à Abraham, les deux filles de Laban qui, mariées à Jacob et trouvant le temps trop long de n'avoir pas d'enfants, amenèrent chacune une servante à Jacob. Rachel lui donna Bala, et Lia lui donna Zelpha, et c'est de ces concubines choisies par les femmes légitimes que sont descendus quatre des chefs des douze tribus d'Israël.

qui recouvraient le lit nuptial n'étaient pas assez belles ; elle alla chercher l'étoffe de Constantinople dans laquelle elle avait été exposée et l'étendit sur le lit. Lorsque la cour et l'archevêque furent venus pour bénir le lit, la mère des deux jeunes filles reconnut la fameuse étoffe, et comme Fresne avait, en outre, conservé un certain anneau d'or, elle fut reconnue par sa mère : l'archevêque défit le lendemain le mariage qu'il avait fait la veille [1], et Fresne épousa définitivement Buron. L'auteur ne dit pas que les nouveaux époux imitèrent l'exemple de Sara et de Tobie [2].

Pour compléter l'idée qu'on doit se faire de la pureté des mœurs et de la morale de ces beaux siècles du moyen âge, M. Veuillot me permettra de lui indiquer une charte par laquelle sont *exemptés des peines de l'adultère* tous ceux qui viendront..... *aux foires de Bressieu*, en Dauphiné [3]. Est-il possible de pousser plus loin le mépris de la morale et l'amour du lucre ?

Voulez-vous un exemple de l'humilité et de l'esprit de concorde de ces siècles sublimes ? Lisez les *Chroniques de Saint-Denys*, et vous y verrez comment, lorsque le cortége funèbre qui portait le corps du saint roi qui résume toute la sublimité du XIIIe siècle, se présenta aux portes de l'abbaye de Saint-Denys, les religieux lui en refusèrent l'entrée, ni plus ni moins qu'on le ferait de nos jours au cadavre d'une actrice ou d'un suicidé. Et pourquoi tout cet éclat et tout ce scandale ? Parce que monseigneur l'évêque de Paris se trouvait dans le cortége, revêtu de ses habits pontificaux. Ce précédent pouvait servir à

[1] « El demain les départira
» Cil et celle qu'il épousa. »

[2] Les chastes maris du moyen âge savaient très-bien que ce Tobie, modèle de pureté, pouvait être marié avec plusieurs autres femmes lorsqu'il vainquit le démon qui avait déjà dévoré les sept premiers maris de Sara, et qu'il eût pu demander à Raguel la permission de faire coucher une ou plusieurs de ses belles-sœurs dans le même lit où il venait de triompher si glorieusement de l'invincible virginité de Sara.

[3] Salvaing : *Droits seigneuriaux*, p. 448.

usurper les droits de l'abbaye, et monseigneur l'évêque ne consentit à se dévêtir que sur l'ordre exprès donné par le nouveau roi, qui suivait le cercueil de son père.

La sublimité de ce XIIIe siècle a eu encore quelques autres *malheurs*. Mais quelle est l'époque qui n'a pas eu les siens ?

M. Veuillot, je l'ai déjà dit, n'est pas heureux dans le choix qu'il fait des exemples destinés à soutenir sa thèse, et l'exhumation du précepte du *Pénitentiel* de Théodore va nous en fournir une nouvelle preuve.

Sans faire parade d'une érudition aussi facile qu'intempestive, que M. Veuillot me permette de lui faire remarquer qu'il est peu probable que les chastes époux du moyen âge mourussent généralement sans avoir jamais vu autre chose que le *noble visage* de leurs épouses, et cela par une raison bien simple. Il paraît à peu près certain, malgré quelques témoignages contraires (entre autres l'exemple de la jeune Harlette, mère du fameux bâtard qui conquit l'Angleterre), il paraît certain, dis-je, que les femmes du moyen âge couchaient sans ce vêtement indispensable que la pudeur britannique ne permet pas de nommer. La troisième décision des *Arrêts d'amour*, recueillis par Martial d'Auvergne, et si doctement commentés par Benoist de Court, le dit d'une manière formelle, et la manière dont les *pudiques* imagiers des manuscrits du moyen âge ont si naïvement représenté les fornications et autres scènes analogues, ne laisse presque pas de doute à cet égard.

C'était une coutume antique que de se mettre au lit sans chemise. Saint Cyprien (*De habitu virginum*, Paris, 1726, imprimerie royale, in-f°, p. 179) dit à peu près comme Hérodote que la femme, en quittant sa chemise, se dépouille de sa pudeur : *Simul cum amictu vestis honor corporis ac pudor ponitur*.

D'après l'abbé Lebœuf, cité par Leber (t. 9, p. 455), à Nevers et à Nantes, un certain jour, les clercs entraient de force dans les maisons, y saisissaient les personnes qu'ils trouvaient au lit, et les conduisaient ainsi toutes nues jusqu'à l'église, où cela causait un certain scandale.

Dans le conte rapporté par Legrand d'Aussy (t. 2, p. 68), sous ce titre : *la Culotte du Cordelier*, une femme effrayée saute hors du lit toute nue. On peut voir dans le même ouvrage la note du tome 1, page 145, où Legrand d'Aussy rapporte plusieurs exemples constatant que les femmes couchaient sans chemise.

Meon a publié dans le *Nouveau Recueil de Fabliaux*, Paris, 1823, Chasseriau, in-8°, t. 2, p. 194, le *Prévôt d'Aquilée*. La pieuse femme du dévot prévôt se met au lit à côté du saint ermite; elle était nue, car le poète dit : « Qant nue lez lui la senti. »

Dans le *Roman de la Violette*, une vieille servante s'étonne que sa maîtresse s'obstine à coucher avec sa chemise; le savant éditeur, M. Francisque Michel, professeur à la Faculté des lettres de Bordeaux, fait remarquer que cela était d'autant plus extraordinaire, « qu'au moyen âge on se couchait sans chemise [1]. »

Dans le *Roman du Comte de Poitiers*, publié par le même éditeur, il est aussi question de l'usage de coucher sans chemise [2].

Dans un vitrail de la cathédrale de Rouen, le père et la mère de saint Romain sont couchés et sans chemise [3].

De graves jurisconsultes prétendent que, d'après les canonistes, une femme mariée ne pourrait pas faire vœu de ne jamais ôter sa chemise dans le lit [4].

[1] Francisque Michel : *Roman de la Violette*... Paris, 1834, Silvestre, in-8°, p. 32, note 1.

[2] *Id. : Roman du Comte de Poitiers*... Paris, 1831, Silvestre, in-8°, p. 3, note 2.

[3] E.-H. Langlois : *Essai historique et descriptif sur la peinture sur verre*... Rouen, 1832, Frère, in-8°, p. 40.

[4] Chasseneuz : *Commentaires sur la coutume de Bourgogne;* droits appartenant à des gens mariés, art. 1, col. 501. Guill. Benedicti : *Repetit. cap. Raynutius*, fol. 447, n° 28 : « *Nec vovere posset sine licentia mariti dormire cum camisia.* » Panorme : *De que habetur,* » *num.* XXX, *quia esse non posset sine scandalo quod marito volente* » *eam amplecti ipsam reperiret cum camisia.* »

C'est peut-être à cette occasion que s'établit le proverbe : *Promesses de mariée qui entrerait au lit en chemise* [1]. Et de là vient aussi cette expression si fréquente dans les fabliaux et dans les anciennes coutumes : « *Coucher nu à nue.* »

Des docteurs ont été plus loin, et, se fondant sur le 7e chapitre de la 1re épître de saint Paul aux Corinthiens, ils ont soutenu que la femme devant toujours chercher à plaire à son mari, un évêque ne pourrait pas défendre à des femmes de paraître en public les seins nus, si cela plaisait à leurs imprudents maris. Cet évêque pourrait seulement défendre à ces femmes de venir ainsi vêtues dans les églises y inciter à la tentation les ecclésiastiques placés sous la juridiction épiscopale [2].

Ainsi, pour admettre que l'article du *Pénitentiel* était aussi fidèlement observé que M. Veuillot voudrait le faire croire, il faudrait supposer que ces chastes époux avaient grand soin de ne se coucher ou de ne se lever ni à la lueur des flambeaux, ni lorsque le soleil éclairait l'atmosphère.

Je puis d'ailleurs en fournir une preuve d'un autre genre. Un des hommes les plus célèbres de l'ordre des dominicains, le bienheureux Alain de Laroche, le propagateur du saint Rosaire et le nouvel époux de la très-sainte Vierge Marie, voulant donner une preuve de l'unanimité de l'usage du Rosaire, s'écrie : « Enfin, que dirai-je ? de deux époux, celui qui aurait vu nu le corps de l'autre sans psautier, aurait cru voir un prodige fatal [3]. » Je reconnais qu'il y a *peut-être* un peu

[1] *Dictionnaire des proverbes*... Paris, 1821, Treuttel et Wurtz, in-8°, p. 110.

[2] « *Undè non posset episcopus statuto prohibere mulieribus in publicum ire pectore discooperto ubera monstrando ; postquam sic per uxores fieri, incautis fortè maritis placet, nisi eo modo intrarent ecclesiam clericos episcopo subditos alliciendo... Undè non immerito tales infatuatas tanquam venenum portantes potest episcopus prohibere ecclesiam intrare ; sed non plateas frequentare si eo modo fieri placeat maritis....* » (G. Benedicti : *Repetit. cap. Raynut.* sub verbo *Cuidam Petro*... n° 43.)

[3] « *Quid ? sponsum vel sponsam ab psalterio vidisse nudos monstrum*

d'exagération pieuse dans l'assertion du saint promoteur du Rosaire, mais il faut m'accorder aussi qu'à cette époque, ce n'était pas une chose très-extraordinaire, pour des gens mariés, de voir mutuellement leurs corps sans vêtements, puisqu'ils les voyaient si ordinairement avec un psautier, que sans cette addition ils eussent cru voir un être d'une autre espèce.

J'ai trouvé une preuve d'un autre genre dans le livre de M. Bouthors. A Aubigny, en Artois, pour acquérir le droit de bourgeoisie, il fallait que les époux, le jour de leurs noces, fissent appeler les échevins pour les voir tous deux au lit près l'un de l'autre, « et que riens ne soit mis entre eulx deulx[1]. » La charte ne parle ni de l'imitation de la continence de Tobie, ni du précepte du *Pénitentiel* de Théodore ; il est donc très-probable que la prosopopée de M. Veuillot est encore plus effrontée que les papillotes de nos femmes.

Que signifient d'ailleurs, comme preuve de la pudeur au moyen âge, les anciens textes isolés et plus ou moins authentiques de ces pénitentiels, de ces canons, de ces capitulaires, où l'on trouve tout ce qu'on veut, même des dispositions complètement contradictoires? Si vous vous prenez dans un recueil de sentences ou de préceptes recueillis en Angleterre, au VIIe siècle, par un Grec réfugié en Italie qui consentit, âgé de soixante-six ans, à recevoir les trois ordres sacrés pour être nommé à la fois archevêque et légat et aller évangéliser des peuples à demi sauvages, vous êtes obligés d'admettre aussi comme authentiques les autres choses singulières recueillies dans le même volume où vous avez puisé

aut ominis mali portentum fuisset creditum. » (B. Allanus de Rupe redivivus. Cologne, 1624, in-8°, p. 72.)

[1] *Coutumes locales...*, t. 2, p. 299. Les *Mémoires de l'Académie celtique*, t. 4, p. 262, mentionnent un usage pratiqué dans le diocèse de Chartres, d'après lequel, pendant la première nuit du mariage, les parents découvraient le lit pour « s'assurer de la sagesse de l'épousée et de la virilité de l'époux. » C'était comme en Sibérie ; mais tout cela ne ressemble guère à cette prétendue imitation de la continence de Tobie.

ce beau précepte : *Maritus non debet uxorem suam nudam videre.* Or, vous y trouverez que des rois chrétiens se croyaient permis d'avoir plusieurs femmes ; qu'il n'était pas défendu à des religieux de se souiller avec une femme, pourvu qu'ils eussent quitté l'habit de leur ordre : *Habitantibus illis in habitu religioso copulari non permittitur*[1]; qu'un prêtre en était quitte en faisant pénitence pendant quarante jours, exactement comme celui qui avait mangé de la chair d'un gibier trouvé mort, ou celui qui avait assassiné pour autrui, etc.[2]. Laissons donc à l'écart des règlements faits pour des peuples et des temps évidemment barbares. Occupons-nous spécialement de la pudeur dans les plus beaux siècles du moyen âge ; et nous trouverons qu'elle était la même dans la vie privée que dans la vie publique et religieuse.

On lit dans un auteur dont M. Veuillot ne contestera pas la catholicité, puisqu'il a eu l'honneur d'être, avant M. Veuillot, l'adversaire de Béranger : « On servait sur les tables de la » plus haute compagnie, et en présence des dames et des de- » moiselles, qui n'en paraissaient point étonnées, *des gâteaux* » *joyeux* qui avaient les formes les plus obscènes. Le beau » sexe ne faisait point de difficulté de toucher ces impudiques » effigies dont la mode dura plus de deux cents ans[3]. » C'est sans doute à une époque rapprochée de celle où, selon Michel de Montagne, les hommes portaient ostensiblement ce vain et inutile modèle d'un membre que nous ne pouvons seulement nommer.

A Dijon et ailleurs, le jour des *Innocents*, les jeunes gens avaient le droit d'aller surprendre au lit les femmes et de les fouetter. Clément Marot en avait formé un seul mot : *Innocenter*.

[1] A Nordlingen, le conseil crut pouvoir permettre aux ecclésiastiques d'aller dans les maisons de prostitution pendant le jour, mais il leur défendait d'y passer la nuit. (Hullman : *Stadtewesen der Mittelalters*. Bonn, 1829, t. 4, p. 262, d'après *Nordlinger franculum ordnung*.)

[2] Luc d'Achery : *Spicilegium*, t. 9, p. 16, 41.

[3] Marchangy : *la Gaule poétique*, t. 6, p. 61.

Pour faire cesser la sécheresse ou la pluie, on faisait des processions où assistaient très-dévotement des femmes en chemise et des hommes entièrement nus[1]. Dans presque toutes les fêtes publiques, on faisait figurer des femmes nues. Je me borne à mentionner l'entrée de Louis XI à Paris en 1461. A la fontaine de Ponceau, il y avait « trois belles filles faisant personnages de seraines, toutes nues, et leur voioit-on leur beau tetin droit, séparé, rond et dur[2]. » En 1468, à l'entrée de Charles le Téméraire à Lille, on représenta le *Jugement de Pâris :* les trois déesses y parurent *nues comme la main*[3].

Les clercs étaient partout accompagnés de courtisanes, et les écoles se tenaient dans les mêmes maisons que les lieux de prostitution[4].

« Il est triste, dit Legrand d'Aussy, de pouvoir opposer des » exemples d'une pareille crapule à ceux qui exaltent sans » cesse les siècles passés... ; mais, par un dérèglement de » mœurs bien singulier, les prostituées s'étaient multipliées » en France, sous saint Louis, à un point étonnant. Il les » vexa et les poursuivit, pendant tout son règne, avec une » rigueur qu'on taxa de dureté, et cependant jamais elles ne » furent plus communes[5]. »

D'après Joinville, les nobles croisés arrivés en Égypte établirent, autour même de la tente du saint roi, des lieux publics de débauche dont les seigneurs de la cour étaient les

[1] Velly : *Histoire de France*, t. 6, p. 4. Les catholiques ligueurs renouvelèrent ces heureuses traditions, s'il faut en croire le *Journal de Henri III*, t. 2, p. 175, 194 et 505 ; ils faisaient des processions *où hommes et femmes, filles et garçons étoient tout nuds, marchant pêle-mêle, si bien qu'on en vit des fruits.*

[2] J. de Troyes : *Chronique scandaleuse.* C'était la reproduction de ce qui avait eu lieu en 1431 à l'entrée de Henri VI à Paris. « Au Ponceau-Saint-Denis... dans le bacin de cette fontaine, avoit trois seraines moult belles... » Voyez ma *Collection générale des documents français qui sont en Angleterre.* Paris, 1847, Dumoulin, in-4°, t. 1, p. 242.

[3] Dreux Duradier : *Récréations historiques*, t. 1, p. 273.

[4] Michelet : *Histoire de France*, t. 2, p. 658.

[5] Legrand d'Aussy : *Fabliaux*, t. 3, p. 322.

administrateurs et les bénéficiers. Il est vrai que, par un mélange de religion et d'impudicité très-commun en ces temps-là, la plupart des prostituées n'accordaient leurs faveurs qu'après avoir interrogé celui qui les désirait sur sa profession de foi et le degré de croyance qu'il avait en la sainte Vierge[1]. On a prétendu, mais à tort, qu'au XVe siècle les ribaudes qui suivaient les soudards avaient leur confesseur[2]; de Saintfoix assure qu'une prostituée, ayant appris qu'elle avait eu des relations avec un excommunié, en fut si saisie, qu'elle tomba dans des convulsions qui nécessitèrent l'intervention d'un miracle pour la guérir[3].

En Angleterre, cette patrie des saints et le domaine de la pudeur, lorsque la veuve d'un chevalier se déclarait enceinte, le vicomte du comté devait, accompagné de chevaliers et de matrones, faire visiter les mamelles et le ventre de la dame, de toutes les manières possibles pour mieux s'assurer du fait[4].

Des conciles du XIIe siècle, dans un but qu'il est inutile

[1] Marchangy : *la Gaule poétique*, t. 5, p. 279. C'est ce roi qui, selon M. Veuillot, ne souffrit jamais près de lui un gentilhomme de mauvaises mœurs. Quel honorable certificat eût été l'affirmation de M. Veuillot pour la noblesse de France au XIIIe siècle, si, malheureusement pour elle, nous ne savions pas ce que c'est que la *pudeur* des paroles de M. Veuillot !

[2] « Tout derrière icelle compagnie, alloient à cheval huit ribaudes, et un moine noir, leur confesseur. » Dreux Duradier, qui cite ce fait (*Récréations poétiques*, t. 1, p. 252), d'après la *Chronique scandaleuse* du 14 août 1465, ajoute : « Plaisant équipage, et le bel office que celui de confesseur en titre de ces ribaudes ! » Dreux Duradier et autres me paraissent avoir mal compris le texte de la *Chronique*. Les mots de *leur confesseur* se rapportent, non pas grammaticalement, mais logiquement, *aux archiers d'icelle compagnie*, et non pas seulement *aux huit ribaudes*. Nos cantinières accompagnent les régiments comme l'aumônier; mais cet ecclésiastique n'est pas payé par les cantinières.

[3] *Essais sur Paris*, t. 2, p. 160.

[4] « *Et coram prædictis militibus facias eam videri a prædictis mulieribus, et diligenter tractari per ubera et per ventrem, modis omnibus, quibus meliùs et honestiùs indè poterit certiorari...* » (H. de Bracton : *De legibus et consuetudinibus Angliæ*, liv. 2, chap. 32.)

d'expliquer ici, réglementaient les droits perçus par les prostituées, et leur défendaient de rien exiger d'un homme, à moins qu'elles n'eussent passé la nuit tout entière avec lui [1]. Au XVe siècle, Mgr l'archevêque de Rouen percevait encore un droit sur les femmes publiques de Dieppe. En 1127, le duc d'Aquitaine enleva la femme du vicomte de Chatelleraut, et, voulant sans doute expier cette faute par des fondations pieuses, il institua, sous le titre d'*abbayes*, des maisons de prostitution, dont les dignitaires étaient choisies parmi les plus célèbres prostituées [2].

Sous Richard II, les receveurs du *Tax-Gatherers* avaient imaginé de faire visiter publiquement les filles qui prétendaient, comme vierges, être exemptées de la taxe [3].

Qu'y avait-il de plus indécent et de plus obscène, dit un jurisconsulte du XVIe siècle, que l'inspection des parties naturelles les plus cachées, qui se pratiqua jusqu'à l'ordonnance de 1539, pour attester l'âge légal des filles et des garçons [4]? Les princesses en étaient moins exemptées que les autres. Froissard nous apprend que la célèbre Isabelle de Bavière fut mise nue et visitée pour savoir si elle était convenablement formée pour avoir des enfants.

Voici, d'ailleurs, les formalités qui se pratiquaient encore au dernier siècle pour les mariages des descendants de saint Louis. Au mariage de la fille du Régent avec le fils de Philippe V, pour constater l'union charnelle, on fit comme au mariage du duc de Bourgogne. Les époux étant au lit, on laissa entrer dans la chambre tous ceux qui voulurent, puis on ferma les rideaux, et le duc de Popoli et Mme la duchesse de Monteillano restèrent sous les rideaux, chacun d'un côté

[1] « *Nisi noctem totam usque ad auroram cum eodem concubuerit.* » (Houard : *Anciennes loix françoises*..., t. 2, p. 257.)

[2] Guill. de Malmesbury : *Chronic.*, liv. 5, etc.

[3] Henri de Knyhton, apud Twysden, col. 2633. Voyez aussi Thom. Wright : *Archæologia*... t. XXX, p. 205.

[4] Philibert Bugnyon : *Des lois abrogées*, p. 162.

du lit[1]. C'était, dira peut-être M. Veuillot, en souvenir de la présence de l'ange Raphaël et du démon dans la chambre où Tobie épousa la fille de Raguel.

Les mœurs n'étaient pas seulement dépravées parmi les laïques. Écoutez le tableau des mœurs d'un couvent de femmes au XIIe siècle, fait par le célèbre évêque Ives de Chartres : « Ce n'est plus la demeure des religieuses, c'est un lieu de prostitution pour des femmes infernales qui livrent honteusement leurs corps au premier venu... » Le commentateur ajoute que ces désordres n'étaient pas rares à cette époque, et il en cite plusieurs exemples[2].

La pudeur de la sainte Vierge elle-même n'était pas respectée dans ces temps qui charment M. Veuillot. Lui qui s'effarouche des *cheveux effrontés* de nos femmes, et qui, sans doute, approuve le zèle de ces dévots qui mutilent les saintes images où l'on distingue le sexe de l'Enfant Jésus et celles où la Vierge sainte remplit les plus sublimes fonctions de la maternité, M. Veuillot, dis-je, ignore peut-être que plusieurs saints reconnus par l'Église se sont vantés d'avoir vu, touché et sucé les mamelles de la sainte Vierge[3]. Qu'il me permette de mettre sous ses yeux un passage du bienheureux Alain de Laroche, dont nous parlions tout à l'heure :

« Entre dix et onze heures de la nuit, sa cellule resplendit » tout à coup d'une lumière céleste, et la Vierge Marie lui

[1] Duclos : *Mémoires secrets*, t. 2, p. 207.

[2] « *Jam non locus sanctimonialium, sed mulierum dæmonialium prostibulum dicendum est, corpora sua ad turpes usus omni generi hominum prostituentium.* » Ives de Chartres : *Epistol. 70*, édition de 1610, pag. 139 et 623.

[3] D'après Descamps : *Voyage pittoresque de la Flandre*, p. 124 et 127. Ce sujet a été représenté par Théodore Vanthulden dans l'église des religieuses *muysen* de Malines, et par Gaspard de Crayer dans l'abbaye des dames de Nazareth, près de Lière. D'ailleurs, n'est-ce pas la représentation de ces paroles bibliques : « *Ibi dabo tibi ubera mea.* » (*Cantiq.*, chap. 7, v. 12.) « *Ubera ejus inebrient te in omni tempore.* » (*Proverb.*, chap. 5, v. 19.)

» apparut dans toute sa gloire... En présence de Jésus-Christ » et de plusieurs saints qui l'entouraient, elle épousa son ser- » viteur, et lui donna l'anneau de sa virginité... En même » temps, la benoîte mère de Dieu lui donna à sucer son sein » virginal... Qu'on ne s'étonne pas, ajoute-t-il, que j'aie pu » boire d'un lait si glorieux que celui de la Vierge Marie, qui » se trouverait ainsi avoir été corrompu et passé dans la » digestion... Il n'est point impossible que la sainte Vierge » ait actuellement du lait. Les corps des saints, comme dit » saint Thomas, ont des boyaux dont ils n'ont pas besoin, » mais qui remplissent leurs corps pour qu'ils ne soient pas » vides. Il serait bien moins étonnant que les mamelles de » la sainte mère de Dieu eussent du lait que si elles n'en » avaient pas.... Mais quand les mamelles de la Vierge Marie » n'auraient pas de lait, qui est-ce qui oserait lui refuser la » puissance de faire sucer son sein et de s'unir à l'époux » qu'elle s'est donné?... Saint Bernard a sucé le sein de la » Vierge. Dans plusieurs églises on trouve, parmi les reli- » ques, du lait de la Vierge... Qui osera dire que ce n'est » pas vrai?... On peut croire aux révélations, mais il est im- » possible de les démontrer [1]. »

Les théologiens ont été bien plus loin; ils n'ont pas craint d'examiner si Jésus-Christ et la sainte Vierge avaient ou n'avaient pas un nombril; ils ne se sont pas même arrêtés devant des questions dont nos mœurs ne permettent maintenant de parler qu'à des médecins ou à des dévots. Ces hardis théologiens ne se sont pas bornés à cette espèce de dissection du corps charnel de la mère de Dieu; ils la poursuivent de leurs indiscrètes recherches jusque dans le ciel, et décident grave-

[1] « *Sibi desponsavit; addidit que ei annulum virginitatis suæ virgineis de crinibus ipsiusmet Mariæ concinne factum... Gaude nunc igitur et lætare, o sponse, gaudere enim me fecisti toties quoties me in psalterio meo salutasti... Credant mihi qui voluerint: quia jure jurando hoc affirmo. Si autem noluerint? quid ad me? Hæc quæ dico; aliter quam dicam, probare non possum, nec audeo.* » (J.-A. Coppenstein : *D. Alanus redivivus*, p. 33, 110, 108, etc.)

ment si ses cheveux et ses ongles croissent dans le Paradis; si elle a besoin de les couper, etc.[1].

J'ai suffisamment élucidé la question de la pudeur du moyen âge; M. Veuillot me dispensera donc de ramasser d'autres preuves pour la lui faire connaître; car les faits qui me restent à citer pour démontrer de quel bonheur on devait jouir dans ces siècles modèles, sont tout aussi hideux.

Quelles que soient les idées de décence que nos mœurs nous imposent, la pudeur est évidemment une vertu d'origine païenne. La déesse de la Pudeur était surtout honorée à Rome, et l'on pourrait faire de très-curieux rapprochements de l'influence du culte de cette déesse sur les mœurs romaines. Si les siècles du moyen âge valent mieux que les nôtres sous quelques rapports, c'est précisément parce qu'ils avaient moins que nous cette prétendue pudeur que nous savons si bien allier avec toute espèce de corruption.

LE BONHEUR.

J'ai déjà parlé de la *trève de Dieu*, cet héroïque remède qui prouve le bonheur des populations qui l'employèrent, comme les plus hardies opérations chirurgicales prouvent la santé de ceux qui les subissent. L'énumération de quelques-uns des faits généraux de l'histoire du moyen âge va nous montrer quel genre de bonheur l'organisation féodale procurait aux populations.

Le fait le plus considérable de l'histoire de France pendant cette période, est la rivalité des rois de France et d'Angleterre. Trois siècles de guerres continuelles, acharnées, malheureuses, passent généralement pour une époque funeste et désastreuse; mais ce n'est pas l'avis de M. Veuillot, et c'est au contraire dans cette période qu'il place l'apogée du bonheur que la civilisation peut procurer à l'humanité.

Concurremment avec les ravages occasionnés par la guerre

[1] J.-B. Poza : *Elucidarium Deiparæ*. 1626, in-f°.

contre les Anglais, il y eut pendant le moyen âge d'autres guerres moins longues, mais peut-être plus funestes. Telle est la guerre contre les Albigeois. Est-ce que M. Veuillot partage, au sujet de cette guerre, l'opinion de notre savant et pieux compatriote le R. P. frère A. Cabanac, et s'en réjouit comme lui? « Quel est, dit-il, en parlant du *Rosaire*, le » bouquetier qui a si industrieusement agencé les fleurs de ce » bouquet? Qui a, le premier, enfilé ce sacré rosaire?..... Ce » fut le bienheureux frère saint Dominique.... L'occasion pour » laquelle il institua cette divine manière de prier fut pour » extirper l'abominable hérésie des Albigeois.... qui faisoient » leurs ordures dans les saints fonts baptismaux...., paillar- » doient sur les autels et fouloient aux pieds les sacrés mys- » tères..... Le pape Innocent III adjouta au fer matériel le » glaive spirituel d'anathème, et de ce double acier on avala » (abattit) plusieurs têtes à cette hydre et monstre infernal » d'hérésie, faisant mourir du glaive matériel plus de cent » mille hérétiques et plus d'un million par le couteau spiri- » tuel....[1] » Le fait est que ce fut une grande besogne épargnée aux confesseurs chargés du salut de ces onze cent mille âmes dont *ce double acier* les débarrassa; mais cette immense extermination passe pour n'avoir pas causé un grand bonheur à ceux qui la subirent et à ceux qui l'exécutèrent. M. Veuillot est d'un autre avis.

La terrible invasion des *Pastoureaux*, dont une bande se présenta aux portes de Bordeaux, passe aussi pour n'avoir pas été très-favorable au développement du bonheur public. M. Veuillot ne tient pas compte de ces détails.

Les innombrables désastres causés par les routiers et les grandes compagnies, dont le chef le plus célèbre, le fameux connétable Duguesclin, expia quelque temps dans les prisons de Bordeaux, l'audace qu'il avait eue de rançonner le Pape lui-même, paraissent généralement avoir fait horriblement

[1] A. Cabanac : *les Merveilles du sacré Rosaire*. Bordeaux, 1666, in-18, p. 6.

souffrir les contrées où ils se développèrent. M. Veuillot n'est pas de cet avis.

« Les *Jacques*, dit un auteur moderne, n'avaient plus rien » de l'exaltation religieuse des *Pastoureaux*; ils combattaient » afin de rendre tortures pour tortures, outrages pour ou- » trages, afin de vider en quelques jours cet horrible trésor » de haine et de vengeance que les générations s'étaient » transmis d'âge en âge en expirant sur la glèbe. La révolte » des nègres à Saint-Domingue peut seule donner une idée de » ce qui se passa dans les châteaux envahis par les *Jacques*. » Les excès de la *Jacquerie* sont restés dans la mémoire et dans la langue comme synonyme de tout ce que la barbarie peut inventer de plus atroce[1]. On en conclut ordinairement que les temps où elle naquit n'étaient pas des temps heureux; mais ce n'est pas l'avis de M. Veuillot.

Ce ne fut pas un temps heureux que celui qui vit les écorcheurs ou retondeurs, qui causèrent tant de ravages et furent si sévèrement châtiés, que, s'il faut en croire le récit d'Olivier de Lamarche, les rivières de la Saône et du Doubs étaient si pleines de corps et de charognes d'iceux écorcheurs, que maintes fois les pêcheurs les tiraient au lieu de poissons, deux à deux, trois à trois, liés et accouplés de cordes.

C'est aussi pendant le moyen âge que, du nord au midi et de l'est à l'ouest des Gaules, eurent lieu dans toutes les villes ces sanglantes révolutions communales, qui amenèrent quelques améliorations, mais qui constatent surtout l'état de mi-

[1] Si le récit de Froissart est vrai, l'histoire de la *Jacquerie* se rattache indirectement à l'histoire de Bordeaux. Les Jacques venaient de s'emparer de la ville de Meaux, où se trouvaient enfermées la plupart des dames et princesses de la cour de France, au nombre de plus de quatre cents, lorsque, heureusement pour ces dames, Jean de Grailly, ce célèbre captal de Buch, modèle de chevalerie que la France nous envie, venant de je ne sais où, vint à passer par là. Indigné de voir les vilains faire la guerre à des nobles, même ses ennemis, il se rua sur cette canaille, en tua plus de sept mille, et, rentrant dans la ville, la livra aux flammes, ainsi que la plus grande partie de ses habitants.

sère intolérable et d'oppression violente auquel était soumis le peuple. M. Veuillot n'en convient pas.

Les considérations morales témoignent aussi énergiquement que les faits historiques du genre de bonheur dont étaient accablées les populations du moyen âge. C'est l'époque où la jurisprudence en était réduite à ordonner les duels judiciaires, les épreuves par le feu, par l'eau, etc. C'est l'époque où les faussaires de tous les genres travaillèrent avec le plus d'ardeur. Si l'on ne connaît pas toute l'étendue du mal que dut causer cette dépravation exercée sur une aussi vaste échelle, on trouve généralement qu'elle est peu honorable pour l'époque où elle se développa. M. Veuillot n'y regarde pas de si près[1].

J'ai fait remarquer plusieurs fois que M. le rédacteur en chef de l'*Univers* a un bonheur tout particulier dans le choix des exemples qu'il prend pour faire triompher sa cause. Oubliant que ce qui fait l'éloge d'un homme peut servir à la condamnation d'un siècle, M. Veuillot nous montre combien Louis IX fut grand justicier, et rapporte en preuve la punition qu'il infligea au sire de Coucy, qui avait fait pendre, en quelque sorte pour s'amuser, trois étudiants. « Le roi ne craignit pas, dit M. Veuillot, d'humilier, en la personne du sire de Coucy, toute la noblesse du royaume... » Quelle noblesse que celle qui était humiliée qu'on l'empêchât d'assassiner sur les grandes routes ! Et encore, M. Veuillot ne dit pas que cette affaire ne fit tant de bruit que parce qu'il s'agissait de trois étudiants, c'est-à-dire de membres d'un corps privilégié, et que, s'il se fût agi de simples vilains, personne ne se serait occupé d'un pareil assassinat !

[1] Un bel esprit s'est amusé à soutenir que, par la même raison qui fait que les gens de robe et d'église n'ayant pas d'épée au côté sont moins polis entre eux que les militaires, sous la féodalité, il se commettait moins d'injustices que de nos jours, et qu'on était plus sûr de ce qu'on possédait. On devait, en effet, employer beaucoup moins de papier timbré que de nos jours, lorsque chacun pouvait demander à faire décider les procès par les armes, et que les parents et les amis des parties devaient nécessairement prendre part à la querelle.

N'est-ce pas aussi dans cette période que brilla de tout son éclat cette immense confrérie des soldats de l'Église du Christ, les Templiers enfin, puisqu'il faut les nommer par leur nom? A qui fera-t-on croire que des temps où se développa aussi rapidement une association qui couvrit l'Europe tout entière et une grande partie de l'Asie et de l'Afrique, en commettant toute sorte d'abominations et d'infamies; à qui fera-t-on croire que de pareils siècles soient des siècles de chasteté et de pudeur? Les crimes dont on accusait les Templiers n'étaient pas sans doute imaginaires, puisqu'un pape, ancien archevêque de Bordeaux, crut devoir faire brûler ces hypocrites et confisquer leurs immenses richesses.

C'est à cette époque que, les gens morts de mort subite passant pour être réprouvés de Dieu même, on confisquait tous leurs biens. Les *Établissements* de saint Louis eurent beaucoup de peine à remédier à ces abus.

Alors, il fallait laisser à l'Église, sous peine de damnation et de non-inhumation, au moins un dixième de sa fortune.... Et maintenant, chose honteuse, il faut l'autorisation du gouvernement laïque pour que le clergé, qui s'était adjugé cette *réserve légale*, comme représentant de *notre mère* l'Église, puisse recueillir ce que la piété des fidèles veut bien quelquefois lui léguer. Et ce sont ces hommes qu'on nomme des juristes qui sont cause de la perte de tous ces *beaux droits*.

C'est à cette époque qu'un curé, coupable d'avoir inhumé un cadavre sans en avoir le droit, était condamné à désenterrer ce corps en putréfaction et à le porter sur son dos dans le cimetière qui avait le droit de le recevoir. Cette coutume fut abolie au XIVe siècle, « parce que *ce cérémonial* avait causé la mort à plusieurs personnes[1]. »

C'est à cette époque que l'on instruisait des procès en forme contre les animaux *coupables d'homicides*, et qu'on les pendait au gibet comme des vilains.

[1] Carlier : *Histoire du duché de Valois.* Paris, 1764, in-4°, t. 2, p. 98.

C'est à cette époque que l'archevêque de Rouen, imité par les évêques d'Amiens et autres, décidait que c'était un péché contre nature de porter de longs cheveux, et que tous ceux qui commettaient un aussi abominable péché seraient exclus des églises pendant leur vie, et qu'on ne prierait pas pour eux après leur mort[1].

C'est à cette époque, où, selon M. Veuillot, les routes étaient si bien entretenues, que certains seigneurs, et les officiers de saint Louis lui-même, forçaient les marchands à se détourner de leur chemin pour leur faire payer des droits qu'ils eussent évité de payer en passant dans le chemin le plus court.

M. Veuillot est-il aussi convaincu qu'il voudrait le faire croire de la sublimité et du bonheur de cette époque néfaste? Il est permis d'en douter, car il lui échappe de dire quelque part, « que chacun devait compter un peu sur soi pour se protéger ; » et dans un autre passage, M. Veuillot rapporte une charte *qui permet aux habitants de la Rochelle de se défendre,* si l'on veut dorénavant les priver de leurs droits paternels.

Il semble résulter de ces malencontreuses citations, que tout le monde n'a pas déraisonné jusqu'à la venue providentielle de M. le rédacteur en chef de l'*Univers;* et si nous poussons plus loin nos recherches, nous découvrirons que tous nos grands écrivains avaient eu le sens commun, et que c'est peut-être M. Veuillot qui se trompe. M. le rédacteur en chef de l'*Univers* parle si souvent avec tant d'éloges de ce savant belge M. J.-J. Raëpsaet, il conseille si souvent à M. Dupin de consulter ses œuvres, que j'ai été curieux, moi aussi, de les consulter. Quel n'a pas été mon étonnement, lorsque j'ai trouvé dans les œuvres de *ce vrai savant* cette phrase : « L'excès du despotisme des maîtres excita dans les XIIe et XIIIe siècles des insurrections en masse...... ; les champs devinrent déserts[2]... » Ces siècles n'étaient donc pas sublimes ; et puisque M. Veuillot reconnaît que M. Raëpsaet est un vrai

[1] Velly : *Histoire de France*, t. 6, p. 147.

[2] J.-J. Raëpsaet : *Œuvres complètes*...., t. 5, p. 302.

savant, il faut nécessairement que M. Veuillot soit un savant d'une autre espèce que la véritable espèce.

M. Veuillot n'est pas d'accord avec le vrai savant M. Raëpsaet; il n'est pas d'accord non plus avec un autre érudit auquel il a fait de nombreux emprunts. Voici comment s'exprime M. Léopold Delisle : « On reste confondu à la vue des désor» dres qui régnaient dans la plupart des ménages... De tous » côtés, le concubinage et l'adultère appellent une répression » qui presque toujours reste impuissante. Le mariage ne con» serve plus la moindre dignité. Nos malheureux paysans n'y » voient guère qu'un marché peu différent de ceux qu'ils » concluent journellement entre eux. Rien n'est plus ordinaire » que de trouver des futurs époux plaidant l'un contre l'autre » à la cour de l'official, qui tantôt renvoie les parties libres de » contracter ou non le mariage, et tantôt, par une sentence » appuyée des anathèmes de l'église, les force à s'unir, et, » suivant son expression, les adjuge l'un à l'autre comme » mari et femme[1]... »

Un autre élève de la loyale École des chartes, M. Merlet, vient de publier une analyse des registres de l'officialité de Chartres, et dit, à propos d'un assassinat commis par un prêtre : « Le fait de cet homicide n'est pas unique dans nos » registres; *presque à chaque page on trouve des traits de* » *sauvagerie semblables, sinon plus atroces.* » J'engage ceux qui veulent avoir une idée de ce que c'était que cette justice cléricale, à lire ce curieux mémoire[2].

Ces citations portent, je l'espère, assez d'atteintes à la sublimité du moyen âge pour me dispenser de faire l'analyse des innombrables dispositions des conciles du XIIIe siècle, et d'y trouver les preuves des désordres sans nom qui désolaient la société au moyen âge. « Les conciles, dit Châteaubriand » (*Études hist.*, t. 3, p. 184), reproduisent sans cesse les » plaintes contre la licence des mœurs. »

[1] Léopold Delisle : *Essai sur la condition*..., p. 187.
[2] *Bibliothèque de l'École des chartes*, 4e sér., t. 2, p. 574.

Il est arrivé aussi quelques malheurs à M. Veuillot à propos de ce qu'il dit de la population de cette époque. Un courtisan de Napoléon Ier assurait à son maître que la consommation extraordinaire qu'il avait faite de *la chair à canon* ne nuisait point aux progrès de la population. Il lui prouva par des chiffres que le régime de la conscription aidait beaucoup au développement de l'espèce humaine. M. Veuillot et ses amis sont des statisticiens de la même force ; selon leurs chiffres, tout était mieux au XIIIe siècle qu'aujourd'hui. Le commerce était bien plus florissant, les routes mieux entretenues et plus sûres. Le télégraphe même n'est pas une invention moderne ; des feux allumés de colline en colline transmettaient les nouvelles d'un bout de la France à l'autre, etc. Aussi M. Veuillot, fort du témoignage de M. Léopold Delisle pour ce qui concerne la Normandie, assure que le chiffre de la population au moyen âge était à peu près le même qu'aujourd'hui. Voici quelques faits :

On lit dans le journal des états généraux tenus à Tours en 1484, et dont la rédaction a été faussement attribuée à Masselin, que les députés de la Normandie avaient prétendu que, dans le Cotentin, la plupart des habitants avaient été forcés de s'expatrier, et que les malheureux qui restaient étaient réduits à une telle misère, qu'ils s'entassaient, pères, mères, enfants et petits-enfants, jusqu'à soixante-dix âmes, autour du même foyer. Dans le pays de Caux, c'était encore pis : les quatre-vingt-dix-neuf centièmes de la population avaient été détruits ; la terre était réellement déserte. Les rares habitants qui restaient couchaient pêle-mêle avec leurs bestiaux dans de misérables cabanes de broussailles et de boue. On y cherchait en vain la trace de villes et de bourgades autrefois florissantes, et la route même avait disparu entre Dieppe et Rouen[1].

[1] Au commencement du XVIe siècle, les populations de la Normandie et de la Picardie étaient encore tellement opprimées par les *beaux droits* des seigneurs, que, selon Charles Dumoulin (*Consilium* XVII, no 32), plus de dix mille paysans abandonnèrent leur patrie, se réfugièrent

D'après Carlier, dans le duché de Valois, les terres restèrent en friche pendant trente ans, de 1416 à 1446. Il en résulta des famines horribles ; et la race des loups, se multipliant à mesure que la race des hommes disparaissait, ces animaux se formèrent en troupes et firent réellement la guerre aux hommes.

Il me semble qu'aujourd'hui on ne craint ni les loups, ni les sorciers, ni leurs adhérents ; mais je me trompe sans doute ; et je suis forcé de croire à l'assertion de M. Veuillot, comme Napoléon se laissa persuader que ses plus sanglantes batailles contribuaient à l'accroissement de la population. Cependant, si la France du XIIIe siècle était aussi peuplée qu'elle l'est actuellement, comme nous comptons trente-six millions d'habitants, il y en avait donc aussi trente-six millions au XIIIe siècle. Or, M. Veuillot nous a dit que cette époque avait fondé pour la France six siècles de gloire ; et comme, au bout de ces six siècles de gloire, la France avait à peine vingt-quatre millions d'habitants, il en résulterait, si les assertions de M. Veuillot devaient être comptées pour quelque chose, qu'à peu près un tiers de la population aurait été détruit par le bonheur dont le XIIIe siècle nous avait dotés.

C'est à cette époque que le servage, institution *sublime*, était dans tout son éclat. C'est alors que les chanoines de Paris, usant à la rigueur du droit que Beaumanoir reconnaît aux seigneurs de prendre à leurs serfs tous leurs biens, et de tenir leurs corps en prison, à tort ou à raison, comme il leur plaisait, sans être tenu d'en répondre *fors à Dieu*, firent si cruellement souffrir leurs serfs, que la mère de saint Louis fut obligée de donner elle-même l'exemple pour mettre fin par la violence à de si abominables scandales.

Nous reviendrons plus tard, en traitant de l'origine du *droit du seigneur*, sur l'état des serfs. Ici nous remarque-

dans les forêts de la Franche-Comté, et consentirent à y devenir *serfs* : « *Magna multitudo Gallorum (Francos vocere pudet)... ultra decem* » *millia hospicio suscepti sunt in sylvis ad culturam reducendis sub* » *conditione manus mortuæ.* »

rons seulement que l'état des vilains, qui n'étaient pas serfs, était si misérable, que, sous Louis X comme sous François Ier, des masses de serfs refusaient de devenir libres, et que des hommes nominalement libres demandaient à devenir serfs.

Il est vrai que, pendant que les chrétiens *vilains* étaient ainsi honnis, exploités, vendus, poursuivis et revendiqués comme de véritables bêtes de somme, les chrétiens *ecclésiastiques* absorbaient aisément toutes les richesses, et s'attribuaient tant de priviléges que nos rois étaient obligés de défendre à qui que ce soit de charger un ecclésiastique de rendre la justice, parce que, dit naïvement le texte d'une ordonnance de 1287, ils pouvaient se soustraire à toute espèce de répression.

Pendant le XIIIe siècle, presque tous les souverains de l'Europe furent excommuniés ou dépossédés par la Papauté, qui, elle-même, était fugitive et persécutée. Tout se vendait. La faveur suffisait pour faire occuper plusieurs évêchés, même sans être prêtre (Philippe de Savoie, archevêque de Lyon); et un évêque de Lincoln, révéré comme un saint, selon Mathieu Paris, reprochait au Pape de faire trafic des croisés, comme on trafique des moutons ou des pourceaux. Par compensation, les croisés ne respectaient guère plus les monastères que les propriétés des hérétiques. Les religieux de Maillezais en firent la cruelle expérience. L'an 1236, leur abbaye fut dévastée par les croisés poitevins.

Le clergé régulier et le clergé séculier s'accusaient mutuellement d'ignorance et de dépravation, et se disputaient la direction des consciences comme des chiens affamés se disputent les os d'une charogne.

L'avidité du clergé avait si bien répandu les idées d'après lesquelles rien n'est aussi avantageux que les donations en faveur de l'Église, que des dévots, n'ayant plus rien à donner, se donnaient eux-mêmes, aliénaient leur liberté, et se faisaient serfs de ces abbés et de ces évêques qui, selon l'expression du *bon chrétien* Ducange, s'occupaient beaucoup plus d'augmenter leurs revenus que du salut des âmes. Un genre de document assez fréquent prouve mieux encore que le servage volontaire, jusqu'à quel point la cupidité du clergé était parvenue à circonvenir la piété peu éclairée des fidèles de cette époque. Ce n'était pas assez pour certains religieux de se faire donner les biens et même le corps de leurs pénitents; pour être bien sûrs que rien de ce qui appartenait à ces dévots ainsi préparés n'échapperait à leur avidité, quelques ecclésiastiques avaient imaginé de se faire donner jusqu'à l'âme et toute la substance de leurs pénitents [1]. Il est assez inutile de rechercher quel était le véritable motif de ces sortes d'actes, il est de toute évidence qu'ils étaient inspirés par une pensée de cupidité.

M. Veuillot ne dit pas ouvertement que rien n'est aussi utile que les donations aux prêtres; mais, préoccupé de la même pensée, l'un de MM. les rédacteurs de l'*Univers* s'est exprimé plus clairement, et disait un jour avec une ingénuité charmante : « Il savait, ce grand homme, que les » biens donnés à l'Église sont en réalité les plus profitables à » l'État, puisque, consacrés à Dieu et aux pauvres, ils attirent » d'une part les bénédictions du ciel, et que, de l'autre, ils » empêchent le peuple de tomber dans la misère et dans les » révoltes qui en sont la suite. » Ainsi, il n'y aurait rien de mieux à faire que de donner *tout* à l'Église. Nous recommandons à l'attention de nos hommes d'État cette simplification budgétaire et administrative; et nous passons à l'examen d'une question peut-être moins sérieuse, celle du mariage chrétien, tel que M. Veuillot voudrait nous le faire adopter. Nous allons voir que les théories morales de M. le rédacteur en chef de l'*Univers* sont à peu près aussi risibles que ses théories historiques.

[1] « *Et insuper cuncta que adquirire potuisset, et corpus et animam cunctamque substanciam suam.* » (L'abbé Lacurie : *Histoire de l'abbaye de Maillezais*. Fontenay-le-Comte, 1852, Fillon, in-8°, p. 38 et 363.)

CHAPITRE VII

LE MARIAGE CHRÉTIEN SELON M. VEUILLOT.

Quand un taureau s'est échappé furieux des mains qui le guidaient, si par hasard il se réfugie dans un magasin de verroterie, il frappe et brise sans savoir pourquoi; plus il brise, plus il s'irrite et plus il redouble ses coups. Ainsi, M. Veuillot, s'occupant d'histoire, fausse et défigure toutes les questions qu'il rencontre.

Sous prétexte que le *droit du seigneur* est essentiellement contraire à l'esprit du sacrement du mariage, ce que personne ne conteste, M. Veuillot consacre le quart de son volume à faire connaître ce qu'est, selon lui, le mariage chrétien. L'idée qu'il en a est tellement différente de l'opinion commune, que certainement beaucoup de très-sincères catholiques ne soupçonnaient rien d'analogue ou d'approchant. Pour expliquer sa pensée, M. Veuillot ne se fait aucun scrupule de ramener ses lecteurs.... au catéchisme. Si M. Veuillot transcrit ainsi quatre ou cinq pages d'un catéchisme rédigé par Bossuet ou par ses grands vicaires, ce n'est pas, sans doute, pour faire admirer le génie de celui que Rome nous défend d'appeler *notre Bossuet*[1]; c'est plutôt pour montrer que certains sujets peuvent rabaisser un génie que d'autres matières ont élevé si haut; et certainement aussi pour avoir un prétexte de traiter un sujet que messieurs les dévots aiment beaucoup à examiner, tout en accusant ceux qui s'en occupent *d'avoir souillé leur plume par plaisir*.

Ainsi, un homme qui prétend être pieux, dévoué à la reli-

[1] *Courrier de la Gironde* du 3 janvier 1855 et du 24 janvier 1857.

gion, convaincu de l'excellence et de la divinité de la doctrine catholique, ne craint pas de proclamer hautement que cette religion, dont les plus humbles sectateurs croient savoir plus de véritable philosophie que n'en savaient les plus grands penseurs de l'antiquité, est en réalité une religion si obscure, si peu claire et si embrouillée, qu'après tant de générations d'apôtres, de saints, de pontifes, de docteurs, de prédicateurs, de lettrés, qui se sont usées à concilier, éclaircir et propager cette doctrine révélée de Dieu même, il faut encore, après dix-huit siècles d'efforts incessants, qu'un folliculaire vienne en aide à tous ces prêtres, à tous ces saints, à tous ces apôtres, pour que des hommes que M. Veuillot peut dévotement haïr, mais auxquels il ne refuse pas une intelligence et une éducation aussi développées que celles de la masse de la population, pour que des membres de l'Académie française ou des autres classes de l'Institut puissent comprendre la doctrine du mariage catholique. On conviendra qu'il y a dans un pareil fait un orgueil bien insensé, s'il n'y a pas un coupable parti pris de nuire indirectement à la cause qu'on prétend servir. Laissons donc de côté le catéchisme de Bossuet et la digression sur la fécondité des mariages, et voyons ce que serait le mariage tel que le conçoit M. Veuillot.

« En même temps que l'Apôtre, dit M. Veuillot, pose ainsi » la doctrine chrétienne sur l'union de l'homme et de la femme, » il prévient que les imposteurs ne tarderont pas à paraître.[1] » Parmi ces imposteurs, figurent, comme on s'y attend bien, les magistrats qui, sans refuser au mariage religieux le caractère de sacrement, veulent en faire aussi un contrat civil dont ils règlent les effets[2]; et M. Dupin, se trouvant avoir soutenu, comme magistrat, les lois de son pays, reçoit, à cette occa-

[1] Je ne pense pas que l'auteur de cette phrase incorrecte ait voulu dire par ces mots que le christianisme repose sur le mariage; mais cela n'empêchera pas M. Veuillot de donner aux autres des leçons de style.

[2] Primitivement les évêques n'exerçaient qu'une juridiction volontaire. Arbitres choisis par les parties, ce n'est que plus tard qu'ils furent approuvés par les princes. « La juridiction que nous exerçons, dit saint

sion une violente remontrance et même quelques leçons de style. Mais passons tout cela, ne nous arrêtons même pas à des phrases charmantes sur les cérémonies dont l'Église entoure les mariages; le soin qu'elle met à *arranger ce voile virginal qui va tomber*, etc. Arrivons au mariage chrétien tel que M. Veuillot le conçoit, et laissons la parole à M. le rédacteur en chef de l'*Univers*, car beaucoup de lecteurs refuseraient de croire à mon exactitude, si je ne rapportais ce texte lui-même.

« Le mariage n'était pour les premiers chrétiens *qu'une » sorte d'intermittence à l'état de virginité*..... Nous méprisons, dit Athénagoras, jusqu'aux satisfactions de l'esprit. » Nous n'épousons des femmes que dans la vue d'avoir des » enfants. Le laboureur, ayant confié la semence à la terre, » s'éloigne et attend la moisson; et nous, du devoir de conti- » nuer le genre humain, nous faisons la mesure de nos plai- » sirs. Vous trouverez même parmi nous grand nombre d'hom- » mes et de femmes qui vieillissent dans le célibat pour rester » plus intimement unis à Dieu. » Ainsi, pour des chrétiens comme les voudrait M. Veuillot, le mariage ne devrait présenter que le moins possible des intermittences à l'état de virginité; et pour être plus intimement *unis à Dieu*, les jeunes époux devraient vivre comme vécurent sainte Cunégonde et saint Henri.

Cependant, ajoute M. Veuillot, les prêtres du moyen âge ne demandaient aux époux de se conserver purs que pendant trois jours (trois jours, c'était bien peu [1]). Ils bénissaient la maison des époux, la chambre nuptiale, le lit, et enfin « j'hésite presque » à dire ce qui suit, tant je sens que les mœurs sont changées

Jean Chrysostome, ne serait pas permise, si les lois ne nous l'avaient accordée. » Cependant, les ecclésiastiques en étaient venus au point, qu'en 1633, on vit l'official de Paris faire mettre en prison un pauvre diable qui n'était coupable que d'avoir épousé une femme honnête et de s'être refusé à épouser une servante débauchée que son curé voulait lui faire prendre. (*Œuvres de D. et d'O. Talon*, t. 3, p. 215.)

[1] Nous avons cité un exemple où l'on exigeait soixante-douze jours.

» et que ce dernier acte de la bénédiction nuptiale pourra paraître surprenant....., les époux eux-mêmes, lorsqu'ils » étaient couchés. » C'était naïf, charmant, édifiant, et surtout..... lucratif. Cependant cette bénédiction des époux dans leur lit donna lieu à quelques abus. En 1503, Étienne Porcher, évêque de Paris, ordonna que ces bénédictions eussent lieu en plein jour; mais les lois des évêques, comme les autres lois, ne sont pas toujours fidèlement exécutées, et Sauval [1] nous apprend que, longtemps après, en 1577, une aventure arrivée au curé de Saint-Étienne-du-Mont obligea P. de Gondy à défendre de nouveau de faire ces bénédictions la nuit.

Tout cela n'empêche pas M. Veuillot de s'écrier à ce sujet : » Quelle sagesse inspirée du ciel dans ces cérémonies, dans » ces prières, dans ces bénédictions intarissables ! » Le mot *intarissables* à propos de mesures fiscales est vraiment fort heureusement choisi; mais nous venons de voir que plusieurs évêques, notamment ceux de Paris, ne partageaient pas l'admiration de M. Veuillot pour ces sortes de bénédictions. Les parlements s'en mêlèrent aussi, et, trouvant que le zèle des vendeurs était réellement intarissable, essayèrent d'y mettre un frein. M. Veuillot, oubliant que les formalités du mariage civil sont la reproduction *mutanda mutandis* de la simplicité des mariages chrétiens, la constatation d'un consentement mutuel, se moque fort agréablement des cérémonies de la mairie [2]; il trouve que cette attestation publique d'un consentement volontaire donné après les publications légales, dans la salle commune, par le représentant officiel de toute la population, est infiniment moins authentique que l'attestation douteuse d'un prêtre de rencontre, constatant qu'un consentement plus

[1] Sauval : .... t. 2, p. 629.

[2] S'il faut en croire certains théologiens, la bénédiction ecclésiastique n'était même pas nécessaire pour contracter un mariage. Le consentement mutuel était seul exigé; en conséquence, un signe quelconque, pourvu qu'il ne fût pas équivoque, suffisait pour contracter cette union indissoluble. On pouvait se marier par procureur, même par lettres. Le consentement n'avait pas besoin d'être simultané, etc.

ou moins libre et réfléchi a été donné derrière un mur quelconque, dans la ruelle d'un lit ou dans les cachots d'un couvent. M. Veuillot, oubliant cette circonstance (on oublie bien des choses en y mettant un peu de bonne volonté, et M. Veuillot a beaucoup de cette bonne volonté), M. Veuillot, dis-je, oubliant que le sacrement était autrefois conféré par la constatation du consentement donné devant un prêtre, et bien plus simplement encore, comme nous allons le voir tout à l'heure, continue ainsi : « Aujourd'hui que cette pratique » religieuse (de payer une redevance aux évêques?) n'existe » plus, que fait-on?... Dans le peuple, la mariée est soumise » à *d'ignobles quolibets*[1]; et la plus pure est forcée de faire » en vingt-quatre heures un apprentissage complet d'impu- » dence. Elle n'entre dans son saint état d'épouse et de mère » qu'en traversant un bourbier d'ignominie[2]. » Ici, M. le rédacteur en chef de l'*Univers* calomnie le peuple et les ministres de Dieu qui l'instruisent. Il est vrai qu'on trouve trop souvent encore chez le peuple une ignorance et une grossièreté que certaines gens tiennent à perpétuer, on sait pourquoi; mais en disant que la plus pure des jeunes femmes du peuple est forcée, le jour de son mariage, de faire un apprentissage complet d'impudence, M. Veuillot se trompe. Malgré les efforts de certain parti, l'instruction et la pudeur

[1] Je ne connais, jusqu'ici, que M. Veuillot capable de chercher de la *noblesse* dans des quolibets.

[2] Quoi qu'en dise M. Veuillot, ce n'est pas depuis qu'on ne paie plus les évêques que le *bourbier d'ignominie* a été traversé. Saint Cyprien recommandait aux vierges de ne pas assister aux noces à cause du dévergondage qui y régnait. Le concile d'Agde défendait aux prêtres d'assister aux festins de noces, de peur que leurs yeux et leurs oreilles ne fussent souillés par des paroles et des spectacles peu décents. Remarquons aussi en passant que M. Veuillot a dit que les redevances sur les mariages avaient été établies quand la foi se relâcha, et qu'il reconnaît qu'elles existaient à Amiens au XIIIe siècle. A quelle époque donc la foi n'était-elle pas relâchée si elle l'était dans ce siècle *sublime* ? M. Veuillot ne devrait-il pas conserver au moins la pudeur de ses paroles et ne pas se réfuter lui-même?

sont descendues dans toutes les classes du peuple : on y trouve des mères de famille aussi pures, aussi chastes qu'ont pu l'être toutes les dames Veuillot; et parmi nos robustes ouvriers, il en est heureusement un bon nombre qui ne permettraient pas de dire devant leurs femmes ou leurs filles les propos que se permettent trop souvent de prétendus dévots.

Continuons à laisser parler M. le rédacteur en chef de l'*Univers* : « La mariée avait ainsi eu le temps de s'accou» tumer à son nouvel état... de faire connaissance avec son » mari... Les malheureux ! que d'immondices ils ont réussi à » jeter sur l'une des plus charmantes institutions que le » génie chrétien ait jamais créées pour protéger la liberté de » la femme et sa pudeur !... » Qui s'imaginerait que de si jolies phrases ont été alignées pour déplorer qu'un mari, voulant coucher avec sa femme légitime, ne paie plus à son évêque une redevance semblable à celle que donnent aux plus infâmes matrones leurs sales clients, et qu'en payant cette redevance, l'apprentissage de l'impudeur cessait et le bourbier d'ignominie disparaissait? C'est un singulier raisonneur que M. le rédacteur en chef de l'*Univers*. « Cependant, ajoute-t-il, » l'Église, par ses prescriptions, avait su rapprocher les gens » mariés du rang glorieux des vierges, en leur faisant un bon» heur tout dégagé de l'humiliation des sens[1]. » Il est possible

[1] M. Veuillot ajoute à cette phrase : « un bonheur dégagé de l'humiliation des sens », ces mots : « et une condition digne des anges, *au témoignage même du Fils de Dieu.* » Qui ne croirait, en lisant ces mots, que le Fils de Dieu a réellement comparé le bonheur des gens mariés et vivant dans la virginité au bonheur des anges ? Or, comme M. Veuillot a eu l'heureuse idée de mettre au bas du passage de saint Luc où se trouvent une partie de ces paroles : *Verba Christi*, cette façon inusitée de citer l'Évangile, comme si les paroles du Fils de Dieu avaient eu un éditeur, ni plus ni moins que les œuvres posthumes ou non de MM. Raëpsaet ou Veuillot, m'a fait soupçonner quelque fraude. Je ne m'étais pas trompé. L'habitude de falsifier les textes est si invétérée chez M. Veuillot, qu'elle lui fait falsifier même les textes de l'Évangile. Dans le passage de saint Luc auquel il fait allusion, ce bonheur semblable à celui des anges est attribué à des êtres qui ne se

que beaucoup de gens se regardent comme humiliés des sens que le Créateur a bien voulu leur donner, et il est évident que plusieurs se dégagent complètement de l'assujettissement à un sens qui nous est donné par Dieu, le *sens commun;* mais il est certain aussi que le mariage, tel que le comprend M. Veuillot, non seulement rapprocherait les époux du rang des vierges, mais les placerait dans un rang infiniment *supérieur*.

Pour conserver la virginité des jeunes cénobites et rendre leur vie méritoire, les saints fondateurs des ordres monastiques ont soigneusement séparé les jeunes hommes des jeunes femmes, aucun n'a encore songé à les mettre par couple dans le même lit. M. Veuillot pense autrement; il espère que la grâce céleste descendrait sur nos jeunes époux avec autant d'efficacité qu'elle descendit jadis sur le bienheureux Robert d'Arbrissel, ce pieux ami des prostituées, dont le siècle de la pudeur a voulu faire un saint parce qu'il se faisait suivre d'une multitude de ces malheureuses, et se mettait au lit entre deux religieuses nues, pour montrer à tous comment il avait su dompter la chair [1].

M. Veuillot a également exhumé un article du *Pénitentiel*

marient point : *Illi vero... neque nubent, neque ducent uxores.* Quant à ces mots, « qui hurlent d'effroi de se voir accouplés », *un bonheur dégagé de l'humiliation des sens*, il est inutile de dire qu'ils ne sont pas dans saint Luc; ce ne sont pas des *verba Christi*, mais des *verba Veuilloti*.

[1] En conséquence de cette éminente vertu de saint Robert d'Arbrissel, on chercha à relever le plus possible l'ordre religieux qu'il avait fondé et dans lequel les femmes avaient la prééminence sur les hommes. Quelques esprits, comme il y en a encore de nos jours, imaginèrent de soutenir que Jésus-Christ ayant dit du haut de la croix à la Vierge et à saint Jean : « Femme, voilà votre fils, et vous, Jean, voilà votre mère, » les choses avaient dû s'accomplir comme Dieu l'avait dit, et que, par un nouveau mystère, la sainte Vierge était devenue immédiatement la mère naturelle de saint Jean. Quoi qu'il en soit, Mme l'abbesse de Fontevrault avait la supériorité sur les religieuses et sur les religieux de son ordre. Un arrêt du 19 février 1639 maintint Marie d'Urfé, prieure du monastère de Cropière, dans la possession et jouissance du

de Théodore, qui ajoute à cette condition une autre condition presque aussi extraordinaire : « Il ne faut pas qu'un mari voie le corps de sa femme nue. » Par la même raison, il est aussi défendu à la femme de voir le corps de son mari. Je me suis occupé ailleurs de ce précepte et de cette pudeur (page 200). Mais d'où peut donc venir chez ces néo-chrétiens cette espèce d'horreur pour les nudités? Est-ce qu'ils s'imaginent que chez tous les peuples, dans tous les âges et sous tous les climats, on a porté des culottes taillées sur le modèle de celles de M. Veuillot[1], et que la chasteté réside dans la forme du vêtement plutôt que dans le cœur[2]? Je ne sais quel païen a dit que la femme de Phocion se voilait d'abord de sa pudeur et ensuite du premier vêtement qu'elle rencontrait; mais sans remonter à un costume aussi primitif, à quelle religion appartient donc cette prétendue pudeur qui voudrait que même des époux ne pussent pas sans crime apercevoir leurs corps nus? À moins de proscrire les images, comme les calvinistes et les mahométans, d'où peut venir cette horreur des nudités dans une religion dont l'ancienne loi commence par le récit de la nudité de notre premier père, et dans laquelle les prophètes prophétisaient nus[3], lorsque, dans la seconde forme de la loi, c'est

droit de s'approprier la moitié des offrandes et des fondations faites aux prêtres de la ville de Cropière, et d'empêcher que les prêtres pussent y célébrer la messe et faire aucun office à haute voix autrement que sous le chant des religieuses. (Henrys : *Œuvres*, t. 1, p. 173.)

[1] L'amiral d'Estrées disait, en riant, qu'il avait vu des églises en Guinée où des chanoines nègres n'avaient pour tout habillement que leur aumusse sur le bras gauche.

[2] Ce n'est pas, dit Minutius Félix, par leur extérieur, mais par la pureté et la modestie de leur conduite, que les chrétiens se reconnaissent entre eux. Saint Augustin dit aussi : Lorsqu'un philosophe se fait chrétien, il n'est pas obligé de changer ses habits, mais d'abandonner ses fausses idées.

[3] On lit dans la Bible (*Rois*, liv. 1, ch. 19, v. 24) que Saül ayant rencontré Samuel et David, l'Esprit de Dieu descendit sur lui. Il quitta aussi ses vêtements et prophétisa avec les autres : il resta nu tout le jour et toute la nuit. Isaïe aussi marchait nu. (*Et dixit Dominus : Sicut ambulavit servus meus Isaïas nudus.* Isaïe, ch. 20, v. 3.)

l'histoire de Jésus crucifié nu [1], celle des apôtres qui probablement travaillaient nus [2], celle des martyrs qui ont souffert nus; celle des catéchumènes, mâles ou femelles, qu'on baptisait nus de la tête aux pieds [3]; celle des pères de l'Église dont le costume et le langage ne redoutaient rien d'une chaste nudité? Notre religion est la même que celle des écrivains, celle des peintres, celle des sculpteurs des *siècles de la pudeur*, qui ont décrit et représenté les nudités dans toute leur crudité. Il y a des saintes même qu'on représente nues : Madelaine, Marie l'Égyptienne, etc. [4]. La pruderie est née de la corruption du

[1] Le célèbre prédicateur Barlette ne craignit pas de dire, dans un sermon, que la Samaritaine avait reconnu que Jésus était juif, à sa circoncision. (Dreux-Duradier : *Récréations historiques*, t. 1, p. 208.)

[2] Lorsque le jour du jugement sera venu, dit saint Matthieu (ch. 24, v. 18), « que celui qui sera dans les champs ne retourne pas en arrière pour prendre sa tunique. » Il semble résulter de ce passage que les Juifs travaillaient nus. On trouve dans saint Marc (ch. 14, v. 52) que, lorsque les Juifs vinrent pour prendre Jésus, ses disciples l'abandonnèrent; un jeune homme le suivait couvert d'un manteau sur le nu (*amictus sindone super nudo*); les Juifs le saisirent, mais, leur laissant son manteau, il s'échappa nu de leurs mains (*nudus profugit ab eis*). Saint Jean (ch. 21, v. 7) dit aussi qu'à la troisième apparition de Jésus à ses disciples, Simon Pierre mit son habit, car il était nu.

[3] Pour recevoir le baptême, les catéchumènes étaient nus et frottés de la tête aux pieds, dit saint Jean Chrysostome, comme les athlètes prêts à entrer dans l'arène. Lorsque Théophile, patriarche d'Alexandrie, souléva le peuple contre saint Jean Chrysostome, le tumulte était si violent, que les femmes prêtes à être baptisées en furent effrayées et s'échappèrent toutes nues dans les rues. Il est sans doute inutile de raconter par quels procédés on avait imaginé d'atténuer l'inconvenance que présentait la réunion des évêques ou des prêtres avec les femmes ainsi préparées à ce sacrement. On en trouve les détails dans dom Martène. (*De antiquis Ecclesiæ ritibus*, t. 1, p. 121, 130, etc.)

[4] Le sceau des carmes de Dunkerque représentait sainte Marie l'Égyptienne vue de face et dans le costume primitif dont elle était vêtue lorsque Zozime la rencontra. Sa légende était peinte d'une manière encore plus indécente sur les vitraux de l'église de Saint-Germain-l'Auxerrois. La sainte était représentée offrant son corps au batelier pour son passage. Ce vitrail ne fut enlevé qu'en 1660. (Saintfoix : *Essai sur Paris*, t. 1.)

christianisme. Dans la schismatique Angleterre, vous trouverez des femmes aimant mieux mourir que de montrer une jambe cassée à un chirurgien, sous prétexte que c'est un homme; et l'une des principales causes des succès du protestantisme est *l'impudeur* des confessions.

J'ai lu que chez je ne sais chez quel peuple de l'Afrique il existe une manière de se marier qui, sous certains rapports, ressemble beaucoup au mariage chrétien tel que voudrait l'établir M. Veuillot. Chez ces sauvages, qui d'ailleurs sont polygames, la pudeur est tellement en honneur, que ce serait une chose excessivement honteuse à une fille d'avouer qu'elle consent à prendre un mari; en conséquence, le futur est obligé de faire semblant d'enlever sa future; et, dût M. Veuillot se pendre de dépit d'avoir été distancé par la pudeur de ces sauvagesses, la vertu leur fait une loi, non pas de mourir sans avoir jamais montré à leur mari une autre partie de leur corps que leur chaste et noir visage, mais précisément au contraire de ne laisser voir leur visage qu'au bout de trois ans; après ce terme, leur visage peut être vu *sans rougir*. Ces trois années de pudeur africaine me paraissent un perfectionnement bien constaté sur la prétendue imitation des trois nuits hébraïques de Sara et de Tobie. M. Veuillot et ses amis sont avertis; maintenant qu'il n'y a plus de parlements en France, ne serait-il pas très-utile de substituer cet usage pour remplacer celui que messeigneurs les évêques d'Amiens ont si malheureusement laissé détruire? Ces bons évêques ne prescrivaient l'abstinence que pendant trois jours, mais ils avaient *le droit* de l'ordonner, s'ils l'eussent voulu, pendant plus longtemps; pourquoi n'essaierait-on pas de fixer ce terme à trois années? Les époux seraient peut-être moins unis entre eux, mais, d'après M. Veuillot, ils seraient certainement *plus intimement unis à Dieu*[1].

[1] Il n'est pas inutile de remarquer que les théologiens eux-mêmes condamnent cette prétendue imitation de la continence de Tobie. D'après eux, les conjoints peuvent consommer leur mariage avant même d'avoir reçu la bénédiction nuptiale; et lorsqu'ils examinent si une femme qui

Cependant, les fervents apôtres de cette prétendue chasteté ne se sont pas bornés à préconiser cet article du *Pénitentiel* qui défend au mari de voir autre chose que le visage de sa femme ; ils transforment en un acte infâme l'accomplissement des préceptes divins qui ont ordonné à tous les êtres vivants de se reproduire, et veulent que la femme qui s'est approchée de son mari se soit souillée. C'est vainement pour eux que l'Apôtre a dit : « Le mari et la femme seront deux dans une seule chair ; ils ne seront plus deux, mais une seule chair [1], etc. » Ils osent dire que la chaste épouse qui a donné publiquement sa main, son cœur, sa vie, à l'époux de son choix, à l'homme auquel son sort est irrévocablement uni du consentement de ses parents, de ses amis, de ses magistrats, de son Dieu, ils osent dire que cette épouse est flétrie et souillée, quand elle sort des bras du père de ses enfants ! Rassurez-vous, jeunes mères, tous les théologiens ne partagent pas les opinions monstrueuses de ces pudibonds folliculaires. N'est-ce pas, en effet, monstrueux que des hommes habitués à toutes les fanges du mensonge, de la calomnie, de l'hypocrisie, de la haine, de la cruauté, puissent dire au mari

a épousé son mari avec répugnance a le droit de lui refuser le devoir conjugal *le premier jour* de son mariage, ils sont unanimes à répondre qu'elle ne le peut pas *sans péché mortel*. Ainsi, dans le diocèse d'Amiens, celui des époux qui, pour ne pas frauder les droits de monseigneur l'évêque, forçait l'autre à imiter l'exemple de Tobie, commettait un péché mortel. Les docteurs admettaient cependant une exception à la règle. La voici : lorsqu'un des contractants, tout en consentant au mariage, avait intention d'entrer en religion, il avait un délai de deux mois pour refuser d'accorder le devoir conjugal ; s'il le refusait le 61e jour, il commettait un péché mortel. Ce délai avait été accordé parce que, tant que le mariage n'avait pas été charnellement consommé, il pouvait être dissous par l'entrée en religion de l'un des conjoints. Cette jurisprudence canonique peut avoir son bon côté ; mais M. Veuillot m'accordera aussi que les juristes ont peut-être eu raison de ne pas permettre que les intérêts des tiers puissent rester aussi longtemps à la merci des caprices ou des scrupules de deux époux.

[1] Saint Matthieu, ch. 19.

que c'est un crime de regarder le corps de sa femme; à la femme, qu'elle est souillée lorsqu'elle s'est prêtée à propager des êtres qui doivent aimer et servir Dieu?

Au moyen âge, non seulement on pouvait, mais on devait recevoir la communion avant d'entrer en champ-clos pour égorger un homme; mais, selon M. Veuillot, si l'on entre dans son lit après avoir communié, et avec l'intention d'obéir à Dieu en lui donnant des enfants qui puissent l'aimer et le servir, on offense le sacrement et l'on commet *un adultère*[1].

La morale païenne serait alors bien plus raisonnable que la nôtre. S'il faut en croire Diogène Laërce, lorsqu'on demanda à la célèbre Théano combien il fallait de temps à une femme pour être purifiée des embrassements d'un homme: « Elle l'est à l'instant, répondit-elle, si c'est son mari, et jamais si c'est un autre homme. » Beaucoup de gens trouveront peut-être que Théano voyait plus juste que M. Veuillot. Mais, pour en finir sur ce sujet, j'adresse à nos modernes et pudibonds casuistes cette simple question: Si l'accomplissement du *devoir* conjugal entraîne nécessairement une souillure, comment auraient fait les prêtres, quand ils étaient mariés, pour offrir chaque jour le sacrifice de la messe? Voudraient-ils, comme le dit la bulle, vraie ou fausse, de Boniface VIII, que les prêtres

[1] J'ai connu un de ces chrétiens comme les voudrait M. Veuillot, qui faisait patriarcalement des Agar de toutes les femmes de chambre de sa femme, et, suivant d'ailleurs très-dévotement les maximes de nos modernes Athénagoras, n'est parvenu à se débarrasser de sa femme qu'à sa dix-septième grossesse. Je sais qu'il y en a eu de plus heureux. Qu'est-ce que cela prouve? me diront sans doute ces étranges moralistes. Un législateur païen avait ordonné, dans l'intérêt de la république, de détruire tous les enfants mal conformés; qui pourrait dire que ce n'est pas dans l'intérêt de l'espèce humaine que nous voulons mettre à mort toute femme trop faiblement constituée pour ne pouvoir supporter annuellement les fonctions de l'enfantement? On peut citer plusieurs exemples de ce genre: Eusèbe félicite Constantin d'avoir donné l'ordre d'égorger tous les êtres humains dont les parties sexuelles n'étaient pas conformées comme elles le sont ordinairement. Les Égyptiens faisaient mourir tous les enfants qui avaient les cheveux roux, etc.

mariés s'abstinssent du devoir conjugal, seulement le jour où ils devraient dire la messe[1], et qu'ils eussent fait ainsi alterner leurs fonctions conjugales et leurs fonctions sacerdotales? Selon M. Veuillot, il eût fallu que ces prêtres se fussent abstenus, un jour, du devoir sacerdotal s'ils avaient eu une intermittence à l'état de virginité, et, le lendemain, du devoir conjugal s'ils avaient célébré les saints mystères? La question ainsi posée me paraît résolue.

C'est surabondamment que j'ajoute que la plupart des théologiens et des casuistes sont d'un sentiment contraire à celui de M. le rédacteur en chef de l'*Univers;* je me bornerai à citer le jésuite Vincent Fillucius, qui dit (Traité X, ch. 9, § 324) : *Ob Eucharistiam non est preceptum abstinere.... nec ante illam... nec post illam.* Au paragraphe 327, il dit : *Non est peccatum cum mulier est prægnans.*

Si Jésus-Christ a dit, en parlant par paraboles, que le semeur jette son grain le long des chemins, sur des pierres et dans les ronces, aussi bien que dans la bonne terre, ou bien encore que le semeur laisse l'ivraie croître à côté du froment pour les trier au moment de la moisson, ce serait, comme dit le Sauveur, avoir des oreilles pour ne pas entendre et des yeux pour ne pas voir, que de prendre à la lettre ces préceptes divins[2]. L'Évangile dit aussi : « Les oiseaux du ciel ne sèment point, ils ne moissonnent point, ils n'amassent rien dans les greniers[3]. » Mais vouloir appliquer strictement ces préceptes, soit à l'agriculture, soit au mariage, serait également absurde. Le laboureur qui jetterait son grain au hasard et s'éloignerait

[1] Cette bulle, datée du 13 mai 1297, porte : *In die tamen quo celebrare debebunt, a suis uxoribus abstineant.* (Bibliothèque de l'École des chartes, 4e série, t. 2, p. 604.) Le mariage des prêtres, dans les premiers siècles du christianisme, longtemps contesté par des discoureurs plus zélés qu'instruits, est aujourd'hui hors de toute contestation.

[2] C'est pourquoi je leur parle en paraboles, parce qu'en voyant ils ne voient point, et qu'en entendant ils n'entendent point et ne comprennent point. (Saint Matthieu, ch. 13, v. 13.)

[3] Saint Matthieu, ch. 6, v. 26.

pour ne revenir qu'au moment de la moisson, serait à peu près sûr de mourir de faim, parce que la zizanie et les autres mauvaises herbes auraient étouffé le bon grain. Que nos Athénagoras veuillent bien me dispenser de leur expliquer comment l'application de cette parabole au mariage produirait des herbes encore plus dangereuses que la zizanie. Je me contenterai de leur rappeler que les rituels prescrivent impérieusement aux époux de ne pas se refuser le devoir conjugal. Le pape Innocent III fit excommunier les femmes qui le refusaient à leurs maris [1]. L'apôtre saint Paul, dans le chapitre même où il donne la préférence à l'état de virginité sur celui du mariage, s'exprime ainsi : « *Uxori vir debbitum reddat; similiter et uxor viro. Mulier sui corporis potestatem non habet, sed vir. Nolite fraudare invicem...., ne tentet vos Satanas* [2]. Y a-t-il moyen de concilier ces prescriptions avec les maximes que veulent établir Athénagoras et M. Veuillot? et, d'ailleurs, l'autorité de l'Apôtre des gentils vaut-elle celle de M. le rédacteur en chef de l'*Univers?* Qui sait?

Origène avait mieux compris que cela la chasteté qu'on voudrait nous donner : il s'était mutilé pour enlever la cause du mal. On pardonne de pareilles aberrations dans des cerveaux troublés par un soleil ardent et les étrangetés de nouvelles doctrines; mais qu'en France, au XIXe siècle, on veuille nous ramener aux visions des Athénagoras ou des Origène, c'est à en rougir de honte ou à éclater de rire.

Si le mariage chrétien n'était contracté, comme celui des

[1] D'Héricourt : *Lois ecclésiastiques*, p. 519.

[2] Saint Paul : 1re *Épître aux Corinthiens*, ch. 7, v. 3. Dans quelques rituels, on avait introduit dans les prières des cérémonies cette espèce de maxime, qu'il vaut mieux se marier que de brûler : *Melius est nubere quam uri.* Presque partout on disait, en mettant l'anneau nuptial : « De cet anneau te espouse, de mes biens te doue, et de mon corps te honore. » Dans le rituel de Limoges, la femme disait : « Je donne à toy mon corps en loyale femme. » Tout cela ne semble-t-il pas désigner autre chose que les préceptes d'Athénagoras et du *Pénitentiel* de Théodore ?

païens, que dans l'unique but d'avoir des enfants, les lois ecclésiastiques eussent prononcé sa dissolution pour cause de stérilité, comme elles le prononçaient pour cause d'impuissance. Elles fixent un âge avant lequel on ne peut se marier; elles en eussent fixé un après lequel on ne pourrait contracter mariage, et peut-être même après lequel les époux devraient être séparés. L'Église se dispenserait très-volontiers, sans doute, de bénir ces unions mal assorties de vieillards avec de jeunes filles, ou de vieilles femmes avec de jeunes hommes; elle eût continué d'appliquer cette loi païenne (*Papia-Poppea*) qui défendait aux hommes de se marier après soixante ans, et aux femmes après cinquante.

Ce n'est pas seulement de nos jours qu'il s'est trouvé de ces réformateurs qui veulent apprendre à Dieu à gouverner le monde. C'est eux qu'Euripide avait en vue lorsqu'il dit quelque part : O Jupiter! pourquoi as-tu créé les femmes, si elles ne sont destinées qu'à conserver le genre humain? Ne pouvais-tu pas donner aux hommes des enfants tout faits en échange de l'or, de l'encens et des sacrifices qu'ils te présentent? Saint Augustin, partant d'un autre point de vue, dit que la sainteté du sacrement est plus importante que sa fécondité. « *In matrimonio consideratur sacramenti sanctitas, non* » *uteri feconditas.* » Il prouve même que le mariage peut être contracté avec le dessein de garder une continence perpétuelle, sans quoi la sainte Vierge n'eût pas été l'épouse de saint Joseph; et tous les saints qui ont gardé la continence dans leur mariage eussent offensé le sacrement qu'ils avaient reçu.

Si M. Veuillot n'oubliait pas son catéchisme, qu'il aime tant à apprendre aux autres, il y eût vu, dans les Commandements de Dieu, qu'il n'est permis de *désirer* l'œuvre de chair qu'en mariage. Il est donc permis de désirer l'œuvre de chair en mariage; pourquoi MM. Athénagoras et Veuillot s'imaginent-ils de le défendre?

Il est certain que le mariage, soit civil, soit religieux, est institué pour autre chose que le but unique de la procréation des enfants. La santé, la tranquillité, la satisfaction, et pour tout dire, en un mot, le bonheur des contractants, y sont aussi entrés pour quelque chose. Est-ce que les brutes ne se reproduisent pas sans le mariage? Mais des êtres qui ne veulent pas comprendre l'amour, peuvent-ils concevoir l'amitié? Ce n'est pas pour eux que saint Augustin a écrit : « *Et si emarcuerit ardor œtatis inter masculum et fœminam, viget tamen ardor charitatis inter maritum et uxorem*[1]. »

Cependant l'exécution tacite et la mise en pratique cachée de ce système absurde est une de nos plaies sociales les plus graves, une des causes les plus actives de la corruption de nos mœurs. La jeune femme victime de ce régime inattendu, impie, contre nature, se révolte et succombe, et ceux qui lui jettent la pierre avec le plus d'acharnement et d'ardeur sont ceux-là mêmes dont les principes odieux ont le plus contribué à sa chute.

Pour plus amples renseignements sur cet article, que M. Veuillot me permette de lui indiquer le deuxième chapitre d'un livre de Vincent Tagereau, que probablement il ne connaît pas; il y verra comme quoi, d'après saint Paul, saint Augustin, Soto, Navarrus, Panorme et autres docteurs qui, peut-être, savaient aussi bien ces choses que MM. les rédacteurs de l'*Univers*, « le mariage chrétien n'est tant pour avoir » lignée que pour éviter fornication[2]. »

Comme preuve, j'ajouterai aussi ce célèbre canon 47 du concile de Tolède qui dit formellement qu'on ne doit pas éloigner de la communion l'homme qui vit en concubinage, pourvu qu'à son choix, il se contente d'une seule femme, soit son épouse, soit sa concubine[3]. Qu'on explique comme on

[1] Saint Augustin : *De bono conjugali*, lib. 3.

[2] Vincent Tagereau : *Discours sur l'impuissance de l'homme et de la femme*. Paris, 1612, in-12.

[3] *Is qui non habet uxorem et pro uxore concubinam habet, à communione non repellatur; tantum ut unius mulieris aut uxoris, aut concubinæ, ut ei placuerit, sit conjunctione contentus.* (L. d'Achery : *Collectio antiqua canonum*, l. 1, c. 81.)

voudra le mot *concubine*, la décision n'est pas moins importante et décisive pour ce que je dis du *mariage*.

J'ai déjà dit qu'il est aussi inutile que dangereux de faire descendre l'érudition dans les discussions ordinaires. Cette science est trop incertaine, trop sujette aux controverses pour être à la portée de tous, pour pouvoir se colporter dans les cabarets des barrières où il paraît que M. Veuillot l'a rencontrée, et pour être étalée dans les colonnes du journalisme où M. Veuillot a essayé de l'introduire. Il est des choses que les érudits discutent entre eux, admettent ou combattent sans aucun inconvénient, parce qu'ils en apprécient la portée et le but, tandis que le public ignorant et léger se laisse prendre à des mots dont il dénature le sens, et, leur attribuant une portée toute différente de celle qu'ils ont, se forme une multitude de fantômes et de monstres, de choses simples et ordinaires. Ces sortes de procès devraient se juger à huis-clos. M. Veuillot leur a ouvert tous les battants de la publicité. Il n'a pas craint de faire intervenir et d'étaler au grand jour ce que j'appelle les mystères de l'érudition; qu'il me permette de le suivre sur le même terrain, et d'employer un moment les armes acérées dont il s'est lui-même servi.

Ainsi, sans avoir la prétention de me faire regarder comme familier avec l'étude des capitulaires, des canons, des anciennes lois, des décrets, des bulles, etc., je puis dire que j'ai eu la curiosité de recourir aux sources que M. Veuillot avait indiquées, et qu'il m'a suffi de regarder précisément à côté des passages employés par M. Veuillot, pour y rencontrer d'autres passages complètement contraires aux premiers. Par conséquent, si les citations faites par M. Veuillot avaient la moindre autorité, les miennes en auraient une non moins grande. Après avoir lu mes citations, M. Veuillot reconnaîtra, je l'espère, qu'il y avait au moins imprudence à se servir de pareilles preuves, et que, dans tous les cas, il y a mauvaise foi à leur attribuer une valeur et une importance qu'elles n'ont jamais eues.

Il résulterait, en effet, des textes de certains canons, capitulaires, etc., adoptés comme authentiques, d'assez singulières doctrines sur le mariage. Pour en donner une idée, examinons d'abord, d'après ce genre de documents, la question de l'indissolubilité du mariage chrétien.

Je ne veux pas dresser le catalogue de tous les mariages scandaleusement déclarés nuls, dont l'histoire a conservé le souvenir. « Le prétexte de la proximité du sang, dit un savant jésuite[1], était une ressource qui ne manquait guère aux grandes maisons lorsque des mécontentements personnels y faisaient souhaiter une rupture. » Mais je puis m'appuyer sur les faits allégués par M. Veuillot pour prouver l'indissolubilité et la chasteté des premiers mariages chrétiens. Ainsi, M. Veuillot cite l'exemple de Basine, femme de Bisinus, roi de Thuringe, qui quitte son mari pour venir trouver Childéric, et selon le récit de Gaguin, adopté par M. Veuillot, cette pieuse reine aurait dit à son nouveau mari (qui était encore païen) : « Abstenons-nous la première nuit.... » Ce récit est invraisemblable, et Grégoire de Tours dit au contraire qu'elle quitta son mari et vint trouver Childéric en lui disant : « Si j'avais connu un homme plus brave que toi, j'aurais été le chercher. »

S'il y a contradiction dans les deux récits, que M. Veuillot me permette de lui rappeler un autre exemple conjugal des temps mérovingiens. La reine Audovère, femme de Chilpéric, accoucha pendant l'absence de son mari, et, ne trouvant près d'elle aucune femme digne d'être marraine de l'enfant royal, elle se laissa aller aux conseils de Frédegonde et servit elle-même de marraine à sa fille. D'après les lois de l'Église, elle rompit ainsi, sans s'en douter, son mariage avec Chilpéric : il en eût été de même quand elle n'eût fait qu'ondoyer son enfant. Lorsque le roi franc arriva, Frédegonde courut à sa rencontre et lui annonça ce qu'avait fait Audovère. Le roi chrétien répondit que, puisqu'il ne pouvait plus coucher avec la reine sans adultère, il coucherait avec Frédegonde. La

[1] P. Cl. Fontenay : *Histoire de l'Église gallicane*, t. 9, p. 214.

chronique ne dit pas si les nouveaux époux s'abstinrent pendant les trois premières nuits, mais c'est probable, demandez à M. Veuillot. Si l'on s'en tient à cet exemple, le sacrement de mariage pouvait être rompu par l'accomplissement d'un devoir sacré pour une mère, celui d'assurer une vie éternelle à son enfant, et il dépendait d'un mari de profiter du moment où sa femme venait ainsi de risquer sa vie dans l'enfantement, pour rompre son mariage avec elle en versant quelques gouttes d'eau sur la tête du nouveau-né.

M. Veuillot a cité la compilation de Reginon, abbé de Prüm. J'y ai eu recours, et voici quelques-uns des renseignements qu'on y trouve. L'article 108 dit que, si l'un des conjoints prend le voile, l'autre peut se remarier; l'article 125 dit précisément le contraire. Qu'est-ce que cela fait à M. Veuillot? Il vous dira que ce sont des canons différents dont on peut se servir selon l'occasion, voilà tout! L'article 123 dit qu'une femme serve *épousant* le serf d'un autre maître commet un *adultère,* et que son mariage doit être cassé. M. Veuillot prétend, à tort, que ce canon ne fut exécuté que dans le diocèse de Bâle; il en résulte que c'était le seigneur féodal qui faisait les mariages et non le Seigneur Dieu. Il y avait des serfs de serfs, et le concile de Verberie déclara, en 753, qu'un serf qui avait pour femme ou pour concubine sa serve, pouvait la quitter pour prendre la serve de son maître, sa pareille, mais qu'il valait mieux garder sa propre serve [1].

L'article 128 de Reginon présente, au premier aspect, une apparence assez bizarre. Celui qui, s'étant marié, a trouvé que sa femme n'était pas vierge, l'a renvoyée et en a épousé une autre, est obligé de revenir à sa première femme. Une femme, dit le concile, ne doit fidélité à son mari que lorsqu'elle est mariée; quant à la seconde femme, ajoute-t-il, l'épouse qui

[1] Il y avait doute sur la dissolubilité de ces sortes de mariages, et Grégoire de Tours raconte (l. V, c. 3), qu'un maître, pour ne pas se tromper dans un cas de conscience si dificile, et n'osant désunir un serf et une serve qui s'étaient mariés sans son consentement, les fit enterrer vivants.

voudra : *nubat cui vult*. Ce canon suppose donc que le mariage peut être rompu par l'adultère, comme le dit formellement un autre canon, cité par d'Achery dans la collection consultée par M. Veuillot. Ainsi, sous prétexte de punir l'adultère, on le servait.

Cette collection contient aussi une décision qui permet à un mari dont la femme est captive de se remarier au bout d'un an. Cette disposition se trouve répétée dans un capitulaire de l'an 752, recueilli par Baluze.

Ce capitulaire de 752 publié par Baluze dit aussi que, lorsqu'une femme n'a pas voulu suivre son mari, forcé de quitter sa province, cette femme ne peut se remarier, tandis que le mari qui n'a pas d'espoir de revenir peut prendre une autre femme.

D'après le même capitulaire, la femme mariée à un homme impuissant pouvait le quitter et en prendre un autre. C'est probablement l'origine des *congrès*.

Une des plus curieuses dispositions de ce capitulaire est celle qui déclare que le prêtre qui a épousé sa nièce est obligé de la répudier, et que, si un autre homme l'épouse, il doit aussi la répudier, parce qu'il n'est pas convenable qu'un autre homme succède à un prêtre[1]. Je suis étonné que M. Veuillot, qui a, sans doute, profondément médité les autorités sur lesquelles il s'appuie, ait négligé de tirer de ce dernier fait un argument très-concluant pour démontrer que l'anecdote du curé de Bourges, rapportée par *Boërius*, était évidemment supposée. En effet, s'il était défendu aux laïques

[1] *Quia reprehensibile est ut relictam sacerdotis alius homo habeat.* Le concile ou synode tenu à Westminster en 1104 défendit aux fidèles d'assister à la messe des prêtres qui conservaient leurs femmes; mais le clergé tout entier de l'archevêché d'York refusa énergiquement de renoncer aux femmes. Trois ans plus tard, l'archevêque de Cantorbury obtint du Pape la permission d'élever au sacerdoce les fils des prêtres, parce qu'il y en avait tant en Angleterre, que c'était parmi eux que devait nécessairement se recruter le clergé : « *Quia tanta hujusmodi plenitudo est, ut major et melior clericorum pars in hac specie censeatur.* » (Houard : *Anciennes loix françoises...*, t. 2, p. 221 à 245.)

d'épouser des femmes précédemment connues par des prêtres, personne n'aurait pu épouser les filles sur lesquelles le curé de Bourges aurait exercé son droit. Cependant, comme notre capitulaire ne dit pas si la nièce d'un prêtre, répudiée par son oncle, ne pouvait pas être épousée légitimement après la seconde ou la troisième répudiation, la question mérite d'être sérieusement examinée par M. Veuillot.

Quoi qu'il en soit, il fut un temps où, d'après ces lois barbares auxquelles M. Veuillot prête une si complaisante attention, le mariage pouvait devenir un crime, et non seulement un crime capital et puni par des juges réguliers et publics, mais un crime si énorme qu'il pouvait être puni sans jugement et par le premier venu des parents du coupable. La femme libre qui épousait un serf pouvait être tuée par ses parents pendant tout un an[1]. On présentait à cette femme, dit M. Michelet, une quenouille et un glaive; si elle choisissait la quenouille, elle acceptait la servitude; si elle ne l'acceptait pas, elle prenait le glaive et en tuait son mari. Au XIIIe siècle, les abbés de Saint-Germain-des-Prés, en affranchissant leurs serfs, avaient encore soin de spécifier que, s'ils se mariaient, ils redeviendraient serfs.

Il n'est peut-être pas inutile de dire ici quelques mots de la législation du divorce pendant les premiers siècles du christianisme. Les lois d'un empereur chrétien avaient autorisé le divorce, lorsque la femme avait accepté un repas, un bain, un lit ou un spectacle, chez des étrangers, malgré son mari[2]. La femme, de son côté, pouvait obtenir le divorce si son mari, malgré deux avertissements, continuait à fréquenter une autre femme[3]. Le divorce était aussi permis pour cause de chasteté[4].

Si une femme demandait le divorce pour une cause non

[1] *Mulier libera quæ se servo conjunxit potest impunè a parentibus, idest, proximis, occidi intra annum.* (Baluze : *Capitul.*, t. 2, p. 839.)

[2] *Si cum viris extraneis nolente marito convivatur, aut cum eis lavat.* (Novell. 117, ch. 8, § 4, 5, 6.)

[3] *Id.*, ch. 9, § 5.

[4] *Castitatis concupiscentia.* (*Id.*, ch. 10.)

autorisée par la loi, les résultats de sa demande étaient assez singuliers. Ses biens étaient confisqués d'une manière plus ou moins complète, selon que la femme avait ou n'avait pas d'enfants, et selon qu'elle avait été ou non approuvée par ses parents. Si la malheureuse qui n'avait pas d'enfants avait suivi le conseil de ses parents, en demandant mal à propos le divorce, la confiscation de ses biens était complète (*hæc omnia venerabili monasterio volumus applicari*), et elle-même était livrée à son évêque, qui la faisait enfermer dans un monastère. Que devenaient ces femmes ainsi renfermées et réunies dans ces *vénérables monastères?* cela ne nous regarde pas; mais nous ne nous étonnerons pas d'apprendre qu'avec de pareilles lois, c'était dans les vénérables *maisons* où les hommes craignant Dieu ont coutume de demander pardon de leurs péchés, que d'autres hommes venaient se souiller. Ce ne sont pas des chroniqueurs crédules qui racontent ces énormités, c'est l'empereur chrétien qui le constate dans le texte des lois que faisait promulguer *son éminentissime et très-sacrée autorité*[1].

Pour bien faire comprendre comment, dans ces siècles qui plaisent tant à M. Veuillot, le mariage était regardé comme un lien sacré et indissoluble, je vais résumer, dans un récit fort incomplet, l'histoire des aventures probables qui eussent pu arriver à une jeune femme contemporaine de cette espèce de saint connu sous le nom de Charlemagne.

Une jeune fille, que je nomme Emma pour éviter les circonlocutions, épousa Atolphe, qui prétendit qu'il ne l'avait pas trouvée vierge et la répudia. On aurait pu forcer Atolphe à la reprendre, en vertu du canon qui décide que la femme ne doit fidélité à son mari qu'après le mariage; mais Bernard, oncle d'Emma, et qui était prêtre, en eut pitié, il voulut faire une œuvre de miséricorde et l'épousa. Des amis scrupuleux firent comprendre à Bernard que, selon les canons, il était trop près

[1] *In venerandis domibus.... ubi consueverunt Deum timentes peccatorum veniam postulare.* (*Id.*, ch. 15, § 1).

parent de sa nièce pour pouvoir rester avec elle. Emma, répudiée de nouveau, fut de nouveau épousée par Conrad. Mais Conrad était laïque, et comme, en vertu des canons, il n'était pas convenable qu'un laïque épousât immédiatement la femme qui avait appartenu à un prêtre, Emma fut obligée de se pourvoir d'un autre mari. Didier, qu'elle choisit, avait un caractère qui ne pouvait sympathiser avec celui de sa femme, et, lorsqu'Emma accoucha, Didier baptisa lui-même son enfant et rompit ainsi leur mariage. Édelbert, auquel Emma n'avait pas voulu jusqu'alors unir son sort, l'épousa, mais bientôt après elle fut prise par des ennemis et menée chez les étrangers. Là, elle épousa un serf nommé Félix. Le maître de Félix ne voulut pas approuver ce mariage, et ce mariage fut annulé. Gombaud, qu'Emma épousa, accusa sa femme d'adultère, à tort ou à raison, et la répudia. Par esprit de pénitence, le pieux Hubert se maria avec elle; mais, peu après, il aima mieux se faire moine et la laissa libre. Imbert la demanda et l'obtint; mais il était impuissant, et sa femme l'abandonna. Jouffroy, compatriote d'Emma, lui proposa de l'épouser et de revenir dans leur patrie. Ils y revinrent et furent heureux; mais Jouffroy était serf, et comme il fut prouvé qu'Emma, qui était *ingénue*, avait connu la servilité de son mari, deux ou trois jours après les couches d'Emma, ses parents se hâtèrent de la tuer, parce que, l'année écoulée, ils n'en auraient plus eu le droit.

J'aurais pu prolonger l'histoire des mariages d'Emma, soit en lui faisant épouser un mari serf qu'elle aurait tué elle-même quand ses parents lui auraient présenté une quenouille et un glaive; soit en lui faisant épouser un païen, car le mariage contracté même entre deux païens devenait nul quand l'un d'eux recevait le baptême; soit en faisant condamner son mari la mort civile, soit en lui faisant épouser plusieurs hommes qui l'auraient quittée pour le même motif [1]; mais telle qu'elle

[1] Je pouvais citer bien d'autres causes encore. Si une fille mariée malgré elle quittait son mari, ses parents pouvaient la donner à un

est, cette histoire, fort possible, nous montre qu'une femme, sans être veuve, avait pu changer dix fois de maris, toujours pour de nouveaux motifs. Il faut en conclure que, dans ces temps où il était, dit-on, défendu à un mari de voir le corps de sa femme, une femme honnête pouvait changer de maris plus souvent que nos femmes les plus dévergondées ne changent d'amants.

Voilà pour ce qui concerne l'indissolubilité des mariages dans les premiers siècles du christianisme. Voyons ce qui concerne le consentement des parties, et nous allons trouver que, d'après les autorités invoquées par M. Veuillot, le libre consentement des contractants n'était pas plus nécessaire que le sacrement n'était indissoluble.

Le seigneur de fief pouvait contraindre sa vassale à se marier et lui désigner un époux. La violence se régularise, dit M. Michelet (dans un passage indiqué par M. Veuillot), le seigneur force sa vassale, vierge ou veuve, à contracter mariage : il faut que son fief soit servi ; il n'y a d'exceptions que dans le cas où, comme disent les *Assises de Jérusalem*, « se seroit » contre Dieu et contre raison, se signor por detrece de ser- » vice puest marier les femes qui auroient quatre-vingts ans » ou quatre-vingt-dix ou cent, qui seroient si descheues » come si elles feussent la moitié pories.... »

Le même écrivain dit ailleurs :

« Les Franks, maîtres des Gaules, se croyaient permis » d'épouser n'importe quelle femme, même des religieuses, » sans leur consentement... Cet usage n'avait pas encore » disparu en 1376, d'après des lettres de rémission accordées » à Girardin de Roncourt, qui avait fait saisir une demoiselle » par deux sergents[1]. » Très-souvent, dit le même auteur,

autre. Celui qui avait épousé une femme corrompue par son frère pouvait prendre une autre femme ; mais s'il la trouvait encore corrompue et qu'il en épousât une troisième, il était obligé de revenir à la seconde ; la troisième pouvait se remarier à qui la voulait.

[1] Michelet : *Origines...*, p. 259. Ces habitudes n'étaient pas tout à fait oubliées au XVIe siècle. L'article 281 des édits donnés à Blois en 1579

il est stipulé dans des actes d'affranchissement que le serf affranchi ne se mariera pas ou retournera à l'état de servitude.

Le serf affranchi qui commettait un *adultère* avec une serve pouvait être forcé, bon gré mal gré, de l'épouser, et par conséquent à redevenir serf[1].

Quand un homme et une femme avaient forfait en leur honneur, dit M. Veuillot, et qu'on n'y pouvait remédier autrement, on les faisait amener à l'église par deux sergents s'ils n'y voulaient ainsi venir de bonne volonté, et « ils étaient espousez ensemble » par le curé avec un anneau de paille. L'honneur des familles pouvait être sauvé; mais l'honneur du sacrement? M. Veuillot me paraît l'oublier un peu.

Au moyen âge, l'anneau de paille jouissait d'une considération toute spéciale. M. Veuillot cite un texte du XIIIe siècle, d'après lequel il est défendu à un homme de mettre en jouant un anneau de paille au doigt d'une jeune fille pour se croire plus libre de pécher avec elle, car, en croyant se jouer, « il se serait chargé des liens d'un mariage légitime. » Ainsi, dans cet heureux moyen âge, le sacrement de mariage pouvait être conféré d'une manière simple, facile, et dépourvue de ces cérémonies touchantes dont M. Veuillot parle ailleurs avec tant d'emphase. Tobie, Sara, le Dragon, l'Ange, les bénédictions intarissables, tout cela était mis de côté; c'était

porte : « Défendons à tous gentilshommes de contraindre leurs sujets à » bailler leur filles, niepces ou pupilles en mariage à leurs serviteurs ou » autres, contre la liberté qui doit être en tels contrats... Ce que sem- » blablement nous voulons être observé contre ceux qui *abusent de* » *nostre faveur...*, ont obtenu ou obtiennent de nous lettres de cachet, » closes ou patentes, en vertu desquelles ils font enlever et séquestrer » filles, icelles espousent ou font espouser... »

[1] Il nous paraîtrait difficile, à moins d'admettre la polygamie et la polyandrie, de faire épouser à un homme une femme avec laquelle il vient de commettre *un adultère*; mais ce sont les expressions de Reginon (no 121). Adultère et adultère il y a. Les évêques d'Amiens punissaient les maris qui avaient commis des *adultères* avec leurs femmes. Je ne sais quelle loi permettait au père de tuer sa fille non mariée et trouvée avec son *adultère*.

encore plus simple qu'à la mairie : mais pensez-vous que M. Veuillot croie cela? Il ne sait peut-être pas même qu'il l'a écrit.

M. Bouthors, « qui n'est pas hostile à l'esprit de l'Église, » affirme, d'après Jacob Grimm, que la cérémonie religieuse n'était pas autrefois indispensable à la validité des mariages, et qu'il suffisait de dire le lendemain une messe pour appeler la bénédiction du ciel sur une union déjà accomplie. M. Benjamin Guerard, « un homme qui savait, » dit que, chez les Romains, les esclaves ne contractaient qu'un mariage imparfait, nommé *contubernium*, et qu'il n'y avait pas pour eux de *nuptiæ* : qu'au moyen âge, le mariage des serfs continua d'abord à être appelé du même nom; mais que, peu à peu, il fut aussi qualifié de *légitime* et fut célébré publiquement. Cependant, ce n'est qu'au xe siècle que l'Église les bénit régulièrement; et jusqu'au milieu du ixe siècle, le mariage des personnes libres n'était pas toujours sanctifié par la religion [1].

Il nous importe assez peu de trancher ici cette question. Le catéchisme nous apprend que le mariage est un sacrement, et, jusqu'à preuve du contraire, nous devons croire que l'intervention d'un prêtre est nécessaire pour la validité des mariages *catholiques*, et qu'il n'a jamais suffi à deux jeunes gens de s'insinuer publiquement ou secrètement dans un lit pour recevoir ce sacrement [2].

Quoi qu'il en soit, tels sont les bizarres renseignements que l'on trouve dans les sources où M. Veuillot a eu la singulière

[1] Il semble même qu'au commencement du XIIe siècle, la bénédiction ecclésiastique n'était pas nécessaire à la validité des mariages, car un concile tenu à Westminster en 1104 ne déclare nuls les mariages contractés sans témoins qu'autant qu'un des conjoints le nie : « *Si ab alterutro negata fuerit, irrita habentur.* » (Houard : *Anciennes loix francoises*, t. 2, p. 222.)

[2] Cependant les théologiens s'accordent à reconnaître qu'il ne faut pas confondre le mariage même avec la bénédiction nuptiale, et que des époux qui consommeraient charnellement leur mariage avant la bénédiction nuptiale, ne pécheraient pas mortellement. (Pontas : *Dictionnaire des cas de conscience* : Devoir conjugal, 2e cas.)

idée d'aller puiser des arguments en faveur de la théorie encore plus singulière d'un système de mariage chrétien qu'il voudrait faire adopter. Nous ne sommes cependant pas encore au bout des excentricités débitées à ce sujet par ce très-excentrique écrivain. Pensant, comme les dramaturges des Boulevards, qu'il ne suffirait pas d'allégations grotesques pour frapper les imaginations blasées sur ces sortes de choses, il a voulu rendre ses tableaux plus vigoureux en les teignant de sang. M. le rédacteur en chef de l'*Univers* ne veut pas qu'un mari ose regarder le corps de sa femme, il trouve les cheveux de nos dames *effrontés*, mais il se croit permis une petite apologie du crime.

Les peuples les plus féroces sont, dit-on, les plus chastes[1]. Les païens en avaient fait la remarque. La déesse de la chasteté était vindicative, haineuse, amie du sang. M. Veuillot, défenseur officieux d'une chasteté imaginaire, tenait à montrer qu'un certain instinct sanguinaire peut s'allier chez lui à ce sentiment factice : il a voulu prouver que, s'il admire les temps barbares, il coule encore dans ses veines quelque chose du sang de ces races barbares. Écoutons-le donc racontant avec complaisance l'atrocité des anciens supplices des adultères, et déplorant la mansuétude des lois modernes à ce sujet. « Le christianisme, dit-il, n'adoucit que très-tard cette » législation terrible... L'adultère public est puni par les plus » violentes avanies, par la mutilation, par la mort... En » France, les deux complices des filles de Philippe le Bel » furent écorchés et mutilés vivants en présence du peuple. » Il arrivait souvent dans les campagnes et dans les villes que » le peuple lui-même se faisait juge et exécutait la sentence. » Temps charmants, dignes des cannibales, M. Veuillot ne

[1] *Gothorum gens perfida sed pudica est : Alamanorum impudica sed minus perfida... Saxones crudelitate efferi sed castitate mirandi...* (Salvian. : *De gubernat. Dei.*, lib. 7.) Parmi les plus féroces anthropophages, les habitants de la Nouvelle-Zélande passaient pour les plus pudiques. Les habitants d'Otaïti étaient les plus doux et les plus impudiques de tous les sauvages.

pourra-t-il jamais vous faire revenir? « Cette mansuétude
» elle-même n'a pas encore pénétré dans nos mœurs et n'y
» pénétrera jamais... l'opinion flétrit de ridicule l'époux qui se
» contente de cette vengeance : la justice pardonne le meurtre
» au premier mouvement de sa colère, et elle est toujours
» fort large sur l'appréciation de ce premier mouvement-là.
» Il en a toujours été de même, il n'a jamais pu en être
» autrement.»

L'écrivain qui traite ainsi les lois de son pays ne s'arrêtera pas plus devant la parole de son Dieu que devant l'autorité de sa raison. Nous l'avons vu dire à la puissance : Je te respecterai, *pourvu que* tu te conduises comme je l'entends; sinon, non! Maintenant, se trouvant en présence des paroles divines qui commandent le pardon des injures, il pliera la religion elle-même aux caprices de sa vanité, et, nouveau docteur de l'Église, il nous prouvera que Dieu prescrit le pardon des injures, *excepté* pour l'adultère. « L'Église, dit-il, semble ici
» faire une exception à la loi stricte du pardon des injures....
» Si elle conseille encore cette rémission entière, ce total
» oubli des offenses que chacun demande à Dieu pour soi-
» même, *sicut et nos dimittimus debitoribus nostris*, elle
» ne l'exige pas.... Le concile de Nantes condamne à sept
» ans de pénitence le mari qui pardonne et consent à répudier
» sa femme coupable. » Quoi qu'en dise M. Veuillot, l'Église ne permettait pas au mari de tuer sa femme surprise en adultère; il peut consulter là-dessus les *lois ecclésiastiques* recueillies par Héricourt. Si cet auteur lui paraît suspect, qu'il consulte le jésuite Vincent Fillucius; il y verra (t. 2, p. 356) : « *Peccat mortaliter virum qui occidit uxorem etiamsi in flagranti crimine eam reperiat.* » Les lois romaines, quelque féroces qu'elles fussent, permettaient au père de tuer sa fille surprise en adultère, elles le défendaient au mari. Saint Augustin (cité par Pontas, t. 3, p. 1166) soutient qu'une femme n'a pas le droit de tuer un stuprateur pour éviter d'être violée, mais M. le rédacteur en chef de l'*Univers* décide que ce meurtre est permis à un mari. C'est bien fâcheux pour

saint Augustin ! Mais c'est encore plus fâcheux pour le pape Alexandre VII, qui, par son décret du 24 septembre 1665, défend, sous peine d'excommunication *ipso facto*, d'enseigner et de mettre en pratique l'opinion erronée et barbare que M. Veuillot *s'amuse* à propager.

Je dis qu'il s'amuse à propager cette opinion, car tous ceux qui se confessent savent que les confesseurs refusent l'absolution à ceux qui veulent mettre des restrictions à la loi stricte du pardon des injures. Saint Augustin s'est encore chargé de répondre à M. Veuillot. Il suppose un chrétien offensé récitant les paroles du *Pater* alléguées par M. Veuillot, et il lui dit : « Vous haïssez et vous dites que vous pardonnez ? donc, vous mentez ! *Ergo si dicis, mentiris.* » (Serm. 49 ou 217, n° 8.)

Aussi, sans m'occuper de rechercher si réellement il existe un canon du concile de Nantes qui punit le mari qui pardonne, et si M. Veuillot, selon son habitude, n'a pas dénaturé le sens de ce canon, je me bornerai à citer précisément le premier canon d'un concile de cette ville qui prescrit aux prêtres qui doivent dire la messe, le dimanche et les fêtes, d'interpeller à haute voix les assistants pour savoir s'il n'y a pas parmi eux quelque fidèle qui garde rancune, et leur ordonne, s'ils en trouvent, de les réconcilier immédiatement ou de les chasser de l'église jusqu'à ce qu'ils soient revenus à des pensées plus charitables *(usquequò ad caritatem redeant)*. Le trente-et-unième canon du concile d'Agde excommunie ceux qui refusent de se réconcilier. Tout cela ressemble assez peu aux maximes de M. Veuillot.

Il est bon de mettre certains passages textuellement sous les yeux des lecteurs, comme les Lacédémoniens donnaient à leurs enfants le spectacle de leurs esclaves ivres pour les dégoûter de l'ivrognerie. L'ivresse qu'enfantent certaines théories peut dégoûter de les suivre. Ici, nous voyons à quels excès a été conduit le défenseur officieux de la pudeur ; il se délecte dans l'énumération des supplices, on dirait qu'il flaire l'odeur du sang et s'y complaît. Cependant, que les amis de M. Veuillot me permettent de leur donner un tout petit conseil. S'ils veulent me croire, lorsqu'ils se trouveront en de fâcheuses circonstances, ils ne pousseront pas l'amour du moyen âge jusqu'à écorcher et mutiler vivant celui qui les aura offensés. La justice peut se montrer quelquefois indulgente envers les maris qui profitent de l'occasion pour se lâcher la fantaisie de répandre du sang; mais elle pourrait se formaliser de leur voir croire trop dévotement que l'Église s'est relâchée à ce point de la loi stricte du pardon des injures.

Pour résumer ce chapitre, je dirai que, tant que je verrai de mon côté la voix des docteurs et des prêtres conforme aux préceptes divins comme aux instincts de la nature et aux suggestions du bon sens, y eût-il contre moi encore plus d'Athénagoras, d'Origènes, de Roberts d'Arbrissel, de Cunégondes et de Veuillots, je croirais et je soutiendrais, l'inquisiteur fût-il là, que la doctrine du mariage, telle que voudrait l'établir M. Veuillot, est absurde, contre nature et immorale.

CHAPITRE VIII.

ESPRIT DE L'ÉGLISE.

Connaissant les sources où M. Veuillot a puisé le singulier système de mariage qu'il préconise, nous pouvons plus aisément répondre aux objections par lesquelles il essaie de démontrer que le *droit du seigneur* n'a jamais existé, et principalement lorsqu'il dit que l'existence de ce droit est contraire à l'esprit de l'Église.

Commençons par faire observer que beaucoup de gens, même de ceux qui parlent de l'Église, défendent l'Église, se servent de l'Église, ne se rendent pas toujours un compte bien exact de ce que signifie cette expression : l'Église. Soit volontairement, soit involontairement, cette expression a quelquefois plus et quelquefois moins d'étendue qu'on ne veut lui en donner. Ainsi, le mot christianisme est une expression plus large que celui d'Église. Le schisme grec, le protestantisme, etc., ont beaucoup diminué la *catholicité* de l'Église ; et quand on dit l'Église en général, on dit plus qu'en désignant l'Église d'Italie, l'Église de France, l'Église d'Espagne, etc. Dans ces églises partielles, il y a toujours eu, comme dans toute réunion d'hommes, en ce qui ne concerne pas le dogme, des vues opposées, une majorité et une minorité, chez les évêques, comme chez les docteurs et chez les simples prêtres. Ainsi donc, quand on voit quelques prêtres ou même quelques évêques d'une ou de plusieurs provinces agir ou parler d'une certaine manière, cela ne suffit pas pour dire que l'Église fait ou que l'Église dit ces choses. Si je ne me trompe, tel est le véritable sens du mot Église, et c'est ainsi que l'emploient tous ceux qui ne se servent pas des mots sans s'occuper de leur signification et de leur valeur. Je suis donc fondé à dire que, trouvât-on dix fois plus d'évêques d'Amiens, de chanoines de Lyon, de curés de Bourges et de religieux de Nevers, qui auraient demandé une indemnité pour le *droit du seigneur* ou même qui l'auraient exercé, cela ne suffirait pas pour accuser l'Église d'avoir autorisé une chose aussi antichrétienne. Quelques prêtres ou l'Église, c'est une chose complètement différente, et l'objection de M. Veuillot, tirée de l'invraisemblance de l'autorisation de l'Église, n'a absolument aucune valeur.

Je veux bien ne pas faire plus d'attention que M. Veuillot à la signification des termes dont il se sert, et je vais lui prouver que, même dans ce cas, son raisonnement n'a aucune portée [1].

M. Veuillot s'exprime ainsi : « Examinons si l'Église a laissé » subsister ou s'établir un droit plus odieux que tous les droits » sauvages qu'elle avait détruits ; une coutume qui insultait » également au christianisme et au cœur humain, qui ne livrait » la vierge à son époux que profanée, qui faisait de l'adul- » tère un complément du mariage, et corrompait la famille » au moment même où elle venait de se former devant les » autels ?... Si cette coutume avait existé, la complicité

[1] Ce n'est pas seulement en ce qui est relatif au *droit du seigneur* que M. Veuillot semble s'amuser à bouleverser toutes les idées et toutes les notions connues. Dans le siècle où l'on s'efforce de décrier et de mutiler les plus beaux chefs-d'œuvre de l'esprit humain, parce qu'on y trouve des principes dangereux sur lesquels s'appuient la liberté de pensée, la liberté d'action, toutes les libertés, M. Veuillot ose écrire : « Si l'Église n'avait pas été sévère et inflexible à la liberté des passions, » jamais il n'aurait été question dans le monde d'une autre liberté. » Ainsi, ce n'est pas même le christianisme, c'est l'Église qui a créé la liberté. Où régnerait la liberté, si les Veuillots du XIIIe siècle n'avaient pas trouvé le moyen de faire dire par l'Église : « Sois mon fils, ou je te tue ! » Or, c'est la Renaissance qui a déchaîné les passions ; donc, sans elle l'esclavage ne souillerait plus la face de la terre. On ne sait vraiment s'il faut rire du succès d'un pareil livre, ou de l'outrecuidance de celui qui l'a écrit.

17

» matérielle de l'Église ne serait pas plus surprenante que » son silence... C'est invraisemblable ! »

L'Église, comme je l'ai déjà dit, est en dehors d'une question où la fait intervenir, pour les besoins de son amour-propre, un faux ami ou un malheureux ami ; mais je puis néanmoins accepter et réfuter l'argumentation de M. Veuillot dans les termes où elle a été posée.

L'indignation de M. le rédacteur en chef de l'*Univers* peut lui inspirer des phrases très-éloquentes, mais malheureusement « le vrai peut quelquefois n'être pas vraisemblable », et cette fois les faits existent, et ils sont constatés partout et par tous. L'obligation où s'est trouvé M. Veuillot d'avoir recours aux insinuations et aux inductions pour les combattre, est une preuve de plus qui s'élève contre lui.

M. Veuillot s'étonne qu'il y ait eu un temps où l'Église aurait souffert et sanctionné, soit par sa complicité, soit même par son silence, un usage aussi contraire à l'esprit du christianisme et à nos sentiments actuels ; et pourquoi cela ? Le concile de Latran n'a-t-il pas déclaré qu'il ne fallait pas s'étonner si, selon les temps, les décisions humaines se modifient, puisque Dieu lui-même a changé dans le Nouveau-Testament les choses qu'il avait ordonnées dans le premier [1].

Ne peut-on pas dire aussi que le clergé a vu des temps où ses membres, comme ceux de la noblesse et ceux du tiers-état, étaient plongés dans l'ignorance la plus crasse, et recrutés parmi des hommes grossiers, féroces, presque sauvages ? L'Église n'avait-elle pas sanctionné et autorisé le servage ? Quand on a adopté un principe monstrueux, il ne faut pas s'étonner des conséquences monstrueuses qui en découlent. Y avait-il réellement une famille pour les populations soumises à tant de droits du seigneur ? L'esclave ne pouvait se marier sans

[1] *Non debet reprehensibile judicari, si, secundum varietatem temporum, statuta quandoque varientur humana, præsertim cum urgens necessitas vel evidens utilitas id exposcit; quoniam ipse Deus ex iis quæ in Veteri Testamento statuerat, nonnulla mutavit in Novo....* (Labbe : *Concil.*, t. XI, p. 201.)

la permission de son maître ; ses enfants ne lui appartenaient pas ; le clergé même ne croyait pas nécessaire de bénir de pareilles unions. « Le servage était un fait, dit M. Veuillot ; » la société reposait là-dessus... ; *l'Église autorisait cette* » *loi d'ordre public.* » Et pourquoi donc l'Église n'aurait-elle pas autorisé le *droit du seigneur,* puisque c'était une de ces lois par lesquelles la société d'alors essayait d'adoucir la condition du servage ? Des prêtres qui autorisaient l'esclavage pouvaient-ils s'opposer à l'exercice du *droit du seigneur?* Connaît-on, dit M. Veuillot, le temps où le jeune époux n'eût pas préféré cent fois la mort au tourment qu'une pareille loi lui eût réservé ? Certainement personne ne doute des sentiments qu'inspirerait à M. Veuillot l'assujettissement à une pareille loi, mais pourquoi veut-il se comparer à un manant, à un vilain, à un esclave du XIIIe siècle ? L'Église avait autorisé les lois qui créaient ces catégories de chrétiens, et leurs esprits et leurs mœurs n'avaient rien de comparable avec les nôtres. Et sans recourir même à ces populations avilies, M. Veuillot n'a-t-il pas appris, dans l'histoire des différents peuples, qu'il y en a plusieurs qui, loin de regarder l'adultère comme un crime, l'ont quelquefois considéré comme un honneur ? Je lui indiquerai, dans le chapitre suivant, quelques populations chez lesquelles ces coutumes ont longtemps persisté, malgré l'introduction du christianisme.

L'histoire de l'Église nous offre une foule d'exemples où le clergé a permis et souffert des usages aussi violents.

Y a-t-il quelque chose au monde de plus contraire à la pudeur, que les *visitations* et les *congrès* pour la validité des mariages ? Cependant, ces formalités dégoûtantes, absurdes, illusoires, ont été autorisées, soutenues, propagées par le clergé, ce gardien-né de la pudeur, depuis les temps où Pepin le Bref disait : La femme mariée à un homme impuissant peut le quitter et en prendre un autre, — jusqu'à ce célèbre arrêt du Parlement de Paris qui, l'an 1697 [1], donna encore

[1] Affaire du marquis de Langey.

une leçon au clergé en abolissant les procédures honteuses soutenues par les officialités, et par lesquelles il avait été permis à des femmes mariées d'oser demander la nullité de leur mariage pour cause d'impuissance, même après dix-neuf ans de cohabitation et la naissance de trois enfants[1]. Je demanderai, à cette occasion, à M. Veuillot, comment un directeur qui avait conseillé à sa pénitente de se soumettre à la visitation, de demander l'épreuve publique du congrès, de forcer son mari, même en le faisant emprisonner, de venir se soumettre à cette honteuse épreuve, comment, dis-je, ce confesseur eût été bienvenu de souffler ensuite dans le creux de l'oreille de sa chaste pénitente le précepte du *Pénitentiel* de Théodore : *Sponsus non debet videre sponsam suam nudam,* ou de recommander à cette nouvelle Sara la continence de Tobie ?

Et les duels judiciaires si souvent ordonnés, soutenus, approuvés par et pour l'Église, sont-ils aussi dans l'esprit du christianisme ? Et les épreuves par l'eau bouillante, par le fer chaud, et tant d'autres usages extravagants, n'ont-ils pas eu lieu, parce qu'ils choquent notre intelligence et nos mœurs ?

Et les cruelles et honteuses tortures de la *question,* cette invention merveilleuse et sûre de perdre un innocent et d'épargner un coupable, est-elle dans l'esprit du christianisme ? et cependant les tribunaux ecclésiastiques ne l'ont-ils pas appliquée comme les tribunaux laïques, avec ses plus hideuses et ses plus sauvages horreurs ?

Dans l'esprit de n'importe quelle religion a-t-on pu trouver les *compositions* pour les meurtres ? Cependant elles ont été admises par des peuples chrétiens, et Sichaire écrivait à Chramnisinde : « Vous devez, mon très-cher frère, me rendre » de grandes actions de grâces pour avoir tué vos parents. » Les compositions que je vous ai données pour leur mort » sont la source où vous avez puisé l'or et l'argent qui abon» dent dans votre maison[2]. »

[1] Affaire de la comtesse de Coursan, en 1678.
[2] Collection Leber, t. 5, p. 334.

L'Église n'a-t-elle pas souffert que des laïques et même des femmes eussent le droit de choisir et de nommer les pasteurs des âmes[1] ?

Les seigneurs ecclésiastiques ne faisaient-ils pas la guerre comme les autres seigneurs féodaux, et ne comptons-nous pas des abbés et même des évêques parmi nos plus célèbres chefs de guerre et nos plus renommés donneurs de horions ? Et tous ces hommes du moyen âge, admirables ou hideux, *entraient*, quoi qu'en dise M. Veuillot, dans la communion des chrétiens ; bien plus, ils devenaient quelquefois les champions et les fils de prédilection de l'Église. Je me bornerai à rappeler à M. Veuillot *les patenôtres du connétable*, ce célèbre Anne de Montmorency, presque aussi *saint* que les MM. de Guise. Ce pieux guerrier ne se donnait pas la peine de cesser ses prières pour donner l'ordre de pendre ou de brûler les prisonniers qui lui étaient amenés. Pour lui, l'Église se départait, en cette occasion, de *la loi stricte* du pardon des injures. Au moment même où, récitant son *Pater*, il prononçait ces paroles : *Sicut et nos dimittimus debitoribus nostris*, il intercalait dans sa prière ces mots aussi irrévocables que concis : « Pendez ou brûlez ces misérables ! » Les populations effrayées répétaient : « Dieu nous garde des patenôtres du connétable ! » Et le connétable se présentait à la communion, les mains pleines de sang, avec autant de ferveur que certains écrivains s'y présentent la bouche pleine de mensonges.

Le droit de vie et de mort, que les maris s'attribuaient sur leurs femmes et sur leurs enfants, était-il, ainsi que les autres monstruosités de la législation du moyen âge, inspiré par l'esprit du christianisme[2] ? Et cependant le clergé l'avait to-

[1] M. Veuillot a pu en voir plusieurs exemples dans le livre de M. Bouthors, t. 1, p. 447, etc.

[2] M. Leber, t. XI, p. 22, prétend que, chez les Francs, le mari qui tuait sa femme dans la vue d'en épouser une autre en était quitte pour ne pas porter les armes pendant quelque temps ; mais, quoi qu'en dise M. Veuillot, le droit canon ne permettait pas au mari de tuer sa femme

léré; il a toléré ce sauvage droit de vie, non seulement du seigneur féodal sur son serf, mais jusque sur son voisin noble et sur son égal. L'homme riche avait donné une terre à l'homme pauvre, à condition de pouvoir le tuer dans certains cas. « L'Église approuvait cette loi d'ordre public. » Et la magistrature était ici complice de l'Église. En vertu des principes d'autorité absolue formulés par certains jurisconsultes, le moindre hobereau qui, par force, fraude ou finance, était parvenu à se faire reconnaitre pour seigneur haut-justicier, se croyait permis d'exercer ou de vendre très-légitimement le droit de prononcer sur la vie de créatures faites à l'image de Dieu.

Au moyen âge, la vie sociale était si misérable, qu'on se faisait très-peu de scrupule d'en priver une créature humaine. Aujourd'hui, la peine de mort, appliquée au nom d'une nation entière, avec toutes les garanties que peut imaginer une civilisation raffinée, soulève néanmoins d'indignation le cœur de bien des personnes éclairées. Personne n'oserait dire qu'il est dans l'esprit du christianisme que ce droit terrible d'enlever une âme au Dieu qui a dit : « Il y aura plus de joie dans le ciel pour la conversion d'un pécheur que pour la mort de dix justes », personne n'oserait dire que ce droit terrible peut être remis, moyennant finances, au premier malotru assez pervers pour se persuader qu'il a réellement acheté le droit, dans telle ou telle circonstance, de disposer de la vie de dix, de vingt, de dix mille des créatures que Dieu créa à son image

surprise en adultère. D'autres lois le permettaient. Il y a eu même des lois qui, dans ce cas, permettaient à un père de tuer sa fille, et même à un fils de tuer sa mère; or, comme les docteurs admettaient que celui qui a le droit d'infliger la peine de mort a aussi le droit d'infliger une peine moindre, et que le viol, par exemple, est un supplice moindre que la mort, il en résulterait qu'il y aurait eu des cas où un père aurait pu faire violer sa fille, et un fils faire violer sa mère !... (*Œuvres de Henrys*, t. 3, p. 738.) Tout cela n'est-il pas plus monstrueux et plus absurde que les droits de cuissage, marquette, etc. ? Et cependant tout cela a existé.

pour l'honorer, le servir et l'aimer. (Ce sont, si je ne me trompe, les paroles du Catéchisme.)

Cependant, j'ai dans mon voisinage un ancien domaine des seigneurs de Donissan ; il est actuellement possédé par la famille de Gourgues, et cela en vertu d'une condamnation à mort prononcée au XVIIe. siècle par l'humble juge de la seigneurie de Vayres contre le noble Jacob de Donissan. Les de Gourgues sont presque tous célèbres dans l'histoire par leur valeur, leurs vertus, leur piété. Ce n'est pas eux que j'accuse, mais j'en appelle au témoignage de M. Veuillot lui-même, et je lui demande si, quelle que soit la haine dont il honore MM. les directeurs du *Siècle*, des *Débats* ou de l'*Ami de la Religion*, il trouverait qu'un régime permettant à M. le directeur du journal *l'Univers* de choisir le plus méchant de ses subordonnés, de l'ériger en juge prévôtal, et de l'autoriser en certains cas de faire pendre, en réalité ou en effigie, ou M. Havin, ou M. de Sacy, ou M. l'abbé Sisson, et de s'emparer de leurs biens, serait un régime moral et chrétien ? Cependant l'Église a souffert tout cela.

J'ai déjà eu l'occasion de citer l'ouvrage du R. P. frère don Cabanac ; il vivait dans un siècle plus éclairé que celui du curé de Bourges, dont parle le président Boyer ; il n'était pas ignorant et stupide, puisqu'il faisait des livres, et des « livres à style. » Or, combien ne trouverait-on pas de textes de l'Écriture et des Pères qui prouvent que le ciel aime infiniment mieux la conversion des pécheurs que leur condamnation ? sans compter ce passage de l'Évangile où Dieu défend d'arracher l'ivraie, de peur d'arracher en même temps le bon grain. Eh bien ! le révérend père Cabanac se réjouit hautement de ce que le *couteau spirituel* a fait périr plus d'un million d'Albigeois. Faut-il en conclure que son livre n'a pas été imprimé ou qu'il n'a pas été publié avec autorisation des supérieurs ? Le *droit du seigneur* n'est certainement pas plus choquant.

Contrairement à l'esprit et aux lois du christianisme, l'Église a aussi souffert la condition déplorable que la société du moyen âge avait créée pour cette classe d'infortunés qu'on désignait sous les noms de Gahets, Cagots, Caceux, etc. L'égalité devant Dieu n'est-elle pas une loi essentielle du christianisme? et cependant, les Gahets, séquestrés en tout du commerce des autres chrétiens, étaient obligés d'entrer dans les églises par une porte à part; dans la nef, ils étaient relégués dans un coin obscur; on leur refusait le baiser de paix; on les privait des grâces accordées aux autres fidèles, et, pour leur donner la communion, on les empêchait d'approcher de la sainte table; l'officiant leur portait l'hostie consacrée, en traversant une foule d'êtres abêtis et qui, semblables à cet évêque-gentilhomme qui s'indignait de voir assister à sa messe avec aussi peu de respect que si elle était dite par un laquais, s'imaginaient que le Dieu qu'ils venaient de recevoir était bien supérieur à celui qui s'abaissait jusqu'à se donner à des Gahets. Ces malheureux étaient accablés d'humiliations jusqu'après leur mort; on craignait que leurs cendres ne souillassent de leur contact celles des races qui se croyaient plus pures, et, dans le champ où toute inégalité s'efface, les Gahets avaient aussi une place à part : Dieu pouvait bien les recevoir dans son paradis, mais de prétendus chrétiens ne voulaient pas, même après la mort, pourrir à leur côté. Les Gahets n'étaient pas admis dans les ordres sacrés; et pour mieux perpétuer le souvenir indélébile d'une tache inconnue, et que le sang de Dieu même n'avait pas sans doute le pouvoir de racheter, messieurs les curés, alors chargés des registres de l'état civil, avaient grand soin de mentionner dans tous les actes cette qualité infamante de *Gahet*[1]. Notons, en passant, que ce sont encore ces affreux jurisconsultes, auxquels M. Veuillot en veut tant, qui ont aussi aboli ces usages pratiqués par les ecclésiastiques des siècles sublimes du moyen âge.

Y a-t-il quelque chose de plus contraire à l'esprit du chris-

[1] Voyez, sur les Gahets, le curieux ouvrage publié par un des professeurs de la Faculté de Bordeaux, M. Francisque Michel. *Histoire des races maudites*. Sèvres, 1847, in-8°, 2 vol.

tianisme que cette coutume de mettre une corde au cou de sa femme et de se croire autorisé à la mener au marché pour la vendre? Peut-on, pour cela, nier que cette croyance ait jamais existé dans le Pays de Galles? Peut-on nier qu'il existe, en Écosse, une boutique de forgeron dans laquelle les amoureux se considèrent comme réellement mariés? Les cérémonies de Gretna-Green et les ventes des marchés du Pays de Galles sont aussi absurdes que le *droit du seigneur*, et bien certainement rien de tout cela ne dépasse en absurdité « les liens d'une union légitime » dont se chargent, sans s'en douter, ceux qui passent un anneau de paille au doigt d'une drôlesse dont ils veulent se servir.

Il y a eu des confesseurs qui ont cru qu'il leur était permis de fustiger eux-mêmes leurs pénitents, de convertir une pénitence en une amende pécuniaire, et même de réunir deux prêtres pour donner l'absolution [1].

Dans les contrées où nous avons déjà vu des nobles chrétiens affranchir le fils aîné de leurs serfs parce qu'il pouvait provenir de l'exercice du *droit du seigneur*, les gentilshommes violaient encore d'une autre manière tous les principes du mariage religieux : ils prenaient sous condition des épouses supplémentaires qu'ils désignaient sous le nom de *massipia*. « Les *massipia*, dit M. Bascle de Lagrèze [2], étaient si bien » acceptées par les mœurs du pays, qu'elles étaient constatées publiquement par-devant notaire, et que le pouvoir

[1] *Ipse presbyter, sicut consuetum est, vocavit alium sacerdotem socium suum et absolverunt eum a peccatorum vinculis.* (Dom Carpentier : *Glossarium novum*..., verbo *Pænitencia publica*.)

[2] *Actes de l'Académie des Sciences, Belles-Lettres et Arts de Bordeaux, 1850*, t. 12, p. 777. Les *massipia* n'étaient-elles pas un souvenir des *nuptiæ coemptionis* des Romains? et l'Église elle-même ne permet-elle pas des espèces de mariages temporaires, lorsqu'elle permet à l'un des contractants de refuser pendant deux mois de consommer charnellement le mariage, pour se réserver le droit d'entrer en religion? Il en est de même dans d'autres cas. Pour connaître si l'impuissance d'un des conjoints est temporaire ou perpétuelle, l'Église accorde une cohabitation provisoire de trois années. Elle bénit et ensuite annule des

» judiciaire était appelé à prononcer sur les difficultés qui » pouvaient s'élever entre les parties. C'est en invoquant les us » et coutumes de Barèges qu'on contractait un mariage subsidiaire, en ajoutant à l'épouse légitime une concubine pour » un temps déterminé et avec la promesse d'une survivance » éventuelle. » Les actes qui constatent l'usage des *massipia* existent; il n'existe aucun acte qui prouve que le clergé ait protesté contre des faits si contraires aux doctrines du christianisme : faut-il en conclure que l'Église approuvait les *massipia?*

Je n'en finirais pas si je voulais citer tous les exemples connus de droits plus ou moins exorbitants et absurdes établis et perçus soit par des seigneurs laïques, soit par des seigneurs ecclésiastiques. Tous les casuistes sont unanimes sur ce point que le seigneur ne peut, sans un grave péché, empêcher son serf de se marier; et, cependant, M. Veuillot nous dit très-sérieusement : « L'Église autorisait cette loi d'ordre public. »

Tous ces droits abusifs, immoraux, contraires à toutes les autres lois civiles et religieuses, découlaient d'un principe faux, immoral et antichrétien, mais que le clergé aussi bien que la magistrature avaient laissé introduire dans la pratique comme incontestable : le principe de l'absolutisme du pouvoir du maître sur son sujet. Au XIIIe siècle, Beaumanoir constatait avec une sorte d'épouvante qu'entre le seigneur et

seconds mariages quand elle reconnaît que les premiers juges se sont trompés en cassant un premier mariage pour cause de maléfice, d'impuissance, etc. Des docteurs ont même soutenu que le Pape peut faire des mariages temporaires, « *matrimonium ad tempus valiturum facere potest Papa.* » (G. Benedicti : *Repetit....*, pars tertia : *Qui cum alia*, n° 27.) Les chrétiens d'Orient se servaient très-souvent, malgré les prescriptions de l'Église, d'un mariage temporaire fort usité chez les musulmans sous le nom de Metaah, et que les chrétiens appelaient mariage *alla carta*, c'est-à-dire par une promesse écrite et autorisée par le cadhi. Dans ces contrats, l'homme s'obligeait à prendre une femme pour un certain temps, et moyennant une somme convenue. (D'Herbelot : *Bibliothèque orientale*. Paris, 1697, in-f°, p. 473 et 581.)

son serf il n'y avait d'autre juge que Dieu. Au XVIe siècle et plus tard, quelles que soient les théories que les historiens aient voulu formuler, la vérité est que le même principe déterminait le rapport du souverain et des populations qui lui étaient soumises.

En 1615, Louis XIII était encore enfant, et cependant l'auteur d'une brochure répandue à profusion disait au fils du prince qui s'était vu roi sans royaume : « Sire, vous êtes né » roi, Dieu vous a donné une puissance absolue sur vos sujets. » Si vous en abusez, c'est à lui seul que vous aurez à en » répondre. Votre Majesté est au-dessus des lois. C'est un » crime à qui que ce soit de s'attribuer aucun droit de » contrôler vos actions.... [1] »

Sous Louis XIV, un jurisconsulte [2] allait encore plus loin, si c'est possible, et s'exprimait ainsi : « La sainte Écriture » nous enseigne que les rois et princes sont donnés de Dieu, » et par conséquent la puissance des rois et princes souve- » rains est la même que celle de Dieu. *Il n'importe que cette » puissance soit exercée médiatement ou immédiatement...* » il est certain que la puissance des rois et princes est absolue, » et personne, non plus qu'à Dieu, ne leur peut demander » compte de leurs actions. Il leur faut obéir non seulement » pour éviter la peine, mais aussi pour satisfaire sa conscience ; » autrement on viole les commandements de Dieu. »

De ces théories combinées aux divers éléments dont se composait la nation, il était résulté une société dont quelques parties présentaient des aspects hideux. Au-dessus de ce mélange incohérent planait une noblesse dont un témoin non suspect, un prêtre, un futur évêque, l'illustre Fléchier, avait pu dire, avec quelque raison, qu'elle consistait à peu près dans le droit de commettre des crimes [3]. Ces faits et ces théories

[1] Recueil X : *Discours au Roi sur le droit annuel*, p. 8.

[2] Chantereau-Lefeuvre, p. 58 et 59.

[3] Voici les paroles de Fléchier : « Le titre de noble, qui a été depuis longtemps un titre d'impunité pour les criminels, semble lui donner

contrarient, je le sais, les systèmes formulés pour les besoins de quelques circonstances; mais les systèmes doivent se conformer aux faits et non pas les faits aux systèmes, car les systèmes passent, et les faits restent.

La doctrine de la représentation de la puissance divine par les chefs, et de la représentation de la puissance des chefs par leurs ministres, même les plus infimes, avait été prise au pied de la lettre, bien plus encore dans la hiérarchie ecclésiastique, que dans la hiérarchie civile, et non seulement dans ce qui concerne le dogme, mais dans tout ce qui concerne les relations matérielles du fidèle et du prêtre [1]. Ainsi, il est fort possible que les évêques d'Amiens, seigneurs spirituels et temporels tout à la fois, et par conséquent représentant doublement la puissance de Dieu, se soient imaginé que, puisqu'ils jouissaient du droit incontesté de faire payer un impôt pour permettre, selon l'heureuse et pittoresque expression de M. Veuillot, d'avoir la première connaissance charnelle d'une omelette ou d'un potage au gras, ils pouvaient, tout aussi bien, se faire payer un autre impôt par les maris qui voulaient goûter de l'omelette ou du potage conjugal dans un temps prohibé. En général, pendant toute cette sublime époque du

droit de faire quelque violence contre les autres, et, n'ayant pas grand éclat de sa fortune, il crut ne pouvoir prouver sa noblesse que par quelque crime. » (*Mémoires sur les grands jours d'Auvergne.* Paris, 1856, in-8°, p. 218.

[1]. L'histoire de ma province en offre un exemple curieux. Devant les magistrats qui tenaient *les grands jours* de Guyenne, l'avocat de Mgr l'archevêque de Bordeaux, rééditant les termes de la bulle d'Adrien III donnant l'Irlande à Henri II, et de la bulle de Boniface VIII à Philippe le Bel, soutint, le 24 octobre 1459, que, du commencement, toute juridiction spirituelle et temporelle appartenait à Dieu, qui y avait commis saint Pierre, mais que le vicaire de Notre-Seigneur Jésus-Christ, ne pouvant pourvoir à tout, avait consenti à ce que l'empereur et les princes exerçassent la juridiction temporelle. Ainsi, le Pape avait les deux juridictions *(ergo Papa habet ambas jurisdictiones)*, et les juges ecclésiastiques peuvent empiéter sur les juges laïques. (*Archives nationales. Sect. judic. Grands jours tenus à Bordeaux*, t. 2.)

moyen âge, les représentants immédiats de *Dieu spirituel*, c'est-à-dire les ecclésiastiques, qui sont néanmoins des hommes comme les autres, « s'occupèrent plus d'augmenter leurs revenus que du salut des âmes, » et ils le firent avec une âpreté dont le peuple « a gardé un amer souvenir. » Mais enfin, les représentants immédiats de *Dieu temporel*, c'est-à-dire les magistrats, qui sont hommes aussi, trouvèrent que les exigences des ecclésiastiques faisaient tort à celles de leurs maîtres, et mirent quelques bornes « au zèle intarissable » de leurs collègues en représentation immédiate.

Peu importe donc que des droits abusifs aient été établis sous un nom ou sous une forme un peu plus ou un peu moins grossiers et révoltants ; presque tous étaient honteux et criminels, et découlaient de ce principe impie : l'absolutisme. En quoi l'intégrité, la perpétuité, l'universalité de l'Église peut-elle être attaquée ou contredite par ces faits avérés, quelque nombreux qu'ils puissent être? Le *droit du seigneur* est dans une condition absolument identique. Si donc M. Veuillot s'est fait, pour ainsi dire, un enjeu de l'honneur de l'Église et l'a hasardé sur l'existence ou la non-existence du *droit du seigneur*, il a montré beaucoup plus son orgueil que sa foi.

D'ailleurs, ne peut-on pas dire qu'il n'y a rien de pire qu'un mauvais prêtre, et que des prêtres qui, dans le but d'accroître des revenus destinés à satisfaire leur luxe, si ce n'est leur luxure, se sont laissés aller à violer « toutes les lois canoniques et civiles, qui veulent que les mariages soient libres, » sont capables d'actions encore plus honteuses? Le débauché qui se vautre dans toute espèce d'ordures est moins hideux que le prêtre qui se joue de son Dieu et de ceux qui croient en lui.

Ce chapitre prouve peut-être que le Saint-Esprit pensait à certains écrivains de notre âge, lorsqu'il disait par la bouche de Jérémie : « Défiez-vous de ceux qui répètent sans cesse : L'Église, l'Église, l'Église... Leur bouche est pleine de mensonges, et ce n'est pas le Seigneur notre Dieu qui les a envoyés. » *Nolite confidere in verbis mendacii dicentes :*

Templum Domini, Templum Domini, Templum Domini... Et ego non misi eum; et fecit vos confidere in mendacio. Mendacium tu loqueris, non misit te Dominus Deus noster [1]. »

[1] Jérémie, chap. 7, v. 4, et chap. 29, v. 31.

CHAPITRE IX.

ORIGINE DU DROIT DU SEIGNEUR.

Maintenant qu'il est démontré que le *droit du seigneur* a existé généralement, qu'il a été exercé impunément, qu'il a été écrit dans des *lois*, qu'il est de l'essence même de l'esprit et des mœurs des premiers siècles du moyen âge, et qu'on en trouve à tout moment des traces vivantes et incontestables dans les derniers siècles de cette époque *sublime*; nous pouvons répondre à ceux qui demandent l'année et peut-être le jour et l'heure de l'établissement de ce droit, qu'ils se moquent de ceux auxquels ils adressent cette question aussi complètement qu'ils le feraient en leur demandant à quelle époque les hommes ont commencé à se vêtir ou à parler. Le silence des historiens à ce sujet ne prouve pas que les hommes ne s'habillent pas et ne parlent pas; leur silence n'est pas plus significatif en ce qui concerne le *droit du seigneur*. Sait-on à quelle époque ont été établis les droits d'aubaine, d'épave, de bâtardise, de mainmorte, de formariage, de quintaine, et l'interminable nomenclature de tous ces droits qui, de mille et mille manières, exploitaient, tourmentaient, pressuraient, sous une multitude de noms différents, la substance du sujet au profit de la cupidité du maître? Sait-on même à quelle époque précise a commencé la féodalité? Et cependant la féodalité et tous les droits qu'elle a créés, y compris le *droit du seigneur*, ont existé! Pour celui-ci comme pour tous les autres, si l'on ne connaît pas d'une manière précise l'année même où ces usages ont été établis, on connaît très-bien la période dans laquelle ils furent exercés, et surtout l'époque où ils furent abolis; et cela suffit.

Cependant, pour les lecteurs qui, n'ayant pas le temps d'étudier ces questions par eux-mêmes, seraient bien aises de connaître les faits antérieurs qui ont pu amener un usage dont je les ai entretenus si longtemps, je vais indiquer ici quelques témoignages suffisamment précis pour prouver que l'établissement du *droit du seigneur* ne fut ni une chose nouvelle, ni une chose choquante, ni une chose abusive.

L'idée d'établir le *droit du seigneur* n'est pas sortie tout entière de l'esprit des populations européennes qui vivaient dans les premiers siècles de notre histoire. Le moyen âge n'était même pas capable de cela. Les traditions et les exemples des nations anciennement connues et ceux des autres peuples plus récemment découverts ont puissamment contribué à l'éclosion de cet usage.

Sans rechercher bien exactement tous les exemples analogues rapportés par les historiens de l'antiquité, et sans enregistrer toutes les phallologies de l'histoire des peuples anciens, on peut affirmer que les traditions antiques ont exercé une grande influence sur les droits que les fils des barbares imposèrent aux fils des vaincus.

Commençons par les exemples venus de ces contrées de l'Afrique et de l'Asie qui se touchent, et dans lesquelles on prétend que les premiers hommes ont habité.

D'après Hérodote, chez les Babyloniens (peuples si chastes qu'ils croyaient avoir besoin de se purifier après l'accomplissement du devoir conjugal), toutes les femmes étaient obligées par la religion de se prostituer une fois dans leur vie, et chez eux, comme chez beaucoup d'autres peuples orientaux, les parents vendaient leurs filles nubiles. Il y avait, en outre, dans le temple de Jupiter Bélus, une tour, et dans cette tour un lit magnifique où personne ne couchait, excepté la femme dont le dieu avait fait choix[1].

La même chose se pratiquait à Thèbes en Égypte, dans le pays de Chanaan et dans la ville de Sidon.

[1] Hérodote, liv. 1, nos 181, 196, 198, 199.

En Phénicie, à Héliopolis, à Biblos, à Aphaques, etc., les femmes se prostituaient aussi par dévotion, et cet usage continua jusqu'au règne de Constantin.

Chez les Nasamons, peuples de Lybie, quand un homme se mariait pour la première fois, la mariée accordait ses faveurs à tous les convives[1].

Chez les Adyrmachides, autre peuple de Lybie rapproché de l'Égypte, les parents étaient obligés de présenter les filles au roi avant de les marier[2]. Chez un autre peuple de Lybie, d'après Solin, *la loi* forçait les mariées à commettre des adultères pendant les premières nuits des noces, et les condamnait ensuite à une excessive chasteté[3].

En Abyssinie, d'après le voyage de Combes, les maris prêtaient leurs femmes aux étrangers.

Chez les anciens habitants de l'Arabie-Heureuse, les femmes étaient communes entre tous les membres de la même famille.

L'histoire des Israélites avait aussi contribué à suggérer l'idée du *droit du seigneur*. La Bible prescrivait de donner à Dieu les prémices de tous les fruits, et les premiers-nés de tous les animaux, y compris l'homme[4]. La dîme était payée même sur les choses acquises d'une manière illicite, même sur les bénéfices recueillis par les prostituées. L'homme dut nécessairement songer à se réserver d'autres prémices. Selon M. S. Cahen, le *jus primæ noctis* fut une des principales causes du soulèvement des Macchabées[5].

D'après la *Légende des musulmans*, un usage, en tout point conforme au *droit du seigneur*, existait chez les peu-

[1] Hérodote, liv. 4, n° 172.

[2] *Id.*, liv. 4, n° 168.

[3] *Augilæ Lybiæ populi fœminas suas primis noctibus nuptiarum adulteriis cogunt patere, mox ad perpetuam pudicitiam legibus stringunt severissimis.* (Claude Saumaise : *Plinianæ exercitationes Caii Julii Solini*... 1689, in-f°, ch. 31, p. 42.)

[4] Exode, ch. 22, v. 28.

[5] S. Cahen : *Archives israélites*, 1856, t. 1, p. 174.

ples arabes du temps de Salomon. Le roi de Saba, Scharahbil, ayant voulu exercer ce droit sur Balkris, fille de son visir, il fut tué par elle. C'est cette même Balkris qui alla visiter Salomon, et qui est si célèbre dans les écrits des Orientaux [1].

L'Alcoran a cru nécessaire de défendre aux maîtres de contraindre les filles esclaves à se prostituer, et le chapitre intitulé *Des femmes* permet l'adultère avec les femmes mariées qu'on a achetées.

Des usages analogues à ceux qui étaient si répandus sur les rivages de la mer Méditerranée se retrouvent presque partout sur le côtes orientales de l'Archipel.

Dans l'Asie-Mineure, d'après Polydore Virgile, qui cite Hérodote, toutes les filles à marier devaient être présentées au roi, qui se servait de celles qu'il voulait [2].

En Chypre, d'après Justin [3], les jeunes filles allaient sur le bord de la mer offrir leur virginité à celui qui voulait leur donner une dot.

N'oublions pas la fable de ce demi-dieu de la Troade, le fleuve Scamandre, auquel les jeunes filles allaient offrir leur virginité la veille de leurs noces.

Il en était de même de l'autre côté de l'Archipel. A Sparte, les maris prêtaient leurs femmes aux jeunes gens les mieux constitués.

Les Venètes, peuples de l'Illyrie, vendaient leurs filles nubiles aux enchères [4].

Aux îles Baléares, dans les festins nuptiaux, tous les convives jouissaient de la mariée par rang d'âge, et le dernier était son époux [5].

[1] Weil : *Biblische legenden des muselmanner*. Francfort, 1845, in-12, p. 253. (Note fournie par M. Gustave Brunet.)

[2] Polydore Virgile : *De rerum invent.*, liv. 1, § 18.

[3] Justin, liv. 18.

[4] Hérodote, liv. 1, n° 196.

[5] Diodore de Sicile, liv. v, chap. 14. *Mirandum vero quod in nuptiis de more servant. In epulis enim que cum domesticis amicisque in nuptiis fiunt primus secundus que et deinceps secundum ætatem reli-*

Aux îles Canaries, en 1447, les chefs avaient les prémices de toutes les vierges qui se mariaient...... Les sujets ne prenaient une vierge qu'après avoir proposé à leur seigneur de passer la première nuit avec elle; et ceux qui obtenaient cette grâce s'en croyaient fort honorés [1].

L'histoire romaine, comme l'histoire grecque, offre de nombreux exemples qui se rapportent plus ou moins directement au droit de déflorement.

Suétone, dans la *Vie de César*, assure qu'un tribun du peuple avoua qu'il avait été chargé de préparer une loi permettant à César de se servir de toutes les femmes [2]. Le même auteur accuse Caligula d'avoir, le premier, établi des droits sur les mariages [3]. Dion Cassius rapporte le même fait, « que Montesquieu admet, et que Voltaire combat en traitant Dion Cassius de gazetier. »

L'empereur Maximien Galère, dit M. Michelet, d'après Lactance, ne permettait à personne de se marier sans son autorisation, comme pour cueillir les prémices de tous les mariages. Il enlevait les filles de condition moyenne pour satisfaire au caprice du premier venu; celles de condition plus élevée étaient données comme récompense, et l'on ne pouvait refuser la demande appuyée par l'empereur, sans s'exposer à périr ou à recevoir pour gendre je ne sais quel barbare [4]. N'est-ce pas à peu près l'histoire d'Evenus ?

Les Volsiniens, dont la ville opulente et célèbre passait

qui nuptam magno numero cognoscunt. Ultimus sponso locus ad uxorem datur.

[1] Walkenaer : *Collection des relations de voyages*. Paris, 1842, t. 1. p. 76 et 300

[2] *Helvius Cinna, tribunus plebis, plurisque confessus est, habuisse se scriptam paratamque legem, quam Cesar ferre jussisset, quum ipse abesset, uti uxores liberorum quærendorum causa quas et quot vellet duceret.* (C. Suetoniis : *De* XII *Cesaribus*, lib. 1, c. 48.)

[3] C. Suetonii : *Id., id.*, lib. 4, c. 54.

[4] *Maximianus Galerius... jam induxerat morem ut nemo sine ejus permissu uxorem duceret, ut ipse in omnibus nuptiis prægustator esset.* (Lactance : *De mortibus persecutor.*, n° 38.)

pour la capitale de l'Étrurie, tombèrent dans un tel excès de luxure et d'abaissement, que les esclaves les subjuguèrent, et rendirent une loi qui défendait à toutes les filles de se marier à un ingénu sans qu'un esclave lui eût ravi sa virginité[1].

Les bourreaux romains étaient obligés de violer les vierges avant d'exécuter sur elles les sentences de mort.

Ces faits s'accordent parfaitement avec les autres traditions qui nous sont parvenues sur ce qui concerne les mœurs des Romains. Ainsi, Caton avait inspiré tant d'admiration au célèbre Hortensius, que celui-ci, pour resserrer les liens de l'amitié qui l'unissait à ce grand homme, imagina de demander à Caton de lui *prêter* sa fille Portia, femme de Bibulus. Diverses raisons s'opposant à cet arrangement, Caton, pour satisfaire son ami, proposa de lui prêter sa propre femme, ce qui fut accepté; et quand Hortensius mourut, Caton reprit sa femme.

Non seulement les maîtres avaient le droit de se servir de leurs femmes esclaves, mais ils avaient le droit de les prostituer, et les législateurs crurent nécessaire de faire une loi pour réserver au maître qui vendait une femme le droit de stipuler que cette femme ne pourrait être forcée à se prostituer.

L'histoire des autres peuples contemporains de la civilisation romaine, prouve que les mêmes usages étaient généralement adoptés en Europe.

Dans la Grande-Bretagne, selon César, une femme était commune entre dix ou douze hommes[2]. Certains rois ne se mariaient pas et se servaient des femmes qui leur plaisaient[3]. Dans les Hébrides et les autres îles, l'homme prend la femme à l'essai pour un an; si elle ne lui convient pas, il la cède à un autre. Le roi n'a point de femme à lui, il se sert de toutes[4].

[1] Valère Maxime, liv. 9, *de Luxuria*.

[2] C.-J. César : *De bello gallico*, lib. 5.

[3] Michelet : *Histoire de France*, t. 2, p. 14.

[4] *Nulla regi datur fæmina propria, sed per ordines, in quamcumque commotus sit usuariam.* (Cl. Saumaise : *Plinianæ exercitationes Caii Jul. Solini...*, Trajecti ad Renum, 1689, in-f°, chap. 22, p. 31 et 176.)

D'après A. Boemus, chez les anciens Irlandais, on trouvait les mêmes coutumes que chez les Nasamons et les habitants des îles Baléares : tous les convives jouissaient de la mariée avant le mari.

Chez les anciens Bretons, les lois, j'en ai déjà parlé (page 58), permettaient non seulement au maître d'abuser de sa servante, mais à tout étranger de s'en servir sans le consentement du maître, en payant chaque fois un prix déterminé par la loi. Le législateur avait poussé la prévoyance jusqu'à fixer une indemnité en cas de grossesse.

Voltaire et M. Veuillot auront beau dire qu'il n'y a jamais eu de lois contre les mœurs, je les laisse avec leurs assertions en présence des faits que je me borne à enregistrer.

Si nous examinons l'histoire plus ou moins ancienne des peuples sauvages ou plus récemment découverts, nous trouverons les mêmes faits et les mêmes circonstances reproduites sous d'autres formes.

Ainsi, en Afrique, dans les royaumes de Juida et d'Ardra, les prêtres du Grand-Serpent choisissent pour l'usage du dieu les plus belles filles ; mais, par un miracle inexplicable, les fruits qui viennent de ces saintes unions, dit un auteur moderne, tiennent uniquement de leurs mères, et ne ressemblent jamais à leur père, le Grand-Serpent.

A Cumana, dit Purchass, les prêtres déflorent les filles qui veulent se marier.

Au Pégu, aucun noble ne voudrait épouser une fille qui n'aurait pas offert sa virginité à l'idole de Calaminham. Les rois même paient des gens pour les remplacer la première nuit avec leurs femmes. Les Canariens de Goa prostituent leurs filles, de gré ou de force, à une idole de fer. Près de Pondichéry, l'idole qui sert au même usage est en bois.

Quand le roi de Calicut se marie, il charge sept à huit prêtres de préparer sa femme à l'honneur de partager sa couche.

Sur la côte de Malabar, où les veuves se brûlent sur le corps de leurs maris, les maris prient les bramines de vouloir bien les remplacer la première nuit de leurs noces pour attirer les bénédictions célestes sur leurs unions.

Aux îles Philippines, il y avait des officiers publics payés fort cher et chargés d'ôter la virginité des filles à marier.

Au Pégu, la loi donne au créancier le droit de coucher avec la femme de son débiteur.

L'usage d'offrir sa femme aux étrangers ou de prendre les femmes à l'essai était pratiqué chez une multitude de peuples de l'un et l'autre hémisphère : chez les Indiens de la baie d'Hudson, au Brésil, au Pégu, chez les Scythes, chez les Tschuktschis, en Tartarie, au Congo, en Sibérie, au Mexique, à Loango, etc. Dans quelques contrées septentrionales, les maris répudient les femmes dont un étranger ne veut pas [1].

Je pense que ces exemples anciens et modernes suffisent pour faire comprendre que le souvenir de tous ces faits, se mêlant dans l'esprit des barbares à des mœurs dépravées et au désir immodéré de se procurer de l'argent, a beaucoup plus contribué à l'établissement des droits perçus sur les mariages par les seigneurs féodaux, que le souvenir biblique de Tobie et de Sara.

Examinons l'histoire de plus près.

Quand les barbares et le christianisme pénétrèrent en sens inverse, mais côte à côte, dans le monde romain, de cette merveilleuse civilisation enfantée par le paganisme, dit Mr. Benjamin Guérard, chez les vainqueurs et chez les vaincus il ne subsistait plus que des mœurs corrompues et des institutions énervées. Tout était en décadence et en désorganisation. Il ne restait plus aux uns que les instincts grossiers et malfaisants des peuples barbares, aux autres que la corruption des peuples civilisés. Pour fonder une société nouvelle, ils n'eurent à mettre en commun que des ruines et des vices. La liberté qu'ils connaissaient était la liberté de

[1] La plupart de ces faits m'ont été fournis par le curieux ouvrage de Démeunier.

faire le mal. S'ils affrontaient la mort, c'était moins par dédain pour la vie que par amour pour le butin. Quand on recherche ce que la civilisation doit à ces conquérants, on est fort en peine de trouver quelque bien dont on puisse leur faire honneur. Ils n'avaient même pas l'amour de l'indépendance individuelle. Le barbare s'empressait de mettre sa vie sous la protection d'une force supérieure, et sa liberté avec sa fierté au service d'un chef puissant.... C'est alors que naquit la féodalité. Aucun homme ne put rester libre et isolé; pour être protégé, il fallait servir. Tout tomba dans le servage, et, noble ou non noble, il fallut être l'homme de quelqu'un[1].

Ainsi, quand s'établit la féodalité, presque toute la population était serve, c'est-à-dire soumise en droit, mais surtout en fait, à toutes les volontés, à tous les caprices, à toutes les bizarreries de maîtres aussi stupides que féroces. Il n'existait dans nos campagnes dévastées d'autre droit que celui de la force, d'autre organisation que le souvenir éloigné d'un gouvernement détruit. C'est alors que s'établit cette célèbre maxime : *Nulle terre sans seigneur;* et que, selon l'expression de Beaumanoir, il n'y eut d'autre juge

[1] Cependant, des historiens, aveuglés par les préjugés, ne craignent pas de désigner ces êtres abrutis comme les ancêtres de notre noblesse. L'origine de la noblesse, à cette époque, comme toujours, a été la richesse et l'intelligence. En assignant à la noblesse une autre base ou une autre origine, on arrive à des résultats aussi absurdes dans la pratique que dans la théorie. La richesse et l'intelligence ont créé la noblesse; la richesse et l'intelligence l'ont maintenue; la richesse et l'intelligence la maintiendront, malgré toutes les lois égalitaires et héréditaires. Si l'on crée des castes et des privilèges sans la richesse et l'intelligence, on n'obtiendra qu'un amas d'êtres lâches, cupides, *ignobles*. Mais si l'on répand dans les masses le bien-être et le savoir, on y répand la bonté, le courage, l'abnégation, la générosité, toutes les qualités qui constituent la noblesse au moral et même au physique. La liberté comme le bien-être doit beaucoup au morcellement du sol. La multiplication de l'esclavage et de la misère exige la disparition des petites propriétés. Féodalité et grande propriété sont des mots à peu près synonymes. Mais, ce n'est pas ici le lieu de développer ces théories.

entre le serf et son maître que Dieu. Les traditions et les légendes des premiers siècles du christianisme témoignent irrécusablement, comme l'histoire, de l'abominable licence et de l'affreux désordre qui régnait partout; et les traditions, quelque horribles qu'elles soient, ne présentent qu'un reflet adouci de la réalité. Malgré ce désordre complet, inouï, comme il n'y en a peut-être jamais existé à aucune autre époque de l'histoire, l'intérêt personnel, ce grand mobile de toutes nos actions, persuada peu à peu à ces maîtres stupides qu'il était avantageux pour eux de ne pas exterminer les hommes placés sous leur domination[1], et qu'en leur laissant le moyen de travailler et de se multiplier, ils multiplieraient les sources des revenus que leurs maîtres en retiraient. Telle fut l'origine et la cause déterminante des affranchissements. Le caprice, la fantaisie, l'ignorance, y joignirent des conditions ineptes, grotesques, insensées, selon le génie de ceux qui dictèrent les conditions ou se les laissèrent imposer; mais la cause réelle et efficace des affranchissements fut l'intérêt du maître.

Les ecclésiastiques, qui avaient conservé presque seuls les traditions de l'ancienne organisation gouvernementale, se laissèrent cependant entraîner à des désordres qui résultaient naturellement de l'ignorance et des mœurs des hommes parmi lesquels ils se recrutaient. Par une cupidité qu'on expliquera, et qu'on excusera, si l'on veut, mais qui, surtout, à cette époque, paraît avoir été un des caractères distinctifs du clergé, les ecclésiastiques, dis-je, qui, eux aussi, avaient des serfs, suivirent l'exemple qui leur était donné ou le donnèrent, et se dédommagèrent, par différentes conditions imposées à leurs affranchis, des prérogatives que leur faisaient perdre ces affranchissements.

Parmi les droits établis par les ecclésiastiques, il y en eut naturellement de relatifs aux mariages. Les maîtres imaginè-

[1] La féodalité avait formulé cette remarque dans une maxime grossière : « *Chil qui une fois escorche, ne deux ne trois ne tond.* »

rent, soit pour imiter l'exemple de Tobie, soit pour un autre motif, de forcer les nouveaux époux à s'abstenir des plaisirs charnels jusqu'à ce qu'ils eussent payé certaines redevances. Les seigneurs laïques, plus ignorants, plus barbares et presque aussi cupides que les ecclésiastiques, imitèrent l'exemple qui leur était donné, ou peut-être donnèrent les premiers l'exemple; le fait importe peu, car il est évident que le premier seigneur qui imagina d'établir des droits sur les mariages fut immédiatement imité par ses voisins ecclésiastiques ou laïques. La chose était bonne; et ceux même qui n'y avaient pas songé en affranchissant leurs esclaves, s'efforcèrent d'usurper de nouveau un droit qu'ils n'avaient pas eu la prévoyance de se réserver[1]. Non pas pour satisfaire leurs appétits charnels : dans ces temps heureux qu'admire et regrette M. Veuillot, on n'avait pas besoin de chartes en règle pour satisfaire sa luxure. Il se passait alors dans les Gaules à peu près ce que nous avons vu de notre temps dans les colonies. Les régisseurs gardaient les jeunes filles pour les plaisirs des maîtres, comme les gardes de nos parcs réservent le gibier. C'était un produit du domaine, et, comme les nouvelles idées religieuses répandues par le christianisme avaient donné au droit de prémices une saveur que nos ancêtres ne lui attribuaient pas, les seigneurs féodaux comprirent très-bien que le *droit du seigneur* était un de ceux que leur sujets tiendraient le plus à ne pas laisser prélever en nature et rachèteraient avec le plus d'exactitude. Tout cela est parfaitement dans la nature de l'esprit humain. Les hommes qui, de nos jours, exercent de pareils droits, sont des chrétiens comme l'étaient ceux des temps féodaux, et, cependant, nous n'avons

[1] M. Veuillot nous en a donné un exemple en rapportant le procès qui eut lieu entre les religieux et les habitants de la ville de Fons, en Quercy. Quand le prieur prêtait son cheval pour porter la mariée, le mari donnait de l'avoine au cheval. Les bons religieux essayèrent de convertir en un droit cet échange de bons procédés, et d'exiger une redévance en avoine de tous les maris; mais cette fois « ce zèle intarissable » ne réussit pas.

pas entendu dire que nosseigneurs les évêques de la Guadeloupe ou de la Havane aient exclu de la communion les chrétiens *négriers* chaque fois qu'ils ont prélevé le tribut de la virginité de leurs négresses. Pourquoi le clergé des siècles barbares eût-il été plus chatouilleux sur ce point que ne l'est le clergé de nos jours ?

Nous pouvons donc affirmer que non seulement le *droit du seigneur* a existé, comme tant de témoignages le prouvent; mais que, n'en existât-il aucune trace, on pourrait encore assurer qu'il a dû exister, et que, quelles que soient nos idées actuelles sur le *droit du seigneur*, ce droit n'avait alors rien de choquant et d'odieux. Écoutons un jurisconsulte du dernier siècle :

« J'entends dire, tous les jours, que les droits seigneuriaux sont odieux; et moi, je dis que ce langage est celui du préjugé, de l'ignorance; j'ajoute même pour quelques-uns, de l'ingratitude. Quiconque paie un droit seigneurial, croit que c'est une charge qu'on lui a imposée à plaisir et gratuitement; cependant, s'il remonte à l'origine des choses, il verra que ce droit seigneurial, qui lui paroit si odieux, n'est qu'une légère marque d'une très-grande libéralité. Aujourd'hui, on ne sent que le poids de la charge, et on a oublié le bienfait, etc. »

Il est très-curieux de voir ce savant jurisconsulte comparer les seigneurs à des jardiniers qui font naître les fleurs pour les guêpes et les frelons, et qui ne recevront que des morsures de ces vils insectes..., etc. [1].

N'oublions pas ce qu'avait été l'esclavage antique, et ce qu'était la forme nouvelle du nouvel esclavage que les ecclésiastiques de l'époque excusaient, approuvaient et pratiquaient, sous le nom de servage, comme leurs prédécesseurs avaient approuvé toutes les rigueurs du véritable esclavage. En reconnaissant hautement que l'esprit du christianisme est

[1] J. Renauldon : *Traité historique et pratique des droits seigneuriaux.* Paris, 1765, Knapen, in-4o, page 1.

essentiellement contraire à l'esclavage, il n'est peut-être pas hors de propos de faire remarquer combien, en cette circonstance, la pratique s'éloignait de la théorie. Quelques exemples en feront juger.

L'an 423, les empereurs chrétiens Théodose et Valentinien permirent, non pas pour abolir, mais pour maintenir l'esclavage, d'arracher les esclaves fugitifs des églises où ils se réfugiaient, et même de les y tuer s'ils résistaient[1]. L'an 511, l'empereur Anastase annula les ventes d'esclaves consenties à des hérétiques[2]. L'empereur Justinien, de catholique mémoire, abrogea le droit qu'avaient eu jusqu'alors les esclaves d'acquérir la liberté par la prescription[3]. N'est-ce pas une preuve frappante de la manière dont les premiers chrétiens travaillaient à l'abolissement de l'esclavage ? Mais le même empereur fit encore mieux. L'an 534, il déclara libres tous les esclaves chrétiens appartenant à des païens, à des juifs ou à des hérétiques. Un esclave n'avait qu'à se faire chrétien pour recouvrer la liberté ; c'était inique, mais du moins cela profitait à la liberté. Cependant, le saint empereur, qui se croyait permis de voler leurs esclaves aux prêtres et aux seigneurs païens, ne croyait pas que cela lui fût permis pour des prêtres ou des seigneurs fidèles ; en conséquence, il n'affranchissait pas les esclaves, même lorsqu'ils étaient chrétiens, s'ils appartenaient à des maîtres orthodoxes. « La société reposait là-dessus », comme dit M. Veuillot. On le fit bien voir à ces païens maudits ; ils furent obligés de vendre ou de donner leurs esclaves aux chrétiens pour ne pas tout perdre. Ce n'est que plus tard, et pendant quelque temps seulement, que le baptême affranchit aussi les esclaves des chrétiens ; mais les choses changèrent tellement, que, sous le très-pieux et très-chrétien Louis XIV, il fut au contraire défendu d'avoir des esclaves qui ne fussent pas chrétiens, et

[1] Code Justinien, l. 1, t. 12, l. 3.

[2] *Id.*, l. 1, t. 5, l. 9.

[3] *Id.*, l. XI, t. 47, l. 23.

l'ordonnance de mars 1685 ne donna que huit jours pour transformer les esclaves païens en chrétiens[1], et les esclaves confiés à des *commandeurs*, ne faisant pas profession de la religion catholique, étaient confisqués. « La société reposait là-dessus. »

On peut encore citer, comme preuve de la manière dont on comprit l'abolition de l'esclavage dans les premiers siècles du christianisme, une des dispositions du concile tenu à Orléans l'an 538. Les évêques décrétèrent que, lorsqu'un serf s'était réfugié dans une église, il ne serait permis de le rendre à son maître qu'autant que celui-ci promettrait de lui pardonner; si, malgré cette promesse, le serf était encore obligé de se réfugier dans l'église, les prêtres avaient le droit de ne le rendre à son maître qu'après avoir reçu le prix de la vie du serf. C'était donc l'Église qui profitait du droit d'asile, et non pas le serf. On croit rêver quand on lit de pareilles dispositions, et l'on a besoin de les relire deux fois pour être sûr qu'on ne s'est pas trompé.

Je suis certainement bien loin de méconnaître les services que l'Église a rendus à la civilisation; mais certaines gens, et des mieux intentionnés, ne les exagèrent-ils pas un peu? Il y a une règle d'argumentation vicieuse formulée par ces mots : *Post hoc ergo propter hoc*, que les meilleurs esprits oublient trop souvent. Je n'en citerai qu'un exemple, et il sera pris dans une belle phrase de mon cher et bien regretté professeur, M. Benjamin Guérard, dont M. Veuillot invoque souvent le témoignage : « L'égalité devant Dieu, dit-il, est établie; l'autre ne se fera pas attendre. » Une attente de dix-huit siècles est bien quelque chose; et encore est-elle bien arrivée? Je veux bien admettre aussi cette belle phrase de M. Veuillot : « Par l'action constante du christianisme, le pouvoir absolu » de l'homme sur l'homme devait tomber infailliblement de

[1] C'est alors peut-être que s'établit cet usage, vrai ou faux, de baptiser toute une cargaison de nègres en jetant quelques gouttes d'eau sur le pont du navire où ils étaient enfermés.

» deux manières à la fois : parce que le faible croissait en » dignité, parce que le fort croissait en charité. » Mais si vous faites honneur à notre religion d'avoir aboli l'esclavage, il ne faut pas oublier que c'est elle qui l'avait établi. L'Ancien et le Nouveau Testament sont solidaires, et ce n'est pas le paganisme qui a légué l'esclavage au christianisme. M. Veuillot ne prétend pas, sans doute, que le déluge de Deucalion est plus ancien que celui de Moïse; il connaît trop cette chanson grotesque dans laquelle un pédagogue demandant à un de ses lauréats : « Qui est-ce qui a créé le monde ? » l'enfant répond : « Ce n'est pas moi. » M. Veuillot, donc, sait bien que ce n'est pas Saturne qui a créé le monde, et que ce n'est pas Jupiter qui a fait alliance avec Abraham et Jacob. S'il croit aux saintes Écritures, qu'il ne calomnie pas ce pauvre paganisme; car ce n'est pas lui qui a fait le monde, et l'esclavage est plus ancien que les dieux de l'Olympe.

Or, sous cet esclavage antique « que l'Église autorisait », le pouvoir du maître était tellement absolu sur ses esclaves, qu'un empereur, Macrin, reçut le nom de *Macellinus*, parce que son palais était tellement ensanglanté du sang des esclaves, qu'il ressemblait à une boucherie [1].

Le maître avait donc le droit ou le pouvoir d'étrangler, noyer, brûler, écarteler, sous n'importe quel prétexte, celui ou celle de ses hommes ou de ses femmes qui lui déplaisait. L'histoire est, dans cette circonstance, parfaitement d'accord avec les légendes et les traditions des premiers siècles, dans lesquels on voit constamment des maîtres condamner à toute espèce de supplices les saints et les martyrs. Le servage avait, il est vrai, un peu adouci l'esclavage; mais il n'y avait encore, entre le serf et son seigneur, d'autre juge que Dieu; les serfs étaient des êtres entièrement nuls : *Servi pro nulli habentur, non tam viles quam nulli sunt* [2]. Les seigneurs féodaux pen-

[1] Jules Capitolin : *Macrin.*, 13.
[2] Jaq. Godefroy : Code Théodos., t. 6, p. 139.

saient comme du temps de Sénèque et de Juvénal : l'un disait que tout est permis sur un esclave : *In servum nihil non domino licere;* l'autre se moquait de ceux qui considéraient un esclave comme un homme : *O demens ! ita servus homo est ?*

Les serfs, dit Coquille, portent « leur servitude attachée à leurs os, qui ne peut tomber pour secouer. » On leur prêtait tous les sentiments et les qualités les plus abjects[1]. Les jurisconsultes se servaient, pour les désigner, des noms les plus injurieux, et les règles de droit qui les concernent étaient formulées dans les termes les plus outrageants. *Le fruit suit le ventre,* disait-on pour exprimer que l'enfant suivait la condition de la mère. Ailleurs, on disait : *Le ventre affranchit, et la verge anoblit.* Au XVIIIe siècle, les chanoines d'Évaux prouvèrent qu'un professeur en droit à l'Université de Bourges, décédé sans enfants, était né *leur serf d'urine*, et s'emparèrent de sa succession[2]; et, chose singulière, dans quelques coutumes, quand il y eut des coutumes, traiter un bourgeois de serf était une des injures les plus fortes qu'on pût lui adresser. Dans une coutume du pays où le *droit du seigneur* a laissé le plus de traces, l'emploi du mot serf était assimilé à celui du mot qui sert à désigner les maris dont les femmes ont commis un adultère[3]. Quand les serfs

[1] *Vidimus rusticos esse moribus, vita, sermone, incultos, rudes, ineptos, stolidos, duros, inhumanos, truces, insuaves, sævos, asperos, immanes, feros, et penè barbaros, nullamque honestatis sed utilitatis potius rationem habentes.* (And. Tiraqueau : *De nobilitate,* cap. 2, n° 57.)

[2] Couturier de Fourneau : *Coutume de la province... de Lamarche.* Clermont, 1774, in-8°, p. 77.

[3] *Qui vero juratum suum* servum... wisloth (coup ou cocu) *appelaverit, viginti solidos persolvet.* (Bouthors..., t. 1, p. 72.) Saintfoix (*Essais historiques*, t. 2, p. 171) prétend qu'on s'est accoutumé à mépriser un cocu, quoiqu'il n'y ait pas de sa faute, parce que le cas arrivait particulièrement aux hommes d'une condition servile. Il a probablement emprunté cette idée à Nicol. Henel, qui n'aimait pas les chanoines. *Tales cornuti quondam erant vasalli illi, qui comitibus ac*

n'obéissaient pas, dit Sauval, on leur coupait les oreilles, et, comme à ces animaux dont on veut éviter la reproduction, « on les chatrait sans marchander[1]. »

Le président Bouhier explique fort bien, en parlant des corvées[2], pourquoi il n'est pas question du *droit du seigneur* dans la plupart des anciennes coutumes : « Quand ces cou- » tumes ont été écrites, presque toutes les seigneuries étaient » encore en mainmorte... ; cela était de droit... Il n'y avait » d'autre règle à cet égard que ce qu'il plaisait au seigneur » d'ordonner. » Ajoutons que les coutumes ont été rédigées pour stipuler les droits des hommes affranchis, et non pas ceux des hommes qui n'avaient d'autre justice à implorer contre leurs seigneurs que celle de Dieu[3]. On chatrait les serfs, comme dit Sauval, on ne les chartait pas.

Si la loi des Lombards, qui permettait de tuer sans jugement la femme libre mariée à un serf, n'existait plus, l'esprit qui l'avait dictée subsistait partout. Un serf n'était pas un homme; c'était un être immonde dont les enfants se partageaient, comme les produits des vaches ou des pourceaux[4]. Cependant, certaines coutumes avaient, sous ce rapport, une jurisprudence particulière. L'article 7 des coutumes du

posteà canonicis lugdunensibus dabant licentiam primâ nocte concumbendi cum suis sponsis. (*Nicolaï Henelii ab Hennenfeld Otium vratislaviense hoc est variarum observatiorum ac commentationum liber*. Jenæ, 1657, in-8°, p. 399 et 401.)

[1] Sauval : *Antiquités de Paris*, t. 2, p. 596. Par une circonstance bizarre, en Europe, c'est dans les États de l'Église que s'est maintenu le plus longtemps l'usage de se servir des *castrats*. C'est le pape Clément III qui défendit aux eunuques de célébrer la messe.

[2] Bouhier..., t. 2, p. 329.

[3] M. Veuillot prétend que les droits sur les mariages paraissent très-nombreux, parce que les divers auteurs qui se sont copiés les uns les autres ont soigneusement ramassé tout ce qu'ils ont pu trouver sur cette matière; c'est le contraire qui est la vérité. Ces droits paraissent très-peu nombreux, parce que, proscrits de bonne heure, ils ont été soigneusement abolis toutes les fois qu'ils ont été allégués devant les magistrats.

[4] *Lex servus pecudibus comparat.*

bailliage de Troyes veut que les enfants de deux conjoints, dont l'un seulement est serf, soient libres, excepté quand l'un des conjoints appartient au roi et l'autre à l'évêque. Dans ce cas, les enfants se partagent par égale portion; mais si les conjoints appartenaient à l'évêque et à un autre seigneur, « iceluy évêque emporte pour le tout le fruit et enfans yssus » de tel mariage[1]. » C'est encore un exemple de la manière dont certains membres du clergé favorisaient l'abolition de l'esclavage.

En 1242, Mgr l'évêque de Paris consentait à ce qu'une de ses femmes épousât un serf de l'abbaye Saint-Germain-des-Prés, à condition que les enfants fussent partagés entre les deux églises. En 1283, le couvent de Dunstale vendit un de ses serfs pour un prix inférieur à celui d'un cheval. Un évêque d'Avranches donna deux hommes et cinq femmes pour un cheval. A l'époque de la conquête d'Angleterre, la vie d'un serf était estimée encore moins que cela. L'article 8 des lois de Guillaume porte que, dans le cas de meurtre, le prix de la vie d'un homme libre sera de 10 sous, et l'article 10 dit qu'en ce cas on pourra donner *un cheval qui ad sa cuille* (étalon) *pur XX solz : e tor* (taureau) *pur X solz : e iter* (porc) *pur V solz.*

D'après ce texte, on pouvait tuer deux hommes libres pour le prix d'un cheval entier, ou un homme serf pour le prix de deux porcs. Mais il y a une erreur dans le texte normand relativement au prix de la vie d'un serf : en suivant la gradation observée dans les lois des Anglo-Saxons, un vilain ne valait que le quart d'un homme libre, et le prix d'un cochon se trouvait valoir deux fois plus qu'un serf[2].

Généralement les serfs ne pouvaient être faits clercs; cependant, on cite des exemples d'ecclésiastiques restés serfs quoique reçus dans les ordres. On connaît un acte constatant la vente d'un sous-diacre par un curé à l'évêque

[1] *Nouveau Coutumier général*, t. 3, p. 238.
[2] Houard : *Anciennes loix françoises*, t. 2, p. 84.

d'Asti[1]. On cite même un évêque de Beauvais et un évêque de Châlons qui étaient serfs. Si ces faits sont vrais, il est probable que des serfs de cette qualité auraient été vendus plus que des étalons et d'autres animaux.

Souvent, dit M. Benjamin Guérard[2], on mutilait les serfs, et l'on en faisait des eunuques qu'on vendait fort cher. Un assez grand nombre de ces malheureux étaient difformes et hideux à voir. Les uns avaient un œil ou les deux yeux crevés; d'autres étaient sans nez, sans oreilles, ou sans mains; d'autres portaient sur le front des lettres imprimées avec un fer rouge. Les conciles de Tolède et de Mérida furent obligés de défendre *aux évêques* de mutiler les serfs ou toute autre personne.

Quand on avait besoin du témoignage du serf d'autrui, on pouvait le faire mettre à la torture en s'engageant à rembourser au maître le prix du serf, si celui-ci mourait pendant la question. Quand la loi défendait aux seigneurs de trop mutiler les serfs, ce n'était pas par humanité et dans l'intérêt de ces êtres humains et chrétiens, mais simplement dans l'intérêt du fisc. Les Institutes de Littleton le disent naïvement. On ne pouvait pas adjuger d'indemnité au serf, puisque l'indemnité eût appartenu à son maître. Le serf gardait les coups, et le

[1] *Journal des Savants*, 1839, p. 303. — Guy Coquille (*question 288*) prétend que, du temps des empereurs romains, un serf qui avait été ordonné prêtre sans le consentement de son maître devait être déposé de l'*Ordre*. Ainsi voilà un autre sacrement qui était conféré ou annulé, non par l'Église, mais par le premier venu que le hasard rendait propriétaire d'un serf. « La société reposait là-dessus. » Plus tard, dit Coquille, le servage ayant été adouci, les serfs purent être ordonnés prêtres et même évêques et rester serfs. *Il a vu* dans la chambre des comtes de Nevers la charte d'affranchissement d'un des évêques de Chaalon, nommé Germain Clerc. — D'après les tarifs des *compositions* de je ne sais quel peuple, un évêque valait une moitié de plus qu'un prêtre, et un prêtre valait deux sous-diacres : ainsi un évêque ne valait que trois sous-diacres.

[2] *Prolégomènes du Polyptique d'Irminon*, p. 298 à 336.

roi prenait l'amende, comme l'Église gardait le prix du serf qu'on venait arracher du sanctuaire pour le tuer [1].

Pour donner une idée encore plus précise du degré d'avilissement où l'on avait réduit l'espèce humaine dans *ces siècles sublimes*, il suffira de dire qu'il y avait néanmoins des serfs de serfs.

Si, pour se soustraire à une tyrannie intolérable, ces malheureux, abandonnant les lieux de leur naissance, leurs biens, leurs familles; tout ce qui attache l'homme à la vie, se réfugiaient dans des déserts, ils étaient traqués comme des bêtes fauves, on leur faisait la chasse, comme on chassait aux nègres marons dans nos colonies; s'ils se réfugiaient sur les terres d'un seigneur moins cruel, leur maître conservait sur eux le *droit de suite*, et comme ce droit était imprescriptible, toujours et aussi loin que son action pouvait s'étendre, le maître pouvait réclamer l'extradition. « La société reposait là-dessus. »

L'état des populations en servage était si misérable, qu'elles ne pouvaient pas se perpétuer d'elles-mêmes. Le servage se serait éteint faute de serfs, si les lois n'avaient pas forcé le conjoint d'un ou d'une esclave à partager sa servitude, si la pauvreté n'avait pas forcé des hommes libres à vendre leur liberté; si la dévotion, si les condamnations judiciaires, si la violence n'avaient pas tenu lieu pour les seigneurs féodaux de la *traite des noirs*, qui, de nos jours, lorsque partout la population augmente sous le régime de la liberté, suffit à peine à combler les vides causés par le régime de la servitude.

La femme serve appartenait à son maître avant d'appartenir à son mari. Si le *droit du seigneur* offensait Dieu, il n'offensait pas l'espèce d'êtres auxquels ces siècles sublimes, selon M. Veuillot, donnaient le nom de serfs. « L'Église autorisait cette loi d'ordre public. » Si nous poussions un peu cet admirateur systématique du moyen âge, il nous dirait, comme ce juge des États de la Caroline dont l'étrange morale soulevait naguère d'indignation tous les lecteurs de la *Revue bri-*

[1] Houard..., t. 1, p. 170.

tannique : « Le but de l'esclavage est le bénéfice du maître... » Pour rendre parfaite la soumission de l'esclave, il faut que » le pouvoir du maître soit absolu. Pour arriver à ce but, il » faut que le maître refuse à l'esclave le droit de s'instruire, » *il faut qu'il s'attache à dégrader son intelligence*, car les » maîtres n'ont pas trop de leur supériorité intellectuelle pour » balancer leur infériorité numérique. » Il y a longtemps que les amis de la féodalité avaient compris cette nécessité de dégrader l'intelligence des populations qu'ils voulaient asservir: une charte du seigneur du village que j'habite, en affranchissant un serf, en 1380, a grand soin de spécifier qu'il ne pourra pas envoyer ses enfants à l'école.

Nous avons vu de nos jours des choses aussi monstrueuses sous certains rapports que ce qui se passait au moyen âge, et que, sans doute, l'Église autorise « comme loi d'ordre public. » Lorsque de prétendus chrétiens exercent ces droits sans pitié et sans remords, jamais les prêtres ou les ministres des Amériques ne refusent, comme saint Dunstan, de serrer la main criminelle qui leur est présentée. Il nous est donc facile de comprendre que lorsque les serfs, ces êtres à formes humaines, qui ne s'appartenaient pas, qui n'avaient de leurs corps et même de leur intelligence que ce que leurs maîtres voulaient bien leur laisser, et qui souffraient de toutes les douleurs dont un cœur d'homme peut souffrir, nous pouvons comprendre, dis-je, que lorsque des maîtres absolus des vies, des membres, des biens, des familles de leurs serfs, disaient à ces misérables : « Quand vous marierez une fille dont je puis abuser et faire abuser quand il me plaît, je passerai, si je le veux, la première nuit de ses noces avec elle; mais, du reste, vous serez libres presque en tout : vous garderez vos femmes, vous garderez vos enfants, vous conserverez vos membres, vous disposerez de vos biens..., » etc., ces maîtres eussent été pour eux, non pas des êtres odieux et cruels, mais de bons, d'excellents, d'inestimables bienfaiteurs. On loue l'Église d'avoir reconnu l'esclavage, qui est, dit-on, un adoucissement au prétendu droit du vainqueur, et l'on voudrait lui faire une honte d'avoir souffert un droit bien moins cruel et bien moins immoral? Pourquoi donc l'Église devrait-elle rougir d'avoir conservé, peu ou prou, la trace d'un affranchissement amené par elle, et d'avoir tout au plus pensé, comme Vespasien, que l'argent n'a pas d'odeur?

L'Église devrait peut-être rougir davantage d'avoir été défendue comme elle l'a été par un écrivain qu'elle n'avait pas chargé de ce soin, mais dont l'orgueil, plus grand que l'ignorance, s'est persuadé que lui seul au monde pouvait sortir le christianisme du prétendu mauvais pas où l'avaient laissé s'embourber tous les théologiens, tous les savants et tous les saints qu'il a produits. M. Veuillot s'est déclaré le défenseur de l'Église, sans songer que la chute du champion, s'il avait été avoué, entraînait la condamnation de la partie; et je dis que le champion qui n'a pour armes que sa fourberie et sa déloyauté, et s'est avancé dans la lice sans autres ressources que sa souplesse et son astuce, est fou d'orgueil ou trahit sa partie.

C'est donc pour faire briller son esprit que M. Veuillot a osé rendre la religion responsable de l'ignorance ou de la cupidité des temps où vécurent quelques-uns de ses ministres. Ne valait-il pas mieux repousser le *droit du seigneur* et le jeter dans l'ombre à côté de toutes les autres choses dont le christianisme s'est débarrassé, au lieu de le produire et de le mettre en lumière en voulant démontrer qu'il n'a pas existé? Que gagnerait donc le christianisme à prouver qu'il n'y a jamais existé de forgeron à Gretna-Green, ou qu'un ivrogne anglais n'a jamais mis une corde au cou de sa femme pour la vendre? Cela vaut-il la peine d'entasser mensonges sur mensonges, et de montrer publiquement qu'il est encore de prétendus zélés qui s'imaginent qu'il est permis de faire le mal pour obtenir le bien[1]? Ne valait-il pas mieux se borner à dire

[1] Le 32e canon du concile de Saint-Patrice, en Irlande, en 456, fut obligé de défendre aux clercs de voler pour se procurer l'argent nécessaire au rachat des captifs.

que le *droit du seigneur,* quelque odieux qu'il puisse être, n'avait pas été un mal aussi terrible qu'on se l'imagine, d'abord à cause des mœurs de l'époque, ensuite parce que les seigneuries étaient le plus souvent possédées par des vieillards, par des enfants, par des femmes, par des communautés civiles et religieuses, et très-souvent aussi par des absents? En supposant même tous les seigneurs toujours présents et toujours dispos, et faisant aussi abstraction d'une certaine délicatesse beaucoup moindre alors qu'aujourd'hui, on peut encore dire que le *droit du seigneur,* tel que le conçoivent certaines gens, eût été beaucoup plus onéreux qu'agréable. Le *droit du seigneur* peut séduire l'imagination dépravée d'un séminariste ou paraître très-gracieux à quelque vieux libertin à la lueur de la rampe de l'Opéra, en présence d'une actrice poudrée, fardée, pimpante, au pied cambré, à l'œil fripon; mais, dans la réalité, figurez-vous un seigneur du moyen âge, père de famille, guerrier, chasseur ou administrateur infatigable, et, qui, pour ne pas laisser prescrire son droit, eût été obligé de passer la plupart de ses nuits dans les bras crasseux et galeux de toutes les gardeuses de dindons ou de pourceaux qui se mariaient sur ses terres; plus il eût été puissant, plus il eût été malheureux. J'ajoute que si l'exercice de ce droit eût choqué les mœurs de l'époque, ces gardeuses de dindons, malgré leur naïveté, eussent aisément trouvé le moyen de ne pas conserver pour leur seigneur ce qu'il voulait prendre, et de ne se présenter à lui qu'en état de nourrices.

Je crois donc avoir démontré que M. Veuillot a eu tort de toute manière, lorsque volontairement, dans le seul intérêt de son amour-propre et du désir de dire des injures, il a risqué de compromettre la religion et « souillé sa plume » en appelant toutes les imaginations à l'examen d'un sujet aussi peu édifiant. M. Veuillot a eu d'autant plus tort, qu'il a écrit lui-même ces phrases, qu'il sera peut-être étonné d'avoir écrites, et qui devaient lui faire comprendre l'inutilité et le danger de sa polémique :

« Ce prétendu droit infâme n'avait en réalité rien d'avilis-
» sant ni d'onéreux... Les serfs n'étaient nullement gênés de
» ces choses-là, un affranchissement complet leur eût coûté
» plus cher...; mais que ce fameux droit, qui souvent n'était
» pas même un impôt, ait paru outrageant, c'est en juger avec
» nos idées, et, par conséquent, en porter un jugement faux
» de tout point. Dès qu'il a paru outrageant, il en est advenu
» ce qui advient de tous les usages qui n'ont plus leur raison
» d'être et qui choquent les habitudes nouvelles : il a disparu.
» Ou les seigneurs l'ont laissé tomber en désuétude, ou les
» tribunaux l'ont aboli. » Et, en parlant d'un autre sujet, M. Veuillot dit aussi : « Cette opinion a été trop générale et a trop longtemps duré pour n'avoir pas quelque fondement. »

Tout cela est vrai, et je ne pourrais pas le dire autrement; mais tout cela prouve que le *droit du seigneur* a existé, et non pas qu'il n'a pas existé. J'étais donc fondé à dire que le *droit du seigneur* était de l'essence même de la féodalité. Le système féodal, c'était la transmission du pouvoir du suzerain au grand vassal, du grand vassal à un vassal inférieur, et, d'encore en encore, jusqu'au dernier degré de l'échelle sociale au fond de laquelle se trouvait le serf. Il est possible, comme M. Veuillot l'affirme, qu'en autorisant cette loi d'ordre public, l'Église ait pris réellement le meilleur parti. Cependant, comme à côté de cette autorisation l'Église proclamait hautement l'égalité devant Dieu, qu'à côté de cette égalité religieuse se trouvaient toutes les autres égalités naturelles : nécessité de se reproduire comme les autres hommes, nécessité de se nourrir pour vivre, nécessité d'avoir recours à d'autres pour pouvoir pourrir dans un cercueil privilégié; — de toutes ces égalités, un axiome de mathématique et de logique que les seigneurs se gardaient bien de faire enseigner aux serfs, mais qu'un maître plus puissant leur révélait, un axiome, dis-je, leur avait appris que, parmi les unités égales, plusieurs unités sont plus fortes qu'une seule; en sorte que toutes les fois que, par une cause quelconque, les liens qui produisaient la servitude venaient à se relâcher, les serfs se soulevaient et massacraient leurs maîtres. C'était peut-être justice[1], si la peine de mort peut jamais être appliquée par un homme à son semblable, car, certainement, aucun crime ne mérite davantage cette peine que le crime de celui qui prive l'homme d'être homme, c'est-à-dire libre. La doctrine de la souveraineté du peuple « repose là-dessus. » Mais les choses n'arrivèrent pas toujours à ces points extrêmes. Les liens qui causaient la servitude ne se relâchèrent pas tous à la fois, et il y eut des transactions. C'est à ces transactions que nous devons l'état où nous sommes, et que nos pères ont dû l'établissement du *droit du seigneur*.

[1] *Ideoque si dominum interficerint, nihil faciunt contra leges naturales.* (Hobbe : *De Cive*, cap. 8, nº 4.)

CONCLUSION.

—

Arrivé au terme de cette longue excursion, pendant laquelle, « semblable aux chiens des environs du Nil, j'ai tant lapé en courant », je me demande, comme je le faisais au commencement de ce travail, si je n'ai pas eu tort de prendre le livre de M. Veuillot au sérieux et de lui répondre. Plus j'ai raison contre mon adversaire, plus j'ai tort. C'est le sort inévitable de toute discussion littéraire. Si la justesse de la critique fait tomber le livre dans l'oubli, la critique, devenue inutile, suivra le sort du livre; et si, malgré la critique, le livre se soutient, cette critique passera pour injuste et sera encore oubliée.

Fallait-il néanmoins laisser M. Veuillot se persuader et persuader aux autres qu'il a réellement extirpé du domaine de l'histoire la croyance au *droit du seigneur?* Je ne le pense pas. Si M. Veuillot croit avoir arraché cette plante qu'il qualifie de *vénéneuse*, je crois l'avoir replantée et pouvoir la nommer *salutaire*. Les préceptes d'une doctrine, quelque bons qu'ils puissent être, ne sauraient seuls garantir des plus grands écarts, lorsqu'ils ne sont pas éclairés des lumières de la raison. Il ne suffit point, quoi qu'on en dise, d'enseigner quelques pages d'un catéchisme à un être dépravé ou stupide, pour lui donner un cœur et un esprit d'élite. L'homme ancien reparaît toujours sous l'homme nouveau. Le livre de M. le rédacteur en chef de l'*Univers* en fournit une triste preuve[1].

Je n'ai pas besoin d'ajouter que je ne juge pas M. Veuillot en dehors de la question d'histoire que j'examine. Les débats auxquels son nom peut être mêlé, ailleurs, me sont complètement étrangers. L'auteur du livre *le Droit du Seigneur* est pour moi comme un être abstrait, et c'est en ce sens que je conclus que si, comme le dit un panégyriste de M. Veuillot[2], « ses livres sont des actions », en écrivant ce livre, M. Veuillot n'a pas fait une bonne action.

Si nous vivions dans un siècle moins absorbé par les préoccupations matérielles, l'étonnant succès du livre de M. Veuillot pouvait attirer sur le nom de cet écrivain une punition méritée et servir à former un verbe nouveau que les générations futures conjugueraient dans tous ses temps. Mais, à notre époque, ce livre et les réponses qu'il a suscitées auront bientôt à subir le droit d'un seigneur presque aussi difficile à fléchir qu'à rassasier; et, de même qu'au moyen âge il n'existait d'autre juge entre le serf et son maître que Dieu, de même aujourd'hui, entre le livre de M. Veuillot et le public, il ne s'interposera bientôt plus que le droit de ce très-haut et très-puissant seigneur dont le domaine diminue à mesure qu'il s'étend : *l'oubli*.

Que M. Veuillot ne s'imagine pas que je cherche ici à atténuer les éclats retentissants d'une colère que je puis affronter sans beaucoup de courage ; j'ai déjà dit pourquoi. « Il y a des injures qui honorent. » M. Veuillot le répète souvent à ses adversaires; son livre le persuade encore mieux. Je serais fier, je ne le cache pas, d'avoir mérité la colère de l'auteur du *Droit du Seigneur*. Les hommes de toutes les opinions se divisent en deux grands partis : à l'un appartiennent tous les hommes de

[1] M. Veuillot a dit quelque part (*Rome et Lorette*) : « C'est un aveu » dont je ne refuse pas l'ignominie : je veux bien publier que c'est la » religion seule qui m'a fait comprendre le véritable honneur. »

[2] Mondhuy : *Nouvelle biographie de M. Veuillot*, p. 90.

bonne foi ; à l'autre tous ceux qui ne le sont pas. Les injures de ceux-ci font la gloire de ceux-là.

Vrai paysan des bords... de la Dordogne, dans le long travail auquel M. Veuillot m'a obligé, j'ai remué bien des terres que recouvrait de sa verdure de mousse la stérile végétation de l'oubli ; j'ai remis à nu bien des détritus hideux ou fétides, et « je les ai manipulés sans goût » ; mon ambition sera satisfaite si, pour récompense de ce labour, plusieurs de ces choses sans nom, soumises de nouveau à l'action de l'air, se transforment en engrais et contribuent à la production de quelques bons grains.

FIN.

TABLE DES MATIÈRES.

INTRODUCTION.

CHAPITRE IV.

CHAPITRE V.

CHAPITRE VI.

CHAPITRE VII.

CHAPITRE VIII.

CHAPITRE IX.

FIN DE LA TABLE.

www.ingramcontent.com/pod-product-compliance
Ingram Content Group UK Ltd.
Pitfield, Milton Keynes, MK11 3LW, UK
UKHW020310230726
13925UKWH00001B/319

9 782013 438070